Sigrid Nieberle

Gender Studies und Literatur

Eine Einführung

Einführungen Germanistik

Herausgegeben von
Gunter E. Grimm und Klaus-Michael Bogdal

Sigrid Nieberle

Gender Studies und Literatur
Eine Einführung

Die Deutsche Nationalbibliothek verzeichnet diese Publikation
in der Deutschen Nationalbibliografie;
detaillierte bibliografische Daten sind im Internet über
http://dnb.d-nb.de abrufbar.

Die Herausgabe dieses Werkes wurde durch
die Vereinsmitglieder der WBG ermöglicht.
Satz: Lichtsatz Michael Glaese GmbH, Hemsbach
Einbandgestaltung: schreiberVIS, Bickenbach
Gedruckt auf säurefreiem und alterungsbeständigem Papier
Printed in Germany

Besuchen Sie uns im Internet: www.wbg-wissenverbindet.de

ISBN 978-3-534-22715-0

Elektronisch sind folgende Ausgaben erhältlich:
eBook (PDF): 978-3-534-72237-2
eBook (epub): 978-3-534-72238-9

Inhalt

I. Grundlagen: Literatur und Geschlechterforschung

„Lehrjahre"

Die Einsicht, dass Geschlecht nicht allein von der Biologie definiert wird, sondern in höchstem Grad von sozialen und kulturellen Faktoren abhängig ist, wurde von Simone de Beauvoir in einem prägnanten Satz programmatisch zusammengefasst: „Man kommt nicht als Frau zur Welt, man wird es." (2000, 265) Der Satz eröffnet den zweiten Teil ihres berühmten Buches *Le deuxième sexe* aus dem Jahr 1949 (dt. *Das andere Geschlecht,* 1951), das bei seinem Erscheinen heftige Debatten in Frankreich und weit darüber hinaus auslöste. Darin rekonstruiert und entfaltet die Philosophin und Schriftstellerin die jahrhundertelangen Entwicklungen, die das Geschlechterverhältnis prägten und die Unterordnung der Frau verfestigten. Dass Frauen im Vergleich zu Männern häufig benachteiligte symbolische, politische und ökonomische Positionen in Gesellschaften zukamen und vielerorts heute noch zukommen, ist unstrittig. Hierzu haben sozial- und kulturwissenschaftliche Forschungen während der letzten Jahrzehnte zahlreiche Belege geliefert. Wie sich diese Benachteiligungen jeweils darstellen, ist dabei historisch und kulturgeographisch sehr genau zu unterscheiden. Zudem hat sich die Einsicht durchsetzen können, dass der viel zitierte Satz Beauvoirs nicht nur für Frauen, sondern auch für Männer und jegliche andere Identität gelten muss. „Männlichkeit entwickelt sich nicht ‚von selbst', sondern sie muss aktiv bewiesen und erkämpft werden. Ein Mann muss handeln, indem er nicht nur erhabene Ziele hat, sondern diese auch erreicht – und das immer wieder." (Läubli/Sahli 2011) Das Kapitel „Lehrjahre der Männlichkeit" in Friedrich Schlegels Roman *Lucinde* (1799), so die Herausgeberinnen des zitierten Bandes, zeige die *longue durée* an, mit der das immer wieder zu bekräftigende Werden/Erwerben des Geschlechts im kulturellen Wissen präsent ist. Obwohl sich die theoretischen Positionen des erworbenen Frau- und Mannseins ihrer Idee nach zunächst nicht zu unterscheiden scheinen, fällt bei näherem Hinsehen doch auf, wie zurückhaltend, ja passiv das Werden der Frau bei Beauvoir beschrieben ist, während Männlichkeit schon wieder oder immer noch mit aktivem Handeln, Selbstbehauptung und Kampf verbunden zu sein scheint. Solche geschlechtsspezifischen Konnotationen samt ihrer historischen und literarischen Konzeptionen werden in diesem Buch noch häufig zur Sprache kommen.

„doing gender"

An jenem erwähnten „Werden" von Geschlecht, das Beauvoir als entscheidend für Geschlechtsidentität und Geschlechterdifferenz ansieht, sind vielfältige Prozesse und Institutionen beteiligt. Überlegungen, wie dies vonstatten geht, führten zum Konzept des so genannten „doing gender", wie es die amerikanischen Ethnologen West und Zimmerman skizziert haben (1987). Es ist als ein komplexer Prozess der Fremd- und Selbstbestimmung zu verstehen, der auf kontinuierlichen Deutungsschablonen gesellschaftlichen Handelns beruht. Insbesondere das verbal- und körpersprachliche Handeln wurde von der Forschung als entscheidend bewertet. Geschlecht wird demzufolge – als einer von mehreren Aspekten von Identität – nach spezifischen Regeln stetig neu hergestellt und kann deshalb nicht länger als stabile Eigenschaft eines Menschen gesehen werden. Zu einer performativen (d. h. sich im stetigen Vollziehen herstellenden) Geschlechtsidentität tragen darüber hinaus politisches und ökonomisches Handeln und ebenso jegliche sprachliche und symbolische Praxis in Alltags- und Festkultur bei. Zu erforschen, inwiefern Literatur und ihre Medien daran beteiligt sind, ist Gegenstand der literaturwissenschaftlichen Gender Studies.

Zielsetzung

Die Diskussionen und die Weiterentwicklung der bisher vorliegenden Forschungsansätze in ihren Grundzügen nachzuzeichnen und in ihrer Relevanz für die germanistische Literaturwissenschaft darzustellen, ist Aufgabe dieses Buchs. Es möchte einen ersten Überblick über die literaturwissenschaftlichen Gender Studies sowie die wichtigsten Ansätze und Begriffe vermitteln. Diese Einführung soll vor allem herausarbeiten, welche Fragen die Geschlechterforschung in Bezug auf literarische Texte hat, welche Bereiche der Literaturwissenschaft davon berührt sind und schließlich, welche Antworten und sich daraus ergebenden Folgefragen bisher zu verzeichnen sind. Während Studienbücher gegenwärtig auch häufig für Forschungsberichte und Theoriediskussionen genutzt werden, soll der einführende Charakter in vorliegendem Band tatsächlich gewahrt bleiben. Der Schwerpunkt der doch eigentlich knappen Erläuterungen liegt deshalb eher auf der Nachzeichnung wichtiger Argumentationen als auf der Darstellung feinster Verästelungen einzelner Forschungszweige oder terminologischer Debatten.

Gender Studies in allen Disziplinen und gleichermaßen in den Literaturwissenschaften speisen sich im besten Falle aus intensiver internationaler und interdisziplinärer Vernetzung. Zugleich sind ihre Debatten häufig von einer hohen Theoriedichte und der Bereitschaft zur Selbstreflexion gesättigt. Der Schwerpunkt der vorliegenden Einführung liegt vorrangig auf der neueren deutschen Literaturgeschichte seit der Aufklärung. Methodische Aspekte und Fragen ließen sich sicherlich an Texten aus früheren Zeiten und anderen Sprachen und Literaturen genauso ergiebig diskutieren.

1. Erkenntnisinteressen

Umfrageergebnis

Studierende im BA-Studiengang Germanistik, die sich vor einiger Zeit für ein Hauptseminar zur „Einführung in die Gender Studies" anmeldeten (ihnen sei für das anregende Erlanger Seminar herzlich gedankt!), begründeten ihr Interesse mit folgenden wohl überlegten und wiederkehrenden Punkten: Zunächst interessierten sie sich dafür, welche Geschlechterrollen für Frauen und Männer in literarischen Texten zu finden sind und wie sich diese Entwürfe durch die Epochen hindurch verändern, denn mit unveränderlicher ‚Natur' hätten diese wohl nichts zu tun. Vielmehr dränge sich der Verdacht auf, dass nur die Kultur- und Sozialwissenschaften die ‚eigentliche' Wahrheit über die historische Entwicklung der Geschlechterdifferenz zu erforschen imstande wären – und gerade nicht die Biologie und Medizin. Einige Studierende hielten es für wichtig, die mit Weiblichkeits- und Männlichkeitsentwürfen verknüpften Machtstrukturen näher zu beleuchten. Außerdem stellten sie wiederholt die Frage, welche Relevanz die in literarischen Texten beschriebenen Geschlechterverhältnisse für den jeweiligen sozialhistorischen Kontext gehabt haben und welche Bedeutung ihnen gegenwärtig zukommt. Für ebenso interessant befunden wurde in diesem Zusammenhang die Beziehung zwischen philosophischen Entwürfen von Männlichkeit und Weiblichkeit und deren Darstellung in literarischen Texten. Wissenschaftsgeschichtliche Neugierde bestand in Bezug auf die schwierige Abgrenzung zwischen feministischer Literaturwissenschaft und den Gender Studies, deren Aktualität und Relevanz für die kulturwissenschaftliche Forschung vermutet wurde. Insgesamt bot die Umfrage einen aufschlussreichen Überblick über Voraussetzungen und Fragestellungen, die Studierende in ein solches Seminar mitbringen. Mit ihren Erkenntnisinteressen formulierten sie bereits die hauptsächlichen Anliegen der Gender Studies plausibel und umfassend.

Vier Arbeitsbereiche

Bereits 2005 schrieb Renate Hof in ihrer Handbuch-Einleitung von der „neuen Unübersichtlichkeit" der Gender Studies. Mit „einer beinahe unüberschaubaren Fülle von Büchern und Aufsätzen" habe sich die Geschlechterforschung sowohl im anglo-amerikanischen als auch im deutschsprachigen Raum quantitativ und qualitativ ausdifferenziert (Bußmann/Hof 2005, 3). Die höchst produktive und rasche Entwicklung dieses Forschungsbereichs kann allgemein für sozial- und geisteswissenschaftliche Disziplinen beobachtet werden. So entstanden zahlreiche Einzelstudien aus ihren jeweiligen Fächern heraus. Zugleich können Zeitschriftengründungen, eine zunehmende Institutionalisierung und intensive Bemühungen um eine entsprechende Enzyklopädisierung als Anzeichen dafür gelten, dieser neuen „Unübersichtlichkeit" entgegentreten zu wollen, sie aber ihrerseits auch wiederum zu befördern. Angesichts stetig anwachsender Forschungserträge lässt sich die literaturwissenschaftliche Geschlechterforschung zunächst grob in vier große Arbeitsbereiche einteilen. Diese wiederum können mit spezifischen Fragen überschrieben werden, nach denen sich auch die folgenden Buchkapitel organisieren.

Literaturgeschichte

Wer schreibt? Ein früher Ansatz der Frauenforschung, der scheinbar immer noch fortgeführt werden muss, umfasst die Ergänzung und Korrektur einer von Autoren dominierten Literaturgeschichte (vgl. Kap. II). Traditionell schrieben Männer über Männer; schreibende Frauen kamen weder als Subjekt noch Objekt der Literaturgeschichte in nennenswerter Anzahl und Wertschätzung vor. Dabei kam und kommt es nicht nur darauf an, schreibenden Frauen in der Literaturgeschichte einen angemessenen Platz einzuräumen. Genauso wichtig ist es, die Prozesse zu erforschen, die zu dem weitestgehenden Ausschluss der Autorinnen aus der Literaturgeschichte geführt haben. Im Zuge solcher Kanon- und Wertungsforschung erfolgt die Rekonstruktion derjenigen Bedingungen, die Frauen zum Schreiben veranlasst oder es ihnen erschwert haben. Methodisch bietet sich für diese Arbeiten die sozialhistorische Überblicksdarstellung genauso an wie die Einzel- oder Kollektivbiographik.

Ästhetik und Poetik

Wie werden Texte geschrieben? Die Frage danach, ob es eine spezifisch weibliche Art des Schreibens gäbe (frz. „écriture féminine"), die sich von der (unmarkierten) männlichen Poetik kategorisch unterscheiden ließe, ist seit Langem feministischer sowie antifeministischer Diskussionsgegenstand. Strukturalistische und poststrukturalistische Impulse haben in der jüngeren Wissenschaftsgeschichte dazu angestoßen, das Verhältnis zwischen sprachlichem Zeichen und Geschlecht zu problematisieren (vgl. Kap. III). Der Ausschluss ‚weiblicher' Sprachformen präge – so die entsprechende These – die Realität und deren Wahrnehmung in entscheidender Weise. Sprache hat sich als einer der wichtigsten kulturellen Ausschlussmechanismen erwiesen, der für eine mangelnde symbolische Repräsentanz des Weiblichen sorgt und die asymmetrischen Machtverhältnisse immer wieder aufs Neue bestätigt. Hingegen hätte ein Wandel in der Sprache, der den selbstverständlichen Umgang mit weiblichen grammatischen Formen und subversiven Schreibweisen bedeuten würde, weitreichende Folgen für die Performanz der Geschlechter. Im besten Fall könnte dann eine gleichwertige sprachliche Präsenz von Diversität das männlich dominierte Hegemoniedenken ablösen. Somit ist eine weibliche oder männliche Art des Schreibens nicht an das biologische Geschlecht der Autorinnen und Autoren gekoppelt; vielmehr handelt es sich um eine grundlegende Kritik an der abendländischen binären Ordnung des Denkens.

Gattung und Genre

Was wurde nach welchen Regeln geschrieben? Der Zusammenhang von Literatur und Geschlecht hat sich Jahrhunderte lang dahingehend entwickelt, dass spezifische Gattungen und Genres an das Geschlecht von Autoren und Autorinnen, aber auch von Lesern und Leserinnen gekoppelt sind (vgl. Kap. IV und V). Texte werden aufgrund gattungsspezifischer ästhetischer Normen an ein spezielles Publikum adressiert. Das Genre ‚Frauenliteratur' hat mit der Frauenforschung gemeinsam, dass es auf wenig konkrete Weise mit ‚Frauen' assoziiert ist. Es handelt sich womöglich um Literatur und Forschung von, für oder über Frauen. Diese Assoziationen stellen sich über die Kombination von Codes her – beispielsweise im Literaturbetrieb mittels der Konzeption der Titelheldin bis hin zur Umschlaggestaltung eines Buchs – und hängen darüber hinaus mit sozialhistorischen Faktoren der Bildungs- und Mediengeschichte zusammen. So wurden etwa Briefe und (Brief-)Romane während der Aufklärung zu spezifisch weiblichen Genres deklariert. Die Geschlechtsspezifik der Genres ist ihrerseits vielfältigen Prozessen des Fort- und Umschreibens unterworfen.

Interdisziplinarität und Intermedialität

Welche inter- und intradisziplinären Fragen werfen die Gender Studies auf? Mit der fortschreitenden Ausdifferenzierung der Kulturwissenschaften in den 1990er Jahren traten zahlreiche Forschungsfelder zutage, die mit geschlechtsspezifischen Aspekten korrelieren (vgl. Kap. VI). Im Zuge dieser Entwicklungen haben sich insbesondere identitätspolitische und hegemoniekritische Ansätze als überaus wichtig und ergiebig für eine Vernetzung mit der Postkolonialismus-Forschung erwiesen. Identität kann weder im Hinblick auf Geschlecht noch auf Ethnizität als stabile Größe gesehen werden, sondern beide Kategorien sind auf intrikate Weise miteinander verbunden. Der weiße Mittelschichtsmann der westlichen Hemisphäre geriet als unmarkierte Definitionsinstanz für das Eigene und Fremde folglich besonders in die Kritik. So untersuchten erst die Men's Studies – parallel zur Frauenforschung – verstärkt seit etwa Anfang der 1990er Jahre Konstruktionen von Männlichkeit unter soziokulturellen und historischen Gesichtspunkten. Soziologische Theorien der Diversität und Intersektionalität, die vor allem auch die Hierarchisierungen der unterschiedlichen identitätsspezifischen Aspekte (Geschlecht, Ethnie, Klasse, Religion u.a.m.) in den Blick rücken, tragen diesen Zusammenhängen Rechnung. Auch sexuelle Präferenz kann für die Subjekte der westlichen Welt nicht mehr schlicht vorausgesetzt werden, indem schwules und lesbisches Begehren als Abweichung von einer heteronormativen Ordnung beschrieben wird. Diesbezüglich haben sich Queer Studies und Gender Studies während der vergangenen zwanzig Jahre produktiv miteinander auseinandergesetzt. Recht zügig entwickelten sich im Austausch mit diskursanalytischen Projekten der Literatur- und Medienwissenschaften zugleich genderrelevante Fragestellungen zum modernen Subjektbegriff. Leitfragen in diesem Forschungsbereich könnten beispielsweise lauten: Welche medialen Voraussetzungen und Konsequenzen haben technische Innovationen? Und welche Perspektiven der Subjektkonstitution eröffnen sich mit spezifischen Medien?

2. Missverständnisse: Was Gender Studies nicht leisten

Frauenbilder, Männerbilder

So manche Erkenntnisinteressen, die für die Frauenforschung noch als wichtig erachtet wurden, stehen für die Gender Studies heute nicht mehr im Zentrum der Aufmerksamkeit. Hierzu gehören zum Beispiel Untersuchungen, die darauf abzielen, wie Frauen- und Männer-,Bilder' in literarischen Texten gestaltet sind. Diese mediale Metapher des Bildes wurde aufgrund ihrer statischen Qualität im Laufe der Jahre immer stärker kritisiert und von prozessorientierten Ansätzen abgelöst (Geschlechterdiskurs, Genderperformanz). Zudem ist es höchst fraglich, welche Schlüsse sich aus einem bestimmten ,Frauen- oder Männerbild' ziehen ließen bzw. welche Funktionen und Qualitäten diesen ,Bildern' zugeschrieben werden. Der Ansatz der ,Bildbeschreibung' greift deutlich zu kurz, weil er übersieht, dass hierfür häufig von einem sehr schlichten mimetischen Welt-Text-Verhältnis ausgegangen wurde, demzufolge der literarische Text das historische Geschlechterverhältnis lediglich nachzeichnen würde. Ein literarischer Text kann sich hingegen sehr weit von den zeitgenössischen Sitten, Gebräuchen und Gesetzen seiner Zeit entfernen, auch oder gerade wenn sie die literarische Imagination des Geschlechterverhältnisses betreffen.

Widerspiegelung

Darüber hinaus können Frauenfiguren nicht umstandslos mit einer Vorstellung von Weiblichkeit und Männerfiguren mit derjenigen von Männlichkeit verknüpft werden, wie dies normativ von Philosophen des 19. Jahrhunderts exponiert worden war (Feuerbach, Schopenhauer u.a.). Vielmehr sorgt ein komplexes Wechselspiel zwischen literaturästhetischer Konvention einerseits und deren innovativer Kritik andererseits für entsprechende Genderkonzepte. Nur auf diese Weise können Figuren in den meisten, aber nicht allen Fällen als geschlechtlich konnotierte Figuren wahrgenommen werden. Die häufig verwendete Metapher des Widerspiegelns, die literarische Texte als lediglich seitenverkehrtes Abbild ‚realer' Verhältnisse beschreibt, taugt deshalb nicht zur wissenschaftlichen Analyse. Denn nicht der Text oder sein Autor bzw. seine Autorin gestalten eine anzunehmende vorgängige Geschlechtsidentität der Figuren aus, sondern umgekehrt: Handlungs- und Gestaltungselemente im literarischen Text lassen die Leserinnen und Leser auf ein Geschlecht der Figuren schließen. Der Name einer Figur oder die Erzählstimme sind dabei nur zwei wichtige Gestaltungselemente unter vielen anderen Möglichkeiten. Diesbezüglich ist die normative Wirkung von Genreregeln und deren Außerkraftsetzen für die Produktion und Rezeption literarischer Texte kaum zu überschätzen. Interpretationen, die sich vorrangig auf Frauen- und Männerfiguren im Text konzentrieren, nehmen zudem häufig ihre eigenen Ergebnisse vorweg, erweisen sich doch zum Beispiel die Frauenfiguren stets als emanzipiert oder angepasst, die Männerfiguren hingegen als heroisch oder krisengeschüttelt. Solche stark wertenden Interpretationen reduzieren den literarischen Text auf eine psychosozial konzipierte Charakterstudie der Protagonisten, die darüber hinausweisende Strukturen außer Acht lassen (Raum, Zeit, narrative oder dramatische Instanz, lyrische Rede u.a.m.). Das, was einen literarischen Text ausmacht und ihn von anderen Texten wie Krankengeschichten oder Gerichtsakten unterscheidet, gerät auf diese Weise in den Hintergrund. Erst in einem zweiten Schritt können dann auch genreübergreifende Aspekte berücksichtigt werden, damit intertextuelle Bezüge und literarische Diskursfunktionen zutage treten.

Rezeption außerhalb der Wissenschaft

Für anfängliche Missverständnisse bei einer Beschäftigung mit den Gender Studies kann es noch weitere Gründe geben. Mitunter entstehen Schwierigkeiten, wenn Vorurteile, Missverständnisse oder Ressentiments den Zugang zu jeder wissenschaftlichen Beschäftigung, auch derjenigen mit der Kategorie Geschlecht, verstellen. Vor allem in populären Unterhaltungsmedien werden Vokabeln wie „Feminismus"/„FeministIn" manchmal pejorativ genutzt, semantisch nicht weit entfernt von der „Emanze" oder dem abwertenden Adjektiv „schwul", das während der letzten Jahre als Schimpfwort vor allem in der Jugendsprache inflationär gebraucht wird. Sowohl das anspruchsvolle Feuilleton als auch die feministische Presse tun sich schwer mit den mittlerweile akademisierten Gender Studies. So ist zum Beispiel häufiger zu lesen, dass Gender Studies die Geschlechterdifferenz angeblich einebnen oder ‚wegdiskutieren' wollen. Auch ist der wissenschaftliche Nutzen der Gender Studies, zumal in ihren institutionalisierten Formen, für manche Kritiker und Kritikerinnen nicht auf Anhieb zu erkennen. Hierzu gab es während der letzten Jahre immer wieder journalistische Provokationen, die an Diskurs und Gegendiskurs zu partizipieren versuchten. Dies lässt sich etwa in den regelmäßigen Kolumnen im *ZeitMagazin* oder *Spiegel Online* beobachten. Auch die zahllos publizierte Ratgeberliteratur hängt ebenso wie die einfallslose Comedy der naturalisierten Geschlechterdifferenz besonders stark an. Das liegt daran, dass aus vermeintlich inadäquaten, im Grunde nur ungewohnten Verhaltensweisen sowohl ernsthafte Sozialkonflikte als auch die verlachende Komik erwachsen können. Pseudo-Erklärungen speisen sich dann aus Geschlechtsstereotypen, die sich jedoch auf entsprechende Behauptungen beschränken, wie Männer und Frauen so ‚sind' und warum sie ‚nicht zusammenpassen'. Von geschlechtsnormierten Verhaltensweisen abzuweichen, ruft regelmäßig Kommentare zur so genannten ‚Selbstverständlichkeit' und ‚Natürlichkeit' auf den Plan. Dabei wird jedoch die Differenz zwischen biologischem und sozialem Geschlecht nicht nur einmal mehr aufgerufen, sondern auf diese Weise immer wieder neu ‚erfunden' und kommuniziert. Auch dem Feminismus der 1970er Jahre wurde einst vorgeworfen, dass er zur geschlechtlichen Indifferenz und zur Egalität der Geschlechter führe, was sowohl der Biologie als auch der abendländischen Kultur und ihren Werten zuwiderlaufe. Mit einigem polemischem Aufwand wurden und werden damals wie heute allerdings Grenzen gezogen und verteidigt, die gar nicht zur Disposition stehen. Denn das Anliegen der Gender Studies ist es ja gerade, solche Differenzmarkierungen in ihrer Argumentationsweise und Instrumentalisierung zu erforschen, sie jedoch möglichst nicht selbst zu benutzen. Geschlechterdifferenzen hängen von politisch, ökonomisch, ethisch und ästhetisch recht unterschiedlichen Faktoren ab. Deshalb können sie allein in ihren vielfältigen historischen, sozialen, kulturellen und symbolischen Dimensionen beschrieben werden. Keinesfalls lässt sich weiterhin von dem einen, singulären Unterschied zwischen den Geschlechtern sprechen. Herausfinden, wie Geschlechterdifferenzen entstehen, was die Ursachen dafür sind und welche Wirkungen sie im menschlichen Zusammenleben zeigen, ist somit weder eine kurzfristige ‚modische' sozialpolitische Handlungsoption noch ein individuelles Problem der beteiligten Forscherinnen und Forscher bzw. Studentinnen und Studenten.

Subjektivität

Damit ist eine zweite Hürde vor jeglicher wissenschaftlichen Beschäftigung mit den Gender Studies angesprochen. Es bedürfte im Grunde einer bewussten Abstraktion vom eigenen Geschlecht, die jedoch niemals vollständig zu leisten ist. So wie Gehirnforschung nur mit dem menschlichen Gehirn zu leisten ist und genau darin der Grund für die angezeigte Skepsis gegenüber ‚blinden Flecken' liegt, hat jede/r Wissenschaftler/in eine Geschlechtsidentität, die ihre und seine Erkenntnisinteressen beeinflusst. Davon ist wiederum nicht nur die Genderforschung betroffen, sondern jegliche Forschung. Trotz dieses hinlänglich bekannten erkenntnistheoretischen Dilemmas gelten Distanzierung, Deduktion und Abstraktion weithin als produktive wissenschaftliche Methoden. Freilich hat sich die neuzeitliche Vorstellung von einer ‚neutralen' und ‚objektiven' Forschung ohnehin als epistemologisches Konstrukt des abendländischen Denkens erwiesen. Kaum jedoch ist eine Forschungsrichtung mehr belächelt worden als die Frauenforschung der 1970er Jahre als eine Forschung ‚von, für und über Frauen', was zugleich höchste Subjektivität implizierte. Manche Reaktion von Studierenden lässt auch heute an Deutlichkeit nichts zu wünschen übrig, wenn sie das Erkenntnisinteresse der Gender Studies als irrelevant erachten und diese Irrelevanz mit der Tatsache begründen, dass sie doch selbst Frauen oder Männer seien und deshalb den Forschungsgegenstand selbst am besten kennten („Ich bin doch eine Frau, wo soll das Problem sein."). Was so einfach und selbstverständlich erscheint, verweist jedoch auf einen komplexen kulturanthropologischen Prozess sozialer Kollektivität. Indem Individuen als repräsentativ für unterschiedliche soziale Gruppen gelten können und diese Gruppen wiederum nur über diesen Prozess der Repräsentation als stabil wahrgenommen werden (Geschlecht, Nation, Religion, Alter u.a.m.), schreiben sich die Prämissen und Werte der Gruppe wiederum auf das Individuum zurück. Dabei ist es nicht erheblich, wie ‚weiblich' eine Frau *ist*, sondern inwiefern sie als solche von sich selbst und von anderen wahrgenommen wird. Die Kategorie Geschlecht ist eine sozial instabile Kategorie, denn sie entsteht im Rahmen historisch und kulturell variabler Prozesse der symbolischen Repräsentation, indem Handeln auch als geschlechtlich konnotiertes Handeln gedeutet wird. Über den Verweis auf die vermeintliche Stabilität der Biologie erfährt das Geschlecht seine Naturalisierung, d.h. Geschlecht wird als ‚natürlich' ausgewiesen und kommuniziert. Stimmen biologische und soziale Kriterien nicht überein, kommt es im einfachsten Fall zu gleichsam überkreuzten Bedeutungszuschreibungen (‚männliches' Verhalten bei Frauen, ‚weibliches' bei Männern). Bekanntlich kann es nicht bei solchen binären Verkehrungen bleiben, sobald die Annahme der Zweigeschlechtlichkeit zugunsten möglicher Geschlechtervielfalt und Trans-/Inter-Identitäten abgelöst wird. Allerdings bedarf es dafür ausdifferenzierter Beschreibungsinstrumentarien.

Definitionsprobleme

Dass das Argument der ‚Biologie' zumeist nur als vereinfachender Platzhalter für vielfältige Geschlechtermodelle dient, zeigt bereits ein kurzer Blick in physiologische und psychologische Lehrbücher. Bekanntermaßen konkurrieren genetische, neurologische, endokrinologische, psychologische und juristische Ansätze in der Frage, wer die ausschlaggebende Definitionsmacht für das Geschlecht für sich beanspruchen darf (Fausto-Sterling 2000). Den größten Vorsprung hat seit einigen Jahren die Genetik. Jedoch muss dies nicht so bleiben, denn der Blick auf die Geschichte lehrt uns, dass solche Paradigmenwechsel zur Wissensgenerierung und Wissenschaftsentwicklung dazugehören. Noch geht die Transsexualitätsmedizin weitgehend von der Idee eines ‚richtigen' oder ‚falschen' Körpers aus, der dem psychosozialen Geschlecht hormonell und operativ angepasst werden kann. Aus diesen Eingriffen an Körper und Psyche sollen Stabilität und Zufriedenheit für die Betroffenen folgen. Dagegen ist es ein langer und schwieriger Prozess, dass ganze Gesellschaften, die Betroffenen selbst sowie ihr Umfeld einen veränderten und positiven Umgang mit geschlechtlicher ‚Uneindeutigkeit' erlernen können. Ein drittes Geschlecht wird nicht nur die strikte Konstruktion der Zweigeschlechtlichkeit markieren und in Frage stellen; es stabilisiert seinerseits das etablierte Dispositiv, weil es als das jeweils ‚Andere' fungiert (Dietze in Dietze/Hark 2006). In Indien, Pakistan, Nepal, Neuseeland und Australien ist es bereits möglich, im Pass eine dritte Kategorie X für ‚unspecified identity' anzugeben. Das bundesdeutsche reformierte Personenstandsgesetz sieht ab dem 1. November 2013 vor, für intersexuell geborene Kinder keinen Personenstand eintragen zu können (§ 22 PStG). Die vielfältigen Konsequenzen dieser ‚Leerstelle' im Pass sind noch nicht ins Bewusstsein der Öffentlichkeit durchgedrungen.

Naturalisierung

Der Verweis auf biologische Unveränderlichkeit ist während der letzten Jahre als diskursives Verfahren der Naturalisierung zunehmend in Verruf geraten. Was nämlich für die Kategorie Geschlecht noch denkbar ist und häufig praktiziert wird, hat sich für die ethnische Kategorie als kaum mehr plausibel erwiesen: Während im populären Geschlechterdiskurs für Frauen und Männer immer noch vom ‚natürlichen' biologischen Geschlecht auf ihre Eigenschaften und Verhaltensweisen geschlossen wird, indem etwa Evidenz der geschlechtsspezifischen Gehirnforschung behauptet wird (einige Stichworte wie Einparken, Schuhe kaufen, räumliche Orientierung und Sozialkompetenz sollen hier genügen!), so sind solche Analogiebildungen für ebenso ‚natürliche' ethnische Kriterien wie Hautfarbe und Körperwuchs nicht mehr statthaft. Der Rassismus wurde im politischen Diskurs der letzten drei bis vier Jahrzehnte weitgehend vom Sexismus abgekoppelt, obgleich beide Argumentationsmuster auf vergleichbare Weise organisiert sind (Kerner 2011). Man kann von einem Diskurs der Naturalisierung ausgehen, der Körper und Kultur in ein argumentatives Verhältnis setzt und sie als gegenseitige machtpolitische Legitimationsstrategien nutzt. Der ‚Biologie' die geschlechtsbezogene Definitionsmacht zuzugestehen, hieße vor allem, soziale und kulturelle Verantwortung an eine imaginäre Instanz wünschenswerter Vereindeutigung zu delegieren. Hier kommt nun die Literatur ins Spiel, die es kaum einmal nicht mit Gender-Aspekten zu tun hat. Denn literarische Texte sind Medien der Veruneindeutigung, sonst würden sie nicht den großen Aufwand der Interpretation erfordern. Geschlecht wird in literarischen Texten als eine überaus variationsreiche Größe innerhalb eines Kontinuums von Identitätsentwürfen lesbar. Wie diese Beziehung zwischen Geschlecht und Literatur gestaltet sein kann, entfalten die folgenden Kapitel.

Unterscheidung Sex und Gender

Obgleich es auch Tendenzen innerhalb der Gender Studies gibt, auf der aus dem anglo-amerikanischen Sprachgebrauch herrührenden Unterscheidung zwischen *sex* und *gender* (biologisches vs. soziokulturelles Geschlecht) zu beharren, spricht auch vieles dafür, diese Trennung für problematisch zu halten. Die operationalisierte Unterscheidung für die Gender Studies geht zurück auf Gayle Rubins Aufsatz „The Traffic in Women: Notes on the ‚Political Economy' of Sex" (1975). Im Zuge kritischer Überlegungen wird jedoch nicht mehr das soziokulturelle mit dem biologischen Geschlecht legitimiert, sondern es wird nach Möglichkeiten gesucht, die physiologische Konstitution von Geschlecht als diskursive Praxis aufzufassen und somit auch das biologische Geschlecht als performative Größe zu beschreiben. Solche postfeministischen Ansätze thematisieren den Zusammenhang von Geschlecht und Soziokulturalität auf einer sprachtheoretischen und kulturwissenschaftlichen Ebene fortwährend neu. Gender Studies sind also weder der einseitigen und ideologischen Kulturkritik noch einer selbstbezogenen Nabelschau der Wissenschaften verpflichtet, sondern durchziehen als vielfältig und komplex ausformulierte Erkenntnisinteressen mittlerweile nahezu sämtliche Disziplinen von den Sozial- und Kulturwissenschaften bis zu den Naturwissenschaften.

3. Etablierung und Institutionalisierung

Historische Verortung der Gender Studies

Häufig wird die Entwicklung der Gender Studies aus der so genannten Zweiten Welle des Feminismus hergeleitet, die nach dem Abflauen der ersten Welle in den 1920er Jahren wieder aufkam (Schaser 2006; Schenk 1993). Das politische Klima der 1960er und 1970er Jahre, das nach dem Nationalsozialismus und Krieg entstanden sei, hatte das Erstarken der feministischen Bewegung wenn nicht erfordert, so doch zumindest stark begünstigt. Die Re-Maskulinisierung der nordamerikanischen und europäischen Gesellschaften nach dem Zweiten Weltkrieg, als Frauen auf dem Arbeitsmarkt die Lücken der gefallenen und gefangenen Soldaten gefüllt hatten, dann aber mit essentialistischen Argumenten erneut in die Hausfrauen- und Mutterrolle gedrängt wurden, lieferte Handlungsbedarf in vielerlei Hinsicht. Mehrheitlich im nicht-bürgerlichen, akademischen Milieu engagierten sich Frauen emanzipatorisch, um die angestrebte Realisierung der in den Grundgesetzen beider deutscher Staaten verankerten Gleichberechtigung voranzubringen (Nave-Herz 1993, 58–122). Legendär sind etwa die westdeutschen Aktionen gegen die Verschärfung des Abtreibungsparagraphen 218 (1971/72) oder diejenigen im Zuge der Reform des Familienrechts 1976. Nun ließe sich vermuten, dass solche sozialpolitischen Impulse kurzerhand in den wissenschaftlichen Diskurs eingegangen seien und unmittelbar die Institutionalisierung der Frauen- und Geschlechterforschung nach sich gezogen hätten. Seither hätte sich die feministische Kritik im traditionell männlich dominierten Wissenschaftsbetrieb etabliert. In einer solchen historischen Erzählung wird „die Feministin" zur Wissenschaftlerin und Aktivistin, die ihre ideologiekritischen Ansätze aus der Subkultur in die akademische Wissenskultur transportiert und fortan auf literarische Texte und literarhistorische Zusammenhänge angewendet habe. An dieser historischen Darstellung sind jedoch Zweifel anzumelden, erweisen sich doch die Erzählungen über die Frauenbewegung ihrerseits als spezifische Geschlechtskonstruktion (Thon 2008). Zum einen werden die Fragen der damals frauenbewegten Aktivistinnen und Wissenschaftlerinnen nicht über Jahre und Jahrzehnte hinweg dieselben geblieben sein. Zum anderen muss für die Literaturwissenschaft und Literaturgeschichtsschreibung gelten, dass die Kategorie Geschlecht nicht erst seit den 1960er Jahren eine wichtige Rolle spielt. Daran sind vielmehr ältere komplexe Diskurse und epistemische Prozesse der Wissensgenerierung beteiligt.

Egalität und Differenz

Die intellektuellen Impulse, die für eine akademische Institutionalisierung der Geschlechterforschung sorgten, gehen sehr weit zurück, nämlich bereits auf rege philosophische Debatten der Frühen Neuzeit. Schon die frühen Schriften der *Querelle des femmes* seit dem 14. Jahrhundert grenzten den Egalitätsfeminismus vom Differenzfeminismus ab, deren wichtigster Unterschied im Bestreiten oder Bekräftigen eines angenommenen ‚natürlichen' Unterschieds zwischen den Geschlechtern besteht. Während der Aufklärung waren weibliche Gelehrsamkeit, aber auch die Auffassungsgabe der Frau, ihre soziale Stellung und ihre Relevanz für Wissenschaft und Dichtung immer wieder Gegenstand heftiger Debatten und zahlreicher Publikationen. Die *Querelle des femmes* weist einen Genitiv auf, der grammatisch unentschieden bleibt. Ist eine Auseinandersetzung über Frauen oder von Frauen oder beides gemeint? (Bock/Zimmermann 1997, 10). Somit ist der Status der Frau als Subjekt und/oder Objekt in sozialpolitischen und wissenschaftlichen Diskursen von jeher als ambivalente Position festgeschrieben. Die Schriften von Simone de Beauvoir, Betty Friedan, Kate Millett u.a. griffen im Zuge der 68er-Bewegung und der Neuen Frauenbewegung Ideen und Argumente auf, die in der Moderne bereits recht gut eingeführt waren, denen vor dem (sozial)politischen Hintergrund der 1960er und 1970er Jahre jedoch neue Relevanz zukam. Die *Querelles* werden unter wechselnden Bezeichnungen bis in die Gegenwart fortgeführt. Insbesondere durch die postfeministischen Impulse und die dadurch angeregte kritische Revision der Körperkonzepte hatten sie Anfang der 1990er Jahre noch einmal neue Fahrt aufgenommen (Benhabib/Butler et al. 1993).

Etablierung in der Germanistik

Die Literaturwissenschaften sind für die jüngsten theoretischen Debatten, aber auch die Institutionalisierung der Gender Studies während der letzten drei Jahrzehnte als überaus wichtige Disziplinen einzuschätzen. Neben der Pädagogik und Soziologie, die während der 1980er Jahre eine ebenfalls tragende Rolle in der Etablierung genderspezifischer Erkenntnisinteressen spielten, waren die Vertreterinnen und Vertreter der Literaturwissenschaften scheinbar am ehesten bereit, Konzepte der Kritischen Theorie, der Sozialgeschichtsschreibung oder der dekonstruktivistischen Philosophie aufzugreifen. Zu dieser Bereitschaft, die eigene Fächerperspektive zu überdenken, trug sicherlich auch die unbefriedigende Situation der Nachkriegsgermanistik bei, die sich überwiegend auf textimmanente Interpretation konzentriert hatte. Der große methodische Wurf mit hoher gesellschaftskritischer Relevanz war seit der Neuorganisation nach dem Nationalsozialismus ausgeblieben. Zudem hatte man personell große Schwierigkeiten zu bewältigen, denn die Generation der Väter war nicht vollständig abgetreten, und so kamen Impulse aus marxistischen, feministischen und psychoanalytischen Konzepten den Jüngeren gerade recht. Die veränderten Perspektiven auf die Medien des Literarischen wurden zudem recht zügig inner- und außeruniversitär weiterentwickelt. Während in den USA die Women's Studies reüssierten, wurden in der BRD zunächst zögerlich die Curricula für geschlechtsspezifische Fragestellungen geöffnet. Vor allem die Rezeption des französischen Poststrukturalismus brachte es mit sich, dass Theorien postmoderner Feministinnen in Deutschland längere Zeit den erkenntnistheoretischen Ton angaben. Erst durch die erneuten Impulse der US-amerikanischen Gender Studies Anfang der 1990er Jahre erlangte auch die europäische Diskussion neue akademische Aufmerksamkeit. Der Austausch zwischen amerikanistischen, anglistischen, germanistischen und romanistischen Literaturwissenschaften wird seither auf intensivem Niveau betrieben. Dies betrifft gleichermaßen die Kooperation u.a. mit der Intersektionalitätsforschung sowie den Postcolonial Studies und Queer Studies (vgl. Kap. VI).

Internationale Impulse

In den feministischen literaturwissenschaftlichen Neuansätzen seit den 1960er und 1970er Jahren wurden historische und literarische Texte zunächst primär auf ihre frauenfeindlichen und sexistischen Aussagen hin untersucht. So unterzog Kate Milletts *Sexual Politics* (1969; dt. *Sexus und Herrschaft,* 1971) zahlreiche Autoren des 18. bis 20. Jahrhunderts einer kritischen Analyse – insbesondere auch die Schriften Sigmund Freuds –, während Margret Ellmann den Literaturbetrieb auf seine geschlechtsspezifischen Ausschlussmechanismen abklopfte (1968). 1985 lag mit Toril Mois Buch ein wichtiger Überblick über die anglo-amerikanische und französische feministische Literaturwissenschaft vor (Moi 1989), der bereits deutlich zwischen der feministischen Kritik an Autoren (Feminist Critique) und dem frauenzentrierten Ansatz einer feministischen Literaturwissenschaft (Feminicentric Criticism) unterscheidet. Diese Unterscheidung hatte vor allem Nancy K. Miller mitgeprägt, die sich neben der Analyse von Frauenbildern in der Literatur (1980) vor allem konsequent der Wiederentdeckung vergessener anglo-amerikanischer Autorinnen widmete (1988). In Millers Arbeiten steht die Frage nach einer möglichen weiblichen Autorschaft im Mittelpunkt. Auch für die deutschsprachige Literatur stellte sich heraus, dass Literaturgeschichtsschreibung und Interpretationsgeschichte große Lücken aufwiesen, was die mangelhafte Darstellung von Autorinnen und ihrer Werke betraf. Erste umfangreiche Literaturgeschichten wurden begonnen und in den 1980er Jahren publiziert (vgl. Kap. II.2). Bereits Mitte der 1970er Jahre stellte Silvia Bovenschen die entsprechenden Fragen nach einer weiblichen Ästhetik der deutschsprachigen Autorinnen und konfrontierte etwas später in ihrer umfangreichen Studie *Die imaginierte Weiblichkeit* kulturelle und philosophische Repräsentanz des Weiblichen mit der historischen kreativen Frau (1976; 1979). Für die nachfolgenden beiden Jahrzehnte ist die fortwährende Auseinandersetzung mit den Ansätzen der französischen und angloamerikanischen Literaturwissenschaft zu beobachten (Berger 1985; Fischer/Kilian et al. 1992; Lühe 1982).

Wollte man sich einen ersten Überblick verschaffen, so ließe sich die Institutionalisierung der Gender Studies für die deutschsprachige Literaturwissenschaft in mehrere große, wechselwirksame Bereiche einteilen. Um die Wissensressourcen der Gender Studies allen Mitgliedern der Gesellschaft zugänglich zu machen, bedurfte es vieler kleiner Schritte auf unterschiedlichsten Ebenen. Die nächsten Abschnitte skizzieren die bereits erfolgte Enzyklopädisierung und Akademisierung der Gender Studies sowie deren überaus wichtige Vernetzungsstrukturen.

Zeitschriften und Buchreihen

Zu erwähnen sind zuallererst die deutschsprachigen Zeitschriftengründungen, die Öffentlichkeit und Plattformen zum Austausch schufen. Drei ausgewählte und etablierte Organe müssen an dieser Stelle genügen: Ein wichtiges Diskussionsforum sind die *Feministischen Studien,* die seit über 25 Jahren aktuelle Themen und Theorien aufgreifen. Das Netzwerk Frauen- und Geschlechterforschung NRW gründete die Zeitschrift *Gender,* in der Schweiz erscheint *figurationen. gender, kultur, literatur.* Aus literaturwissenschaftlicher Sicht sind diese Zeitschriften überaus ergiebig, weil sie sowohl den inter- als auch intradisziplinären Dialog führen. Aus der Vielzahl von Netzprojekten ist die Online-Zeitschrift *Querelles-net* hervorzuheben, die sich auf die Rezensionen aktueller Forschung konzentriert und jeweils themenspezifisch aufarbeitet. Für die Kommunikation und Diskussion von Forschungsergebnissen sind gleichermaßen die im Laufe der Jahre gegründeten Buchreihen sehr wichtig, weil sie jungen Wissenschaftlerinnen und Wissenschaftlern die nötigen Foren zur Publikation ihrer Forschungsergebnisse bieten – meist im Format von Dissertationen, auch Habilitationen sowie von Tagungsbänden. Literaturwissenschaftlich relevant sind insbesondere die Editionsreihen „Ergebnisse der Frauen- und Geschlechterforschung" (1984–2007), „Geschlechterdifferenz & Literatur" (1994–2002), die große und kleine Reihe „Literatur – Kultur – Geschlecht" (seit 1992), „GenderCodes" (seit 2006) u.a.m.

Enzyklopädisierung

Angesichts der beträchtlich gestiegenen Zahlen von Einzelinterpretationen sowie der übergreifenden Darstellungen zur genderorientierten Sozial- und Diskursgeschichte war es seit Mitte der 1990er Jahre dringend geboten, das angehäufte Wissen knapp und zugänglich aufzubereiten. Diese angestrebte Enzyklopädisierung versucht jedoch nicht nur, Verbindlichkeit und Zugänglichkeit zu schaffen, sondern auch Bilanz zu ziehen und weiterführende Fragen aufzuwerfen. 1995 legten Bußmann/Hof einen Sammelband in erster Auflage vor, der die Relevanz der Geschlechterforschung im geisteswissenschaftlichen Fächerspektrum porträtiert (2. Aufl. 2005). Ein ähnlich konzipierter Band erschien einige Jahre später und erweiterte das vorgestellte Fächerspektrum (Braun/Stephan 2006). Den Schwerpunkt auf die „kritische Darstellung der Bedeutung, welche Geschlecht als Analysekategorie in den aktuellen Theoriedebatten spielt", setzte der Überblicksband *Gender@Wissen* (Braun/Stephan 2005, 29). Darin wurden einzelne Themenfelder – z.B. Identität, Körper, Gewalt/Macht, Natur/Kultur u.a.m. – durchquert und auf ihre historische und systematische Interdependenz mit der Geschlechterkategorie befragt. (Für dieses Konzept in den anglo-amerikanischen Gender Studies vgl. Cranny-Francis 2003.) Mit dem *Metzler Lexikon Gender Studies* wurde dann erstmals im deutschsprachigen Raum das Wissen der Gender Studies umfassend nach „Ansätzen – Personen – Grundbegriffen" systematisiert und komprimiert (Kroll 2002). Das von einer romanistischen Literaturwissenschaftlerin herausgegebene Lexikon konzentriert sich nicht nur auf die Philologien, sondern erfasst den Forschungsbereich und seine zentralen Konzepte darüber hinaus in vielen sozial- und kulturwissenschaftlichen Aspekten. Aus sozialwissenschaftlicher Perspektive folgte kurz darauf das *Handbuch Frauen- und Geschlechterforschung*, das genderspezifische Konzepte in umfänglichen Überblicksartikeln darstellt (Becker/Kortendiek 2004).

Didaktisierung

Zur enzyklopädischen Tendenz gehören auch die seit den 1990er Jahren erscheinenden Studieneinführungen in die Geschlechterforschung, die einen knappen Überblick über feministische Literaturtheorie und -wissenschaft bieten wollen (Eagleton 2003; Lindhoff 1995; Osinski 1998). Zuletzt erschienen Einführungen in die Gender Studies mit kultur- und literaturwissenschaftlichem Schwerpunkt (Schößler 2008) sowie aus germanistischer Perspektive (Becker-Cantarino 2010). Hinzu kommen Überblicksdarstellungen über Teilbereiche wie etwa die Erzählforschung (Nünning/Nünning 2004) und Queer Studies (Degele 2008; Kraß 2005). Zu erwähnen bleibt, dass Mitte der 1990er Jahre die Gender Studies auch Einzug in Facheinführungen und Nachschlagewerke der etablierten germanistischen Literaturwissenschaften hielten. Auch dies ist ein unübersehbares Zeichen für die zunehmende Akzeptanz der Forschungsrichtung innerhalb des Faches. Den gut eingeführten Studienbüchern aus den 1970/80er Jahren wurde für die Neuauflage jeweils ein eigenes Kapitel hinzugefügt, das auf knappstem Raum die Methoden der Gender Studies skizziert und sie gleichgewichtig neben andere Ansätze wie etwa den Strukturalismus oder die Diskursanalyse stellt (z.B. Erhart/Herrmann 1996, u.ö.; Wagner-Egelhaaf/Petersen 2009; Weigel 1995 u.ö.).

Normierung und Reflexion

Ohnehin kann für die 1990er Jahre ein stark wachsendes Interesse an der Literaturtheorie beobachtet werden, so dass seither kaum eine neuere Einführung oder Textanthologie ohne einen obligatorischen Abschnitt zur Genderforschung erschienen wäre. Im US-amerikanischen Wissenschaftsjargon entstand für dieses Phänomen der Begriff ‚gender piece', der die pflichtbewusste Abhandlung einer vermeintlichen Modeerscheinung beschreibt. Hingegen beklagte Sigrid Weigel die deutsche literaturwissenschaftliche Geschlechterforschung als stark begrenzte Wissenschaft „in einem säuberlich umzäunten Gebiet". Diese Begrenzung stelle „zugleich den unberührten Ablauf des übrigen Betriebs" sicher (Weigel 1995, 686). Damit ist jedoch nur ein Teil des dialektischen Dilemmas jeglicher Anerkennungsstrategie angesprochen. Denn offensichtlich birgt jede erfolgreiche Etablierung zugleich die Gefahr, dass das Spezifische im Allgemeinen aufgeht und somit seine Konturen verliert. Das ‚gender piece' ist zwar in der so genannten Mitte der Fächerkulturen angekommen, sorgt aber gerade deshalb für keine besondere Aufmerksamkeit mehr. Weigel plädierte deshalb schon früh für eine Politik des „Stand- und Spielbeins" (1995, 687), deren Pendelbewegung die begleitende Reflexion und strategische Institutionalisierung gleichermaßen erlaube.

Akademische Etablierung

Im Rückblick erscheint genau diese Strategie realisiert worden zu sein, zumal sie sich Mitte der 1990er Jahre bereits abgezeichnet hatte. Die Universitäten und Fakultäten installierten Gender Studies im Längs- und Querschnitt der Fächer. Innerhalb der einzelnen Disziplinen wurden Lehrstühle und Professuren hauptsächlich oder teilweise der Genderforschung gewidmet. Dies sollte die angestrebte Verankerung im Lehrangebot, eine Verbesserung der Bibliotheksakquisition und die Förderung spezifischer Forschungsprojekte gewährleisten. Für die letzten zehn Jahre ist eine Stabilisierung der personell basierten Etablierung zu beobachten: Während für 1993 zehn Universitätsprofessuren in den Sprach- und Literaturwissenschaften mit Genderdenomination zu zählen waren (Nave-Herz 1993, 94), gibt es 2013 mehr vergleichbare Stellen, nämlich 14 literaturwissenschaftliche Genderprofessuren mit Teil- und Volldenominationen (Datenquelle: www.zefg.fu-berlin.de, Stand 31.8.2013). Die Installierung eigenständiger Professuren für allgemeine Frauen- bzw. Geschlechterforschung ist hingegen rückläufig (1993: 38; 2013: 4 ständige Professuren und 3 Gastprofessuren in wechselnder Besetzung). Die universitäre Entwicklung tendiert somit deutlich zu einer Integration der Genderforschung in die einzelnen Fächer, was für eine Spezialisierung und Ausdifferenzierung der Erkenntnisinteressen spricht.

Forschungszentren

Die Aufgabe der Vernetzung, die fächerübergreifende Professuren nun immer weniger übernehmen, fällt hingegen den seit den 1980er Jahren vielerorts gegründeten Zentren für Frauen- bzw. Geschlechterforschung zu. Aus dieser Vielzahl sind vor allem die Zentren an der FU Berlin und der Universität Bielefeld hervorzuheben, deren Arbeit seit über 30 Jahren Bestand hat. Bewährt hat sich an vielen Fakultäten, das genderspezifische Lehrangebot einzelner Institute zu koordinieren, in einem speziellen Vorlesungsverzeichnis auszukoppeln und mit flankierenden Angeboten wie Ringvorlesungen und Gastvorträgen zu ergänzen. Die Zentren arbeiten häufig eng mit den jeweiligen Frauen- bzw. Gleichstellungsbeauftragten zusammen und organisieren entsprechende Fördermaßnahmen wie Stipendien, Workshops, Coaching u. ä. Die neuen BA-/MA-Studiengänge Gender Studies werden mittlerweile sowohl an Universitäten als auch an Fachhochschulen angeboten und zumeist sowohl interdisziplinär konzipiert als auch mit Hilfe der Zentren organisiert. Zukünftig müssten ebenso Graduiertenschulen und Genderforschungszentren noch stärker zusammenarbeiten, denn immer deutlicher entwickelt sich auch das Promotionsstudium zu einem modularisierten und konsekutiven Studiengang. Im Übrigen sind auch die Graduiertenkollegs der DFG für die bundesweite Etablierung der Gender Studies sehr effektiv gewesen und sind es noch, denn seit Anfang der 1990er Jahre bildeten sie zahlreiche Wissenschaftlerinnen und Wissenschaftler in der Geschlechterforschung aus.

Die Etablierung und Institutionalisierung der Gender Studies kann in einer Zwischenbilanz durchaus als Erfolgsgeschichte bewertet werden. Gerade die oftmals divergierenden Strategien haben zu entsprechend vielfältigen Aktivitäten in Forschung und Lehre sowie deren Vernetzung geführt. Obgleich die hohe Relevanz der Gender Studies heute nicht mehr mit dem früheren unangemessenen Legitimationsdruck belegt ist, gilt es auch für sie, sich kontinuierlich den wissenschaftlichen Anforderungsroutinen der Plausibilisierung und Profilierung zu stellen. Die zunehmende Verbreitung von Methode und Begrifflichkeit bietet bekanntlich nicht nur die willkommenen Chancen, sich durchzusetzen und anerkannt zu werden. Sie birgt gleichermaßen die Gefahr der begrifflichen und konzeptuellen ‚Verwässerung'. Auch dies ist ein dialektischer Prozess, der bedacht sein will, währenddessen die Diskussionen ertragreich weiterlaufen und der Ansatz immer wieder aufs Neue erprobt und reflektiert wird.

II. Gender und Literaturgeschichte

Historiographische Unausgewogenheit

Das folgende Kapitel über den Zusammenhang von Gender und Literaturgeschichte wird darstellen, inwiefern die Literaturgeschichtsschreibung mit wissensgenerierenden und wertenden Aspekten verbunden ist. Die Genderforschung geht davon aus, dass Autorinnen und Autoren in der Literaturgeschichte unterschiedlich stark repräsentiert sind. Diese Unausgewogenheit zwischen den Geschlechtern resultiert aus quantitativen und qualitativen Fehleinschätzungen, die es zu korrigieren gilt. Ausgehend von der Beobachtung, dass Werke von Autorinnen in Lexikographie und Literaturgeschichtsschreibung nur in wenigen Fällen kontinuierliche und gleichgestellte Aufnahme fanden, sind deshalb die Kriterien und Prozesse der Kanonisierung zu hinterfragen. Im ersten Abschnitt dieses Kapitels geht es daher um die bio-bibliographische Erfassung schreibender Frauen in der deutschsprachigen Literaturgeschichte, was keinesfalls als traditionsreiches oder anerkanntes Teilgebiet in der Literaturgeschichtsschreibung gelten kann. Sich für einen Lexikoneintrag zu qualifizieren und damit einem allgemeinen oder spezifischen Literaturkanon zugeordnet zu werden, geht mit der Beanspruchung von Autorschaft und ihrer Anerkennung im Literaturbetrieb einher (vgl. auch Kap. IV). Genauso relevant für die geschlechtsspezifische Kanonisierung ist der zweite Punkt in diesem Kapitel: die Integration literarischer Œuvres in die Literaturgeschichtsschreibung nach spezifischen Kriterien. Als ein komplexer epistemischer Prozess, der mit Innovation, Tradition und Selektion verbunden ist, fordert er zu immer neuen Revisionen heraus. Der dritte Bereich, der in diesem Kapitel dargestellt wird, umfasst die Biographik, sind doch die Legitimationsstrategien, wie Autoren und Autorinnen als Schreibende erinnert oder vergessen werden, aus literarhistorischer Perspektive besonders interessant und aufschlussreich. Der vierte und letzte Abschnitt dieses Kapitels skizziert Prozesse der literarischen Wertung und Kanonisierung als eigenständige Forschungsbereiche, soweit sie für die Genderforschung relevant sind.

1. Lexikographik

Die bio-bibliographische Erfassung von Schriftstellerinnen ist keine aktuelle Entwicklung der letzten Jahrzehnte, als sich die Genderforschung zunehmend etablieren und institutionalisieren konnte. Bereits im Zusammenhang mit der für die Frühe Neuzeit bekannten Tendenz, Wissen systematisch zu erfassen und zu beschreiben (Roßbach 2009), ist zu beobachten, dass sich spezifische Interessen an deutschsprachigen Autorinnen und ihren Werken ausbildeten.

Lexika im 18. Jahrhundert

Die *Querelle des femmes* provoziert bereits Anfang des 18. Jahrhunderts beispielsweise das Projekt des Darmstädter Hofbibliothekars Georg Christian Lehms, der sich mit seinem Poetinnen-Lexikon gegen die zeitgenössische Auffassung wendet, derzufolge Mädchen und Frauen in Bildung und Intellekt den Männern nachgestellt seien. Sein Plädoyer für die feministische Indifferenz-These findet seinen Niederschlag in einer umfangreichen Einleitung zu diesem Lexikon, worin der Autor Stellung gegen misogyne Vorurteile und Rezeptionsgewohnheiten bezieht. In dieser Vorrede betont er, dass es „dem weiblichen Geschlechte an Tapferkeit / Klugheit / Gelehrsamkeit und andern Haupt-Tugenden / gar nichts fehle". Am Ende eines Anhangs zu „ausländischen Dames" kommt Lehms zu dem integrativen und pragmatisch orientierten Schluss: „Wir kommen am besten davon / wenn wir dem weiblichen Geschlechte zugestehen / daß es so geschickt zum Studieren / als das Männliche / dennoch aber selbigem weder allzuviel Geschicklichkeit aus blosser Flatterie, noch allzuwenige Kräffte / aus einer neidigschen Verachtung beylegen." (Anhang 1715, 331) Das Engagement Lehms' ist durchaus als ambivalent einzuschätzen (Behnke 1999; Gössmann 1988): Denn einzelne Frauen als seltene große Talente darzustellen, verweist nicht nur auf deren außerordentliche Leistungen, sondern zugleich auch auf die sonst durchschnittliche Minderbegabung aller Frauen für die Dichtung. Deshalb zeigt Lehms' Projekt in großer Deutlichkeit, dass auch die Lexikographik vor dem Hintergrund der Geschlechterdebatten eine Frage der wertenden Perspektivierung ist, denn nur wenige Namen der in diesem Nachschlagewerk porträtierten und mit literarischen Proben vorgestellten Autorinnen vom Mittelalter bis zum Beginn des 18. Jahrhunderts sind heute noch im Kanon präsent. Dies kann nur bedeuten, dass Kanonisierung sowohl mit dem Erinnern als auch mit dem Vergessen assoziiert ist und die Literaturgeschichtsschreibung ihre Aktantinnen nach bestimmten Regeln vergisst (Heydebrand in Röttger/Paul 1999; Weigel 1995). Nicht bedeuten kann es, dass es keine und nur sehr wenige Autorinnen in der Literaturgeschichte gegeben habe, wie noch manches aktuelle Lexikon nahelegt.

Abwertungstendenz um 1800

Als Beispiel für die ebenfalls stark wertende, nun jedoch in die pejorative Richtung argumentierende Lexikographik muss Samuel Baurs zunächst anonym erschienenes Werk *Deutschlands Schriftstellerinnen* von 1790 gelten. So stellt der aufstrebende Autor Baur ganz auf die Nutzung vorliegender Quellen ab, d.h. er plagiiert für seine 78 Artikel in beträchtlichem Umfang aus fremden Quellen. Baur tendiert zu der Auffassung, dass er Frauen im Grunde nicht der höheren Dichtung für fähig hält. Mit seinem Projekt kam der Verfasser vermutlich vor allem der steigenden kommerziellen Nachfrage nach, wollte er doch die zu seiner Zeit ökonomisch bedeutsame Entwicklung einer in die Mode kommenden ‚Frauenliteratur' nicht verpassen (Behnke 1999, 31). Aber nicht nur finanzielle Interessen dürften eine Rolle bei dieser Abwertung gespielt haben, wenn eine rasch anwachsende Zahl von Autorinnen womöglich anstrebte, den Männern die Dominanz im Literaturbetrieb streitig zu machen. In Geschichte und Literaturgeschichte ist im Übrigen häufig zu beobachten, dass im Falle einer tatsächlichen und nicht nur ideell proklamierten Gleichstellung der Frau innerhalb eines bestimmten Berufsfelds unversehens ein deutlicher Prestigeverlust für die ehemals männlich dominierten Eliten einsetzt. Dementsprechend bedrohlich musste es auf Autoren seit Beginn des 19. Jahrhunderts wirken, als ästhetisch gering geschätzte ‚Vielschreiber' wahrgenommen zu werden. Für Autorinnen bedeutete dies auch, überwiegend dem Feld der kommerziell orientierten Trivialliteratur zugeschlagen zu werden.

Lexika im 19. Jahrhundert

Ein Lexikon, das in Verweis- und Artikelstruktur stringent durchgearbeitet wurde und mit seinen circa 1000 Seiten in drei Bänden erstmals die Bezeichnung „Schriftstellerinnenlexicon" trägt, ist Carl von Schindels Projekt aus den Jahren 1823–25 (Behnke 1999, 41). Nicht anders als später Sophie Pataky mit ihrem umfänglichen *Lexikon deutscher Frauen der Feder* (1898), das circa 600 Schriftstellerinnen verzeichnet, konzentriert sich Schindel auf seine Zeitgenossinnen, die mitunter brieflich oder persönlich befragt wurden. Sowohl Schindel als auch Pataky erwähnen die spezifischen Schwierigkeiten bei der Recherche, mit denen sie zu kämpfen hatten, weil viele Autorinnen aufgrund von Heirat ihre Namen in denjenigen des Ehemannes änderten oder sich mancher Autorinnenname als Pseudonym eines männlichen Autors erwies. Obwohl sich die Autorin um 1800 zunehmend im literarischen Markt etablieren konnte, geschah dies häufig anonym oder mit männlichem Pseudonym. Weibliche Autorschaft war in diesen Jahren zwar bisweilen eine verlegerische und finanzielle, aber keine identitätspolitische Erfolgsgeschichte. Dass Autorinnen überhaupt sichtbar wurden, hing vor allem auch mit der ertragreichen Vermarktung von Romanliteratur und subjektiv konzipierter Lyrik zusammen. Dass die Schriftstellerei von Frauen häufig ihre Ehe gefährde, dass es eine ‚unnatürliche' Beschäftigung für das weibliche Geschlecht sei und dass die familiären Pflichten der Frau nicht in Frage gestellt werden dürften, ist nicht nur bei zeitgenössischen Rezensenten der Lexika wie etwa Jacob Grimm nachzulesen. Wie stark die am traditionellen Kanon orientierten Kriterien nachwirken, belegen die Rezensionen zu den Reprint-Ausgaben der Lexika von Schindel und Pataky aus den 1980er Jahren: Einerseits seien es „Fundgruben für die Trivialliteraturforschung", andererseits müsse man vielleicht diese ganzen Namen auch nicht erinnern (vgl. Behnke 1999, 62 und 72). Der wissenschaftlich produktive Gedanke, dass mit diesen Ausgaben ein neuer Blick auf Kanonisierung und Historisierung möglich wurde, der nicht bereits abqualifizierende Wertungen enthielte, kam damals noch nicht auf.

Neuanfänge seit 1980

Nach Patakys Lexikon liegt die Autorinnen-Lexikographik lange Zeit brach. Erst mit der Frauenforschung der 1980er Jahre wird ein neuer Anlauf genommen, der sowohl historische Nachschlagewerke wieder zugänglich macht als auch mit eigenen Projekten ganz neu ansetzt. Damit geht zugleich eine neue Ausdifferenzierung einher, die nationalsprachlich nach deutschen, österreichischen und schweizerischen Autorinnen sondiert und zudem traditionelle historische Periodisierungen aufgreift. So entstehen Projekte zur Barockliteraturforschung, die ein aus dem 19. Jahrhundert stammendes Verständnis von Autorschaft bewusst vermeiden, dafür aber Künstlerinnen und gelehrte Frauen in diesen zeitgemäß erweiterten Kanon einreihen (Woods/Fürstenwald 1984). Mit dem Projekt „Dünnhaupt digital" wird dieser Ansatz fortgeführt: Hierzu werden bis 2010 an der Herzog-August-

Bibliothek in Wolfenbüttel die in der einschlägigen Personalbibliographie von Gerhard Dünnhaupt nachgewiesenen Texte digitalisiert und um die Texte von Autorinnen aus Woods/Fürstenwald (1984) ergänzt (http://dbs.hab. de/katalog/?opac=dued). Für die neuere deutsche Literatur ist das zuerst 1986 erschienene *Lexikon deutschsprachiger Schriftstellerinnen 1800–1945* zu nennen, das erneut von einem „geschlechtsspezifischen Nachholbedarf" ausgeht und circa 200 Autorinnen und ihre Werke verzeichnet (Brinker-Gabler/Ludwig et al. 1986). Aus Sicht der German Studies in den USA erschien die *Feminist Encyclopedia of German Literature*, die Autorinnen- und Sachlexikon kombiniert (Eigler/Kord 1997). Das *Autorinnen-Lexikon* (Hechtfischer/Hof et al. 1998) nimmt zwar etwa doppelt so viele Autorinnen auf, erweitert aber seinen historischen und geographischen Umfang erheblich, nämlich bis hin zur Weltliteratur von der Antike bis zur Gegenwart, so dass die Auswahl deutschsprachiger Autorinnen wiederum recht beschränkt bleiben muss. Auch dieses Projekt legitimiert sich mit anhaltenden geschlechtsspezifischen Defiziten in der Lexikographik. Ausdrücklich wendet es sich gegen die sonst vorherrschende starke Spezialisierung deutschsprachiger Autorinnen-Lexika auf historisch und geographisch enge Schranken – etwa auf Schriftstellerinnen des Exils oder nur aus bestimmten Regionen. Das zweifellos größte und aktuellste Projekt, das für die Zeit seit Ende des Zweiten Weltkriegs fortlaufend geführt wird und mittlerweile mehr als 15.000 Einträge aufweist, ist die *Datenbank Schriftstellerinnen in Deutschland* der Stiftung Frauen-Literatur-Forschung e.V. in Bremen (http://www. dasind.uni-bremen.de). Die seit 1986 aktive Stiftung versteht sich als netzwerkende Institution. Über die Informationsverarbeitung hinaus werden durch laufende akademische Kooperationen auch Projekte zur Genderforschung unterstützt und angeregt.

Kritik an Kanon- und Werkbegriff

Noch deutlichere Kritik nicht nur am männlich dominierten Kanon, sondern vor allem an dem dabei wirksamen Kanonbegriff üben solche Lexikonprojekte, die sich nicht nur am gedruckten Werk orientieren, um Bedeutsamkeit für die Literatur- und Kulturgeschichte einzelner Frauen und Männer anzuerkennen. Das *Lexikon deutschsprachiger Epik und Dramatik von Autorinnen zwischen 1730 und 1900* beschränkt sich zwar einerseits auf ausgewählte Gattungen und Epochen und übernimmt dafür das etablierte textzentrierte Prinzip von *Kindlers Literaturlexikon.* Trotz dieser selbst gesetzten Schranken fördert das Lexikon aber andererseits mit seinen circa 340 Einzeldarstellungen narrativer und dramatischer Werke den immer noch weitgehend unbekannten Beitrag von Autorinnen zum Literaturbetrieb ihrer Zeit zutage und zeigt dabei zahllose Forschungsdesiderate auf (Loster-Schneider/Pailer 2006). Das Konzept der Schriftstellerin wird neuerdings auch wieder mit einem Konzept der ‚kreativen Frau' erweitert, was sich auf den kritisch zu hinterfragenden traditionellen Werkbegriff auswirkt. Hierzu zählt das Lexikon *FrauenGestalten Weimar-Jena um 1800*, das den Anteil der kulturell und sozial engagierten Frauen in Lesezirkeln, Salons, Bildungseinrichtungen etc. an der immer noch als geistesgeschichtlich bedeutsam und überwiegend männlich charakterisierten Weimarer Gesellschaft während der Goethezeit herausstreicht (Freyer/Horn et al. 2009). Eine europaweite Perspektive eröffnet das *Dictionnaire des femmes créatrices*, das intertextuelle und intersoziale Verbindungen zwischen Literatur, bildenden Künsten und Wissenschaften knüpft (Didier/Fouque et al. 2013). Zudem ist es als Kombination aus biographischem Lexikon und Sachwörterbuch angelegt. Dieses mehrbändige Projekt reiht sich im besten Sinne in die französische Tradition der Enzyklopädik ein und verdankt sich gewissermaßen noch vergleichbaren Egalitätsimpulsen der *Querelle des femmes* wie das am Kapitelanfang erwähnte Lexikon von Lehms.

2. Literaturgeschichtsschreibung

Während es in der Lexikographik vor allem eine Frage qualitativer und quantitativer Repräsentation ist, ob geschlechtsspezifische Aspekte die angemessene Berücksichtigung finden, so berührt die Frage der Literaturgeschichtsschreibung noch eine Reihe weiterer wichtiger Aspekte. Das betrifft insbesondere die kausale und temporale Verknüpfung literarhistorisch relevanter Ereignisse und deren Anordnung auf einer konventionalisierten Zeitachse. Über die bio-bibliographische Information hinaus spielen für die Literaturgeschichtsschreibung neben der Literaturproduktion auch Distribution und Rezeption von Literatur eine wichtige Rolle, wohingegen diese Bereiche in bio-bibliographischen Lexika meist recht knapp gehalten sind.

Literaturgeschichte als Emanzipationsgeschichte

Als Heinrich Spiero seine *Geschichte der deutschen Frauendichtung seit 1800* vorlegt (1913), ist die Welt des Historiographen noch in Ordnung, ja erlangt womöglich ihre Höchstform. Denn Spiero konnte sich noch unmittelbar auf die geistesgeschichtlichen und historistischen Prämissen des 19. Jahrhunderts berufen. Ganz auf das männliche Subjekt der Geschichte konzentriert, markiert Spiero dennoch eine Differenz, die er nicht mit Gleichartigkeit, aber Gleichwertigkeit begründet haben möchte: Waren die Frauen längste Zeit „Gegenstände", aber nicht „Schöpferin" in der Kulturgeschichte, so emanzipierte sich im 18. Jahrhundert die „liebende Frau" als Unterstützerin des Mannes. Erst im 19. Jahrhundert sei jedoch die Beteiligung von Frauen an der „Schöpfung" literarischer Werke nicht mehr zu leugnen, zumal die Romantiker durch ihre egalitären Bildungsansprüche auch Frauen den uneingeschränkten Zugang zu Literatur und Kunst ermöglicht hätten. Neue Lebensformen, die die christlich-bürgerliche Enge überwinden konnten, begründeten sogar literarische Genealogien, die „Dichterssohn" und „Dichterstochter" hervorbrachten. Was später die von Reinhart Koselleck umfassend angelegte Konzeption der „Sattelzeit" um 1800 genau beschreiben konnte, nämlich den sozialen, ökonomischen und ästhetischen Paradigmenwechsel allenthalben sowie dessen Schwellenfunktion zum ‚modernen' 19. Jahrhundert, wurde von Spiero gleichsam erahnt: Dichterinnen hätten deshalb ihre emanzipatorische Chance erhalten, weil sie sich spielerisch einbringen konnten, weil sie mit ihrer weiblichen Emotionalität nicht länger aneckten, weil die Romantikerinnen und Romantiker – der Verfasser zitiert hierzu Karoline von Günderodes ironische Äußerung über die Brentanos – „alle höchst unnatürliche Naturen" gewesen seien (Spiero 1913, 7). Zwar solidarisiert sich Spiero als jüdisch-christlich-konvertierter Gelehrter mit dem Anliegen der Frauenliteratur und folgt darin einer seit der Berliner Aufklärung etablierten Tradition. Jedoch äußert er Vorbehalte gegen eine übermäßige Politisierung der Literatur und bescheinigt der bürgerlichen Frauenemanzipation die Tendenz zum „naturgemäß reinen Kampferzeugnis", das keine literarische Geltung beanspruchen kann (Spiero 1913, 23). Während die Romantikerinnen zu realitätsfern, die Literatinnen des Vormärz hingegen zu radikal und pragmatisch geschrieben hätten, so habe sich erst bei den Autorinnen um 1900 ein formalästhetischer Anspruch bemerkbar gemacht, der der Entfaltung jeder einzelnen „weiblichen Persönlichkeit" zu verdanken sei. Spiero behandelt überwiegend die bereits damals kanonisierten Autorinnen des 19. Jahrhunderts: Bettine Brentano (von Arnim), Karoline von Günderode, Annette von Droste-Hülshoff, Fanny Lewald, Malwida von Meysenbug, Marie von Ebner-Eschenbach. Darüber hinaus wird eine Vielzahl von heute vielerorts vergessenen Werken und ihren Autorinnen vorgestellt.

Ästhetisierung statt Trivialisierung

Üblicherweise erzählt die Geschichte der Frauenliteratur deren zunehmende Trivialisierung im Laufe des 19. Jahrhunderts – von den elitären Romantikerinnen bis zu den reaktionären Vielschreiberinnen –, während Spieros Darstellung diesem Modell quer durch die Gattungen entgegenwirkt. Seine Emanzipationsgeschichte verläuft von den bloßen Möglichkeiten der romantischen Dichterin hin zur Durchdringung und Realisierung literarischer Kunst um 1900. Kapitel wie „Freude an der vertieften Form" oder „Neue Höhenkunst" spannen den Bogen vom „romantischen Stil" zu einer ästhetisch und philosophisch ambitionierten Frauenliteratur des Fin de siècle, während Kolportage und Folklore in diesem Buch keine größere Aufmerksamkeit zukommt. Aus heutiger Sicht ist die Determination der Autorin auf ihre unbestimmte ‚Weiblichkeit' kaum mehr nachzuvollziehen. Wenn auch die wertende Perspektive hier noch in recht expliziter Form zu finden ist, so lässt sie sich doch auch bei späteren feministischen Projekten offensichtlich nicht vollständig vermeiden. Die implizite Wertschätzung des emanzipatorischen Anliegens und eine differenzbetonte Argumentation sind aus guten politischen und sozialhistorischen Gründen immer noch angezeigt, wohingegen Spiero mit seiner Literaturgeschichte in einer „Sammlung wissenschaftlich-gemeinverständlicher Darstellungen" einen zwar allgemein zugänglichen, aber auch stark poetologisch orientierten Beitrag leistet.

Literaturgeschichte im wissenschaftlichen Kollektiv

Die beiden einschlägigen und umfassenden Darstellungen einer Literaturgeschichte aus feministischer Sicht, die beide in den 1980er Jahren entstanden, unterscheiden sich jedoch in einem wichtigen Punkt von der Monographie Spieros und von allen anderen Literaturgeschichten aus positivistischen Blütezeiten. Sie sind als Kooperationsprojekte von Forscherinnen und Forschern angelegt und erheben darüber hinaus längst nicht mehr den Anspruch, ihren Gegenstand vollständig, linear und kohärent abbilden zu können. Dieser selbstkritische Ansatz ist gleichermaßen auch in der etablierten Literaturgeschichtsschreibung seit den 1960er Jahren anzutreffen, obwohl hier immer noch gänzlich unberührt von Gender-Aspekten argumentiert wird (vgl. z.B. den Artikel „Literaturgeschichtsschreibung" im *Handbuch Literaturwissenschaft*, Bd. 2, 2007). Das Aussetzen der teleologisch erzählenden und nationalsprachlich organisierten Literaturgeschichte lässt sich im Fall der frühen feministischen Projekte mit der brüchigen Tradierung von Frauenliteratur begründen, die nicht auf öffentlich anerkannten Gruppenbildungen und kontinuierlich ästhetischem Wandel basiert. Vielmehr hat sich für die Herausgeberinnen Gnüg/Möhrmann in dem zuerst 1985 publizierten Sammelwerk der literarhistorische Essay empfohlen, um den heterogenen und heterotopen ‚Inseln' der Frauenliteratur gerecht werden und herkömmliche Ordnungsmuster wie Epochengrenzen überschreiben zu können. Auch konzentriert sich diese für Weltliteratur offene und entschieden komparatistische Darstellung der *Frauen Literatur Geschichte* vom Mittelalter bis zur Gegenwart primär auf die Räume, die literarisches Handeln für Frauen eröffneten, sowie auf die Medien weiblicher Literaturproduktion, -distribution und -rezeption (Gnüg/Möhrmann 1999, X). Eine zweite Literaturgeschichte, die sich auf die deutschsprachige Literatur konzentriert, fügt sich ebenfalls aus vielgestaltigen Essays zusammen, die einem Genre, einer einzelnen Autorin, einem Ort oder Medium gewidmet sein können. Ziel ist es, nicht die eine Geschichte der Literatur von Autorinnen zu schreiben, sondern einzelne sich gegenseitig ergänzende, kommentierende und auch widersprüchliche Geschichten zuzulassen. Ein solches Vorhaben produziert ein doppeltes Ergebnis, denn es werden nicht nur Autorinnen und ihre Werke in ihrer historischen Abfolge präsentiert. Darüber hinaus werden auch das Geschlechterverhältnis und die daran geknüpften Erwartungen an die sozialen Geschlechterrollen gleich mitverhandelt (Brinker-Gabler 1988).

Literarische Räume

Legt man alle genannten Bände nebeneinander, entfaltet sich ein komplexes Gefüge literarhistorischer Zusammenhänge, das sowohl intertextuelle Bezüge offenlegt als auch kontextuelle Bedingungen für literarisches Handeln von Frauen in kultur- und sozialgeschichtlicher Perspektive reflektiert. In den folgenden Abschnitten werden einige Stationen daraus für einen allerersten groben Überblick knapp referiert. Dass ‚Weiblichkeit' ebenso wie ‚Männlichkeit' nicht als ‚natürliche' oder gar als ästhetisch und politisch einzufordernde Determinanten fungieren – wie etwa noch bei Spiero –, sondern historisch, soziokulturell und regional variabel zu denken sind, sollte dabei schnell deutlich werden. Man kann von einer geschlechtsspezifischen Topographie sprechen, deren Achsen es mit Texten von Autoren und Autorinnen immer wieder zu durchkreuzen gilt (Hochreiter 2007; Weigel 1990).

Klöster, Höfe, Salons

Vom Mittelalter bis zur Mitte des 19. Jahrhunderts rücken zunächst Klöster, Höfe und Salons in den Blick. Bereits für das 10. Jahrhundert ist mit Hrostvit (Roswitha) eine überaus produktive Autorin aus dem Kanonissenstift Gandersheim überliefert, die Legenden, Dramen und historiographische Texte verfasste. Als besonders interessant galt der feministischen Literaturwissenschaft die spätere mystische Dichtung von Frauen, die aus Klöstern und Beginenhöfen seit dem 12. Jahrhundert schriftlich überliefert ist, denn darin findet sich das identitätsphilosophische Paradoxon, dass gegen dieses Ich, das sich im Akt des Schreibens erst konstituiert, zugleich angeschrieben wird. Die sinnliche Gotteserfahrung, die geistliche Autorinnen wie Hildegard von Bingen, Mechthild von Magdeburg oder Katharina von Genua beschwören, wendet sich gegen die rationale Differenz zwischen einem Gott und seinen Gläubigen. Die ersehnte Unio mystica ist ein visionärer Erfahrungsraum, der den Diskurs auszusetzen versucht und dennoch wiederum mit sprachlichen Mitteln realisiert wird. Auch die höfischen Dichterinnen haben durchaus ihre eigenen Vorstellungen davon, wie Frauen an der christlichen irdischen und jenseitigen Gesellschaft partizipieren sollten. Wenn Christine de Pizan sich in ihrer allegorischen Utopie *Livre de la Cité des Dames* (um 1405) für Geschlechtergerechtigkeit und ethische Gleichstellung der Frauen einsetzt und zugleich eine eigene Tradition gelehrter und verehrungswürdiger Frauen seit der Antike postuliert, dann unternimmt sie diesen Versuch nach den Regeln der allegorischen Dichtung ihrer Zeit. Obgleich immer wieder betont wird, dass den an europäischen Höfen wirkenden Prosa- und Minnedichterinnen des 12. bis 15. Jahrhunderts besonders an Themen wie der Zwangsehe des Adels und der selbstbestimmten erotischen Wunschartikulation gelegen war, so muss im gleichen Zug betont werden, dass dies nur in der intensiven Auseinandersetzung mit der Poetik der jeweiligen Zeit erfolgen konnte. Voraussetzung dafür war der Zugang zu einer umfassenden Bildung und Schriftkultur, der in der illiteraten Gesellschaft die längste Zeit nur an Höfen oder in Klöstern zu finden und zudem einer sehr kleinen Bevölkerungsschicht vorbehalten war. So gilt für die Äsopschen Fabeln oder Versnovellen, die Marie de France im ausgehenden 12. Jahrhundert publizierte, oder für die bis ins 18. Jahrhundert nachgedruckten Prosaromane der Elisabeth von Nassau-Saarbrücken (nach 1393–1456) sowie für zahlreiche weitere Beispiele aus der monastischen Literatur des 12. bis 14. Jahrhunderts, dass ‚das Leben' der Autorinnen mit einer spezifisch weiblichen Erfahrungswelt kein geeignetes Interpretament darstellt. Denn zum einen fehlen oftmals die nötigen biographischen Informationen und zum anderen wurde die Textproduktion zunehmend strengen Regeln unterworfen. Schreiben war (und ist) gerade kein spontanes individuelles Ausdrucksmedium, sondern ein geleiteter soziokultureller und ästhetischer Prozess, der in spezifischen Räumen praktiziert wurde (und wird). Über dessen Rekonstruktion kann auf Werkgenese und -rezeption geschlossen werden.

Studierstuben

Mit der humanistischen Regelpoetik, die sich von monastischen und höfischen Prämissen in fortschreitendem Maß lösen konnte, indessen jedoch auf die Rezeption antiker Rhetoriken fokussierte, entstanden bereits bürgerliche Emanzipationstendenzen, mit denen sich der akademische Raum des gelehrten Dichters eröffnete. Frauen des Adels und Patriziats hatten hierzu nur über Umwege Zugang, indem sie etwa an der Ausbildung ihrer Brüder partizipierten oder die Bibliothek des sozial hochrangigen Vaters autodidaktisch nutzten. Angeregt von den innovativen Debatten um Ehe und Geschlechterrollen – eindrucksvoll etwa in Erasmus von Rotterdams *Colloquia familiaria* (1524) oder *Abbatis et Eruditae* (1524) –, erzogen manche humanistische Gelehrte ihre Töchter zu gelehrten ‚Wunderkindern', die an Höfen und anderen öffentlichen Räumen vorgeführt wurden. Dieses Schicksal teilten u.a. die „virgo docta" Caritas Pirckheimer, die „latinae filiae" Juliana und Konstanze Peutinger und die italienisch-deutsche Olympia Morata, die wegen ihres frühen Todes als unerfüllte Hoffnung auf die erste „poeta laureata" der humanistischen *respublica litteraria* gelten muss. Auch die spätere Petrarkistin Sybilla Schwarz ist unter dem Stichwort der außergewöhnlichen und früh verstorbenen Talente zu nennen, die als Patriziertochter weit überdurchschnittlich gebildet war und deren kunstvoll verfertigte Gedichte einen unmittelbar autobiographischen Interpretationsansatz geradezu verbieten (Greber 2002, vgl. auch Kap. VI.3).

Gemeinde und Verein

Im Barock differenzieren sich die literarischen Räume, die notabene immer nur einzelnen Frauen zugänglich waren, weiter aus. Neben der Studierstube des Vaters oder Ehemannes sowie den höfischen Kontexten bleiben freilich religiöse Gemeinschaften als Ort für kreative Frauen erhalten, wo zahlreiche Erbauungs- und Erziehungsschriften entstanden. Auch kritische Töne waren mitunter zu vernehmen, etwa die antiklerikalen und anti-lutherischen Schriften der Anna Ovena Hoyers, deretwegen sie nach dem Ende des Dreißigjährigen Kriegs nach Schweden emigrierte. Schließlich war den Frauen aufgrund der humanistisch grundierten Wertschätzung weiblicher ‚Natur' der Zugang zu Sprachgesellschaften und Dichtervereinigungen prinzipiell möglich geworden. Realisiert wurde diese Öffnung jedoch in recht unterschiedlicher Weise: von keinem einzigen weiblichen Mitglied bis hin zu einer ungewöhnlich hohen weiblichen Mitgliederzahl (etwa 1/5) beim Pegnesischen Blumenorden. Diese Gesellschaft zählte u.a. Maria Katharina Stockfleth zu ihren Mitgliedern und pflegte später losen Kontakt zu Katharina von Greiffenberg.

Ein Raum für sich allein

Von Katharina von Greiffenberg ist überliefert, dass ihr adliger Ehemann das Denken und Schreiben seiner Frau mit den üblichen geselligen Gepflogenheiten empfindlich störte, weil damit bestimmte gastgeberische Erwartungen an sie verknüpft waren. Adligen Frauen fiel es vermutlich je nach sozialem Status allerdings noch mehr oder weniger leicht, sich die nötige Ruhe und Konzentration für das Schreiben und Lesen literarischer Texte zu verschaffen (von La Roche, von Arnim, von Droste-Hülshoff, von Ebner-Eschenbach). Monastisch lebende Frauen dürften damit ebenfalls weniger Probleme gehabt haben, so dass sich Anteil und Verdienst von Adligen und Nonnen an der Frauenliteratur für viele Jahrhunderte als überdurchschnittlich darstellen. Mit der Aufklärung entstehen jedoch eklatante Probleme. Autorinnen der Frühaufklärung, beispielsweise die hoch geehrten „Kaiserlichen Poetinnen" Christiana Mariana von Ziegler oder Sidonie Hedwig Zäunemann, waren als Ausnahmeerscheinungen hiervon noch nicht betroffen. Die Propagierung eines bürgerlichen Wertekanons jedoch, der mit den Naturwissenschaften eine für die Frauen nachhaltige und nachteilige Allianz einging, vermochte sie in relativ kurzer Zeit aus literarisch relevanten Räumen zu verweisen. Eine spätere Ausnahmefrau, Anna Louisa Karsch, bezeichnete die Kritik häufig als „Naturwunder", wobei die „‚Natürlichkeit' und Unverbildetheit ihres poetischen Genies" besonders gelobt wurden (Kord 1996, 90). Die Naturalisierung der Frau, die Ausformulierung rigider geschlechtsspezifischer Identitätsentwürfe sowie die damit einhergehende anthropologisch-medizinische Begründung von Geschlechtlichkeit schufen im Laufe des 18. Jahrhunderts eine neue *Ordnung der Geschlechter* (Honegger 1991). Diese Ordnung sah – grob zusammengefasst – für den Mann kulturelle und öffentliche Räume vor, während natürliche und häusliche Räume weiblich besetzt wurden. Virginia Woolf hat diesen Vorgang und das entstandene intellektuelle Dilemma der Schriftstellerin später in ihrem berühmten Essay *A Room of One's Own* rückblickend bis zu Shakespeares erfundener Schwester beschrieben und folgenden Schluss gezogen (1929): Finanzielle und geistige Unabhängigkeit, eine respektierte Privatsphäre, der uneingeschränkte Zugang zu Bildungsinstitutionen und schließlich symbolisches Kapital in der Sprache würden erst kontinuierliche und anspruchsvolle Literatur von Frauen ermöglichen können.

Briefe und Salons

In der zweiten Hälfte des 18. Jahrhunderts nehmen zwei Entwicklungen ihren Anfang, die durchaus in diesen Zusammenhängen gesehen werden müssen. Zum einen erlangt der Brief und seine Konnotation als ‚weibliches Medium' der Ausdrucksästhetik große Popularität, was nicht nur den privaten Briefwechsel und seine Funktion im empfindsamen Freundschaftskult betrifft, sondern auch die ansteigende Produktion von Briefromanen, die von Autorinnen geschrieben werden. Allen voran sind diesbezüglich Sophie von La Roche und Sophie Mereau zu nennen. Zum anderen bildet sich vor dem Hintergrund der um weibliche Sittlichkeit bemühten Geschlechterdebatten und dem zunehmenden Wohlstand des Bürgertums ein semi-öffentlicher Raum heraus, der für knapp 200 Jahre als weiblich dominierter Raum des Gesprächs, der Kunst und der Gastlichkeit gilt. Denn die Einrichtung des Salons, der sich an französischen Vorbildern adliger Konversationskultur orientierte, bedeutete vor allem, dass die Gastgeberinnen ihre auserwählte Öffentlichkeit aus nah und fern und ungeachtet sozialer Schranken kurzerhand zu sich nach Hause bitten konnten. In diesem geschützten Raum war es Frauen möglich, sich und andere zu unterhalten, zu musizieren, Literatur zu rezipieren (Seibert 1993). Bereits in den 1720er Jahren führte die eben erwähnte Christiana Mariana von Ziegler ihren Salon in Leipzig, wo sich auch während des 19. Jahrhunderts ein Zentrum schöngeistiger und akademischer Geselligkeit entwickeln konnte. Auch wenn Mittelpunkt und Höhepunkt des deutschsprachigen intellektuellen Salons mit den Berliner jüdischen Salonnièren um 1800 angesetzt werden (Henriette Herz, Sarah Itzig, Rahel Varnhagen), gab es noch zahlreiche weitere wichtige Schauplätze: die von Anna Amalia von Sachsen-Weimar-Eisenach initiierten Musenhof-Netze in Weimar, die sich vielgestaltig knüpften (u.a. mit dem „Theetisch" bei Johanna Schopenhauer), die Salons der unkonventionell lebenden Romantikerinnen in Jena (Dorothea Schlegel, Caroline Schlegel, Sophie Mereau) sowie die vor allem musikalisch interessierten Salons in Wien. Im Laufe des 19. Jahrhunderts entwickelte sich zudem ein europäisches Netzwerk dieser scheinbar zwanglosen Geselligkeit, die jedoch ihrerseits als soziale und ästhetische Inszenierung eines ständekritischen Esprit betrachtet werden muss.

Theater, Reisen, Barrikaden

Über die Jahrhundertwende um 1800 lässt sich zudem beobachten, dass Schriftstellerinnen sich auch das Theater als kreativen Raum aneignen, und zwar nicht nur als geachtete Schauspielerinnen, sondern auch als Dramatikerinnen. Noch im ausgehenden 18. Jahrhundert setzt eine zögerliche Beteiligung von Frauen an der Dramen- und Librettoproduktion ein (Karoline Neuber, Luise Adelgunde Gottsched), die sich im späteren 19. Jahrhundert zum Beispiel mit den Stücken von Charlotte Birch-Pfeiffer und ihrer Tochter Wilhelmine von Hillern zu veritablen Erfolgsgeschichten auswachsen. Ebenfalls als Erfolgsgenre für das 19. Jahrhundert ist die Reiseliteratur von Frauen einzuschätzen, nachdem sich die Frauen zum ersten Mal in der Geschichte ohne männliche Begleitung auf den Weg machten – z.B. La Roche nach England, Frankreich, Holland, Schweiz; d'Aubigny von Engelbrunner nach Indien; Hahn-Hahn in die Türkei; Lewald nach Italien, England, Schottland; Ida Pfeiffer nahezu um die ganze Welt –, um ihre Reiseeindrücke im Anschluss literarisch auszuwerten und damit nicht zuletzt ihre finanzielle Situation abzusichern. Mit den Literatinnen des Vormärz und der so genannten Tendenzliteratur situieren sich einzelne Frauen schließlich in Räumen, die ihnen vorher und auch lange Zeit danach verwehrt geblieben sind. Ihr politisches Engagement, das sie – gemeinsam mit ihren Ehemännern – nicht bloß auf die metaphorischen Barrikaden der Revolutionen 1830 und 1848 trieb, führt nachfolgend in Berufe der politischen Autorin und Zeitschriftenpublizistin (Mathilde Franziska Anneke, Johanna Kinkel, Louise Otto Peters u.a.). Nicht zu vergessen sind jene Prosaautorinnen, die ab der Mitte des 19. Jahrhunderts mit Familien- und Unterhaltungsliteratur sehr erfolgreich waren und nicht selten von einer musikalischen Ausbildung her zur Literatur kamen (Eugenie Marlitt, Elise Polko u.a.).

Tendenzen im 20. Jahrhundert

Mit der Öffnung höherer Bildungsinstitutionen für Frauen, die aufgrund hartnäckiger Widerstände erst um 1900 für Gymnasium und Universität erfolgte, fielen zugleich auch Schranken zu öffentlichen literarischen Räumen, die sich in den Köpfen noch länger hielten als in der lebensweltlichen Praxis. Der von neuro-physiologischen und psychoanalytischen Argumenten dominierte ‚Geschlechterkampf' um 1900 wurde unter beachtlicher Beteiligung bildungsbürgerlicher, intellektueller sowie akademisch gebildeter Frauen geführt (Hedwig Dohm, Rosa Mayreder u.a.). Auch die erotische Selbstbestimmung wurde ein wichtiges Thema in der Literatur des Fin de siècle (Franziska von Reventlow, Lou Andreas-Salomé). Gleich, ob sich die Autorinnen für oder gegen die Ziele der Ersten Frauenbewegung aussprachen, so profitierten sie doch gesamtgesellschaftlich von der Integration von Frauen in die politische Öffentlichkeit, die mit dem Wahlrecht und der Verbesserung von Versorgungs- und Bildungsangeboten verbunden war. Der Typus der ‚neuen Frau' in der Weimarer Republik schließlich partizipierte bereits faktisch und programmatisch an der nach dem Ersten Weltkrieg brachliegenden männlichen Arbeitswelt (Vicki Baum, Marieluise Fleißer, Irmgard Keun), was allerdings von der nationalsozialistischen Ideologie nachhaltig überschrieben wurde. Schließlich lässt sich der qualitativ und quantitativ sprunghafte Zuwachs schreibender Frauen seit der Klassischen Moderne nicht mehr übersehen, so dass sowohl in Prosa, Dramatik und insbesondere der Lyrik des 20. Jahrhunderts eine große poetologische und ideengeschichtliche Vielfalt anzutreffen ist. Als spezifische Räume, die einer gendersensiblen Erforschung bedürfen, können vor allem die Räume des ‚Dazwischen' beschrieben werden, die aus zwangsweiser oder selbstbestimmter Mobilität und Immobilität im Lauf des 20. Jahrhunderts entstanden: Deportation, Exil, Flucht und Vertreibung, Migration, Ausweisung, Reiseverbot (Christa Wolf, Ruth Klüger, Herta Müller). Zudem rückte Sprache als mythischer Artikulationsraum, der Frauen und Männern unter unterschiedlichen Prämissen offen steht, in den Blick postmoderner Literatur (Ingeborg Bachmann, Elfriede Jelinek u.a.). Die aktuellsten Forschungsimpulse kommen sicherlich aus den virtuellen Räumen digitaler Literatur, insbesondere zu den Vernetzungsstrukturen und Identitätsaspekten von Autorschaft im Netz, wobei die umfassende narrative Historisierung dieser medialen Potentiale derzeit noch wenig sinnvoll erscheint. 2009 gründete sich in Brüssel eine europäische ForscherInnengruppe, um einem gemeinsamen Neuansatz im Verstehen und Darstellen literarhistorischer Zusammenhänge zu finden. Interessant daran dürfte die vernetzte Arbeitsweise sein, die die Entstehung regionaler statt nationaler Literaturgeschichten in einem internationalen Kontext befördern soll (www.costwwih.net).

Epochendarstellungen

Den Abschluss dieses Kapitels bilden zwei Hinweise. Der erste Hinweis gilt den zahlreichen Einzeldarstellungen der Literaturgeschichte von Frauen, die sich ausgewählten Epochen und Strömungen widmen. Dazu kann man u.a. die viel rezipierten Arbeiten zur Frühen Neuzeit und Aufklärung (Becker-Cantarino 1987), Romantik (Becker-Cantarino 2000; Bürger 1990), zum Vormärz (Möhrmann 1977) und Fin de siècle (Tebben 1999) anführen. Jeder dieser Literaturgeschichten kommt das Verdienst zu, den bisweilen nahezu ausschließlich von männlichen Namen dominierten Kanon revidiert und ergänzt zu haben. Zudem haben sie soziale und ästhetische Bedingungen für das Schreiben der Autorinnen rekonstruiert und dieses in die relevanten ökonomischen, poetologischen und philosophischen Kontexte gestellt (Lucia Hacker 2007; Tebben 1998). Die Widersprüche und Klüften, die sich zwischen deterministischen Geschlechterdiskursen einerseits und den vorgefundenen Textquellen andererseits herausstellten, waren zumeist eklatant. Oder anders formuliert: Die historisch rekonstruierbare ‚Frau' und ihre Texte konnten mit der Kategorie zeitgenössischer ‚Weiblichkeit' nicht immer leicht in Verbindung gebracht werden.

Neue Ausschlüsse

Der bisweilen emphatische Ton, mit dem in den genannten Literaturgeschichten die emanzipatorischen Schreibweisen der Frauen herausgestrichen oder, im Gegenteil, deren Mangel beklagt wurden, erklärt sich heute aus der feministischen Aufbruchstimmung der Zweiten Frauenbewegung. Wenn Frauen schrieben, so könnte man überspitzt formulieren, dann sollten sie auch ihren Beitrag zu frauenpolitischen Themen und Emanzipation geliefert haben. Die Erforschung und Bewertung konservativer Autorinnen, denen an der Aufrechterhaltung der rigiden Frauen- und Mutterrolle gelegen war, fiel hingegen umso schwerer. Auch wurde rasch deutlich, dass für die wissenschaftliche Erarbeitung einer geschlechtsspezifisch ausgewogenen Literaturgeschichte solche Bewertungsmaßstäbe nicht weiterführen, weil sie zwar einerseits ein Defizit markieren, andererseits aber neue Ausschlüsse produzieren – nämlich den prinzipiellen Ausschluss männlicher Autoren und zugleich von Autorinnen, die nicht in den emanzipatorischen Erwartungshorizont passen wollen. Für den geisteswissenschaftlichen Mainstream nahmen solche Überlegungen nur sehr zögerlichen und geringen Einfluss auf die ausgetretenen Pfade akademischer Kanonisierung. Aber auch wenn die Ergebnisse dieser auf Literatur von Frauen konzentrierten Geschichtsschreibung zwar für manche Wissenschaftler/innen nicht mehr wegzudenken sind, so markieren sie jedenfalls noch ein weiteres Dilemma: Gerade weil die homogenen und linearen Geschichtserzählungen, die seit Gervinus nationalsprachliche und kulturelle Überlegenheiten behaupteten, nicht mehr zu leisten sind, kann die Literaturgeschichte nicht lediglich um eine größtmögliche Anzahl vergessener Frauennamen ergänzt werden. Dann bedarf es einer grundlegend veränderten historiographischen Arbeitsweise.

Schreibende Paare

Einen wenn auch nur partikularen, jedoch möglichen Ausweg aus diesem Dilemma boten Projekte, die sich mit schreibenden Paaren beschäftigten, um das Geschlechterverhältnis von Autor und Autorin sowie deren poetologische Beziehung gleichsam in der Mikroperspektive auszuloten (Heitmann/Nieberle et al. 2001; Seybert 2003). Mit dieser Hinwendung zur Intertextualität der Geschlechterdiskurse, die zugleich bedeutete, die ausschließliche Fokussierung auf die schreibende Frau aufzugeben, erfolgte ein kleiner Schritt von der Frauenliteraturgeschichte zur genderorientierten Literaturgeschichtsschreibung.

Das anglistische Modellprojekt

Der zweite und letzte Hinweis in diesem Kapitel gilt einem anglistischen Modellprojekt. Bereits 1995 legte Ina Schabert ein Konzept vor, wie eine Literaturgeschichtsschreibung verfahren könnte, die den Erkenntnisinteressen der Gender Studies Rechnung trägt. Für die Anglistik stellt sie diesbezüglich fest, dass herkömmliche Literaturgeschichten aus Sicht der Gender Studies nur „taktvoll ignoriert" werden könnten oder es – nach Judith Fetterley – eines kontinuierlichen „widerständigen Lesens" bedarf (Schabert in Bußmann/Hof 2005, 223). Diese Feststellung trifft in gleicher Weise immer noch für die germanistische Literaturgeschichtsschreibung zu, selbst für ein interessantes Projekt wie die *Neue Geschichte der deutschen Literatur*, das die gewöhnliche diachrone Zeitachse mit synchronen Schnitten durchquert (Wellbery/Ryan et al. 2007), jedoch unter Gender-Aspekten keiner besonderen Erwähnung wert ist. Ein solches Programm, wie es Schabert skizzierte, umfasst mehrere innovative Aspekte: erstens die weiblichen Traditionen, die es herauszuarbeiten und mit den bisher männlich gedachten Poetologien gemeinsam zu diskutieren gilt, und zweitens eine „Einschreibung" von Frauen in die (generische) Geschichte, um Frauenliteraturgeschichte nicht bloß der ‚allgemeinen' Literaturgeschichte anzufügen. Dies führt drittens zur Rekonstruktion von Geschlechterrelationen, sofern sie für die Literaturproduktion und -rezeption relevant sind. Mit ihrer zweibändigen *Englischen Literaturgeschichte. Eine neue Darstellung aus Sicht der Geschlechterforschung* setzt Schabert ihr früher entworfenes Konzept in die Tat um (1997; 2006). Daran ist vor allem hervorzuheben, wie durch die Jahrhunderte „Schreibordnungen" und Geschlechterverhältnisse als sich gegenseitig durchdringende Diskurse sichtbar werden. Auf diese Weise wird Literatur als ein „Raum der Geschlechterdebatte" rekonstruiert – etwa für das Elisabethanische Zeitalter –, in dem es erlaubt ist, auch ‚uneindeutige' Geschlechter hervorzubringen und zu erproben. Hingegen werden in der Aufklärung die binären Geschlechtergrenzen wieder enger gezogen, während vor allem die Romantik einen exklusiven Männlichkeitsanspruch hervorbrachte. Diese wenigen Stichworte deuten nur an, welche produktiven Konsequenzen die intrikate Verknüpfung von Geschlechterdiskursen, Autorschaftsmodellen sowie Literaturproduktion und -rezeption für eine historiographische Darstellung hat. Für die deutschsprachige Literaturgeschichte ist ein solches Projekt nach wie vor Desiderat. Eine konzise Analyse am Beispiel der „Romantikerinnenrezeption" in der Literaturgeschichtsschreibung teilt die skeptische Sicht auf die mangelnde Sedimentierung der gendersensiblen literarhistorischen Wissensproduktion und ihrer Methoden in der kanonischen Literaturgeschichtsschreibung. Nur Weniges hat bisher seinen Weg in das Alltags- und Prüfungswissen der Literaturwissenschaft gefunden (Gilleir 2009).

3. Biographik

Kompensatorische Lebenslaufforschung

Parallel zu den kritischen Debatten um den traditionellen Hegemonieanspruch nationalsprachlicher Literaturgeschichtsschreibung, die seit den 1970er Jahren in der Germanistik geführt werden, und der fortwährenden Partikularisierung, die sich zunächst insbesondere an einer genderorientierten Forschung beobachten lässt, verläuft die Debatte um die Möglichkeiten und Zielsetzungen der Biographik. Auch in diesem großen und populären Bereich literarhistorischer Publikationen, zu denen man Biographien über Autorinnen und Autoren zählen kann, ist zunächst eine Hinwendung zur kompensatorischen Forschung zu verzeichnen: Frauenbiographik sollte zunächst einmal auch von Frauen geschrieben werden können, galt sie doch lange Zeit als ‚männliches Genre'. Auch als biographierte Figuren der Literaturgeschichte waren Autorinnen in kaum nennenswerter Zahl auszumachen. Dazu trugen vor allem christliche Traditionen aus der Hagiographik sowie die Konstitution männlicher Subjektivität bei (Klein 2009).

Bürgerliche Selbstvergewisserung

Erhebliche Bedeutung erlangte die Biographik als eine diskursive Form bürgerlicher Selbstvergewisserung, die – ebenso wie die Literaturgeschichtsschreibung – nationale und soziokulturelle Identität konzipieren und stärken half und letztlich die Institutionalisierung der philologischen Disziplinen beförderte. Nicht von ungefähr erlangte der Biographismus, d.h. die unmittelbare Verknüpfung von Leben und Werk als philologisches Interpretationsverfahren, im Laufe des 19. Jahrhunderts eine hermeneutische Vormachtstellung, die er erst mit den Phasen kritischer Selbstreflexion nach dem Zweiten Weltkrieg vollständig einbüßte, in der Populärkultur hingegen noch weitgehend behalten konnte. Weil sich das bürgerlich-aufgeklärte Subjekt seit dem ausgehenden 18. Jahrhundert als ein männliches Subjekt verstanden hat, das der Frau einen untergeordneten Sozialstatus zubilligte und sie über die Zuweisung komplementärer Eigenschaften relational zur männlichen Identität beschrieb, nimmt es nicht Wunder, dass auch die Biographik von dieser Asymmetrie der Geschlechter betroffen ist (Marian in Fetz 2009).

Kritik an der Biographik

Bereits nach dem Ersten Weltkrieg mehren sich intellektuelle Stimmen, die der eskapistischen Lust des Bürgertums an der Biographie eine Absage erteilen, wie z.B. Siegfried Kracauer: Literatur würde sich nurmehr in einem „Bildersaal" großer Individuen einrichten und keine eigenen Konzepte hervorbringen (in Fetz/Hemecker 2011). Mit der Neuorientierung der Literaturwissenschaften in den 1970er Jahren, die auch philosophische Subjekt- und Sprachkritik aufnimmt, gerät die Biographik alten Zuschnitts erneut in die Kritik, und zwar in doppelter Weise. Zum einen verabschiedet sich die literarische Biographie von traditionellen Erzählmodellen und nimmt damit auch Einfluss auf die wissenschaftliche Biographik und Biographieforschung. Als Beispiele können Peter Härtlings *Hölderlin* (1976) oder Wolfgang Hildesheimers *Mozart* (1977) genannt werden, die (wie andere auch) mit Mitteln des Künstlerromans arbeiten, um die prekären narrativen Verfahren, ein fremdes Leben zu *be*schreiben und zu *er*schreiben, als Lektüreerlebnis zu inszenieren. Mit solchen literarischen Biographien rückt das lineare, teleologische, letzlich um die Entelechie kreisende Erzählen von einem ‚großen Individuum' in den Hintergrund, während Aspekte der Multi-Perspektivierung, Kontingenz, Non-Linearität und das Reflektieren auf einer Metaebene zunehmend wichtiger werden (Bourdieu in Fetz/Hemecker 2011). Seit einigen Jahrzehnten werden deshalb häufig Montageverfahren und andere illusionsbrechende Mittel des Erzählens eingesetzt (Borchard in Bödeker 2003). Die berechtigten Zweifel daran, wie ein ‚Leben' mit einem postmodernen dezentrierten Subjektbegriff noch kohärent und vollständig dargestellt werden könne, und die Fragen danach, welche Funktionen der Biographik – etwa für das kollektive Gedächtnis oder im Hinblick auf ihre moralische Instrumentalisierung – zukommen, erforderten kontinuierliche Diskussionen und Neukonzeptionen der Biographik sowie der Biographieforschung. Angesichts der gegenläufigen Entwicklungen auf dem aktuellen biographischen Marktsegment, die sich erneut auf das homogene und auf Detail und Umfang setzende biographische ‚Autordenkmal' besinnen (zuletzt zu George, Hauptmann, Kafka, Th. Mann, Musil, Schiller), mag dieses Erfordernis umso dringlicher erscheinen (Nalepka in Hemecker 2009).

Kritik an der Biographieforschung

Aus Sicht der Gender Studies gab Anne-Kathrin Reulecke in ihrem mittlerweile viel zitierten Aufsatz „‚Die Nase der Lady Hester'" (1993) entscheidende Anregungen für diese Diskussionen, denn es ist nicht nur ein Defizit an Biographien von und über Frauen zu vermelden, sondern es wäre überhaupt zu bezweifeln, ob die traditionelle, am männlichen Subjekt orientierte Biographik ein adäquates Genre für eine gendersensible Forschung darstellt (in Fetz/Hemecker 2011), um marginalisierte, qua Geschlechterrolle determinierte Lebensläufe zu beschreiben. Auch hat die Biographieforschung die androzentrische Perspektive für ihre Zwecke schlicht übernommen und geschlechtsspezifische Aspekte bis in die 1990er Jahre kaum beachtet. Solche Kritik betrifft aber auch die Frauen- und Geschlechterforschung selbst, denn insbesondere die frühe Frauenforschung seit den 1970er Jahren hat die alten Muster benutzt. Sie wurden häufig lediglich ins Gegenteil verkehrt und nicht prinzipiell hinterfragt. Zudem hat sie solche von Frauen verfassten Biographien weitestgehend ignoriert, die sich weder als feministisch zu verstehen geben noch als geeignete Identifikationsangebote für ihre Leserinnen erweisen (Zimmermann/Zimmermann 2005, 19). An diesem Punkt zeigt sich ein ähnliches Problem wie bei den unwillkürlichen Ausschlussprozeduren der Frauenliteraturgeschichte: Autorinnen wie Amely Bölte, Louise Mühlbach, Elise Polko oder Gabriele Reuter, die mit biographischer Prosa – häufig jenseits der Fiktionalisierungsgrenzen – erfolgreich gewesen waren, erfüllten kaum die Ansprüche an emanzipatorische Leistungen. Im Gegenteil, sie schrieben die Konzepte traditioneller Biographik insofern weiter, als sie ihre biographierten Männer und Frauen jeweils zu vorbildhaften Ausnahmeerscheinungen ihrer Zeit stilisierten (Woodford in Hemecker 2009). Dass damit wiederum Vorbilder für die Mädchenerziehung des 19. Jahrhunderts entstanden waren, die es zu erforschen lohnt, war für die Frauenforschung vor einigen Jahrzehnten noch nicht relevant.

Biographiewürdigkeit

Nachvollziehbares Hauptanliegen der Frauenforschung war es zunächst, zu einer Darstellungsweise zu finden, die Frauengestalten der Literaturgeschichte für ‚biographiewürdig' zu halten begann und diese ‚Biographiewürdigkeit' deshalb auch plausibilisieren musste (Heilbrun 1988). Weil die Leistungen von Frauen und Männern in der Literaturgeschichte asymmetrisch erforscht und bewertet sind, lag es nahe, die Geschlechtsidentität der Frauen an die Stelle konventionalisierter Leistungskritierien, etwa die öffentliche Wirkung einer Person, zu rücken. Wie für die Geschichtswissenschaft lässt sich auch in der Literaturgeschichtsschreibung der Gegensatz von „bedeutendem Mann" und „wahrer Frau" sehr häufig beobachten (Schaser in Lühe/Runge 2001). Zur Diskussion stehen immer noch die beiden wichtigen Fragen, warum Autorinnen nicht der gleichwertige Status wie den männlichen Kollegen zugestanden wird (Röckelein/Schoell-Glass et al. 1996; Zimmermann/Zimmermann 2005) und welche Argumente bei der Auswahl biographiewürdiger Personen verfangen sollen. Private, „semi-private" (Strouse 1979) und semi-öffentliche Räume wie etwa die väterliche Studierstube oder der Salon müssen in dieser Hinsicht dem öffentlichen männlichen Raum gleichgestellt werden. Auch den Werkbegriff, der nicht bloß auf überlieferte und publizierte Texte bezogen werden kann, gilt es in diesem Zusammenhang zu überdenken, z.B. bei Brief- und Tagebuchliteratur oder oralen und ‚kleinen' Literaturen. Nicht historisches Faktenwissen oder nachweisliche Eigenschaften einer Persönlichkeit, sondern vielmehr Bewertungs- und Kanonisierungsprozesse führen also dazu, dass sich eine Ausnahmefigur im Lauf der Geschichte der Biographisierung als würdig erweist. Es handelt sich demnach um einen diskursiven Effekt. Die Biographie operiert über diesen Aspekt hinaus stets doppelbödig: Sie entsteht einerseits erst aufgrund der Annahme, dass sich eine Autorin oder ein Autor als biographiewürdig erwiesen hat, indem Verfasser oder Verfasserin die bisherigen Überlieferungen und Darstellungen daraufhin überprüfen. Andererseits jedoch stellt sie mit der eigenen Version zugleich aufs Neue die vermeintlich vorausgehende Biographiewürdigkeit her, weil allein durch die Existenz einer Lebensbeschreibung in Buch- oder anderer Form jenes

Kriterium doch wenigstens behauptet, wenn nicht bereits erfüllt zu sein scheint.

Bewertung biographischer Dokumente

Wie Anita Runge zeigen kann, sind der eigentlichen Arbeit des Biographierens bereits zahlreiche komplexe Prozesse der Fremd- und Selbsteinschätzung vorgeschaltet. Hierzu gehört der „Umgang mit biographischen Dokumenten" von Schriftstellerinnen und Schriftstellern, der nicht ohne Folie zeitgenössischer Autorschaftskonzepte zu bewerkstelligen ist. Das gilt insbesondere auch dann, wenn sie als Briefe oder tabellarische Lebensläufe daherkommen. Hierbei zeigt sich, dass auch Runge selbst etwaige Vorgänge der „Selektion" biographischer Informationen oder der Vortäuschung von Fakten als biographische Defizite bewertet und folglich im Umkehrschluss implizit von einer idealiter vollständigen und ‚wahren' Lebensbeschreibung auszugehen scheint (Runge in Lühe/Runge 2001). Außerdem schlägt Runge vor, dass Biographen und Biographinnen jeweils vorab die Überlieferungssituation und Eigenart der Dokumente berücksichtigen sowie gleichermaßen das Selbstverständnis von AutorInnen in Betracht ziehen sollten. Nur dann ließe sich das für eine Autorin jeweils spezifische Verhältnis von ‚Leben' und ‚Werk' adäquat herausarbeiten und nachvollziehbar darlegen. Der Einwand konstruktivistisch argumentierender Literaturwissenschaften liegt auf der Hand: Auch das ‚Leben' ist, wie das ‚Werk', als Text überliefert, so dass es in letzter Konsequenz um ein sorgfältiges Abwägen und Bewerten dessen geht, was als (auto)biographisches Dokument oder als literarischer Text gelten kann. Damit ist die Überschneidung von historischen und ästhetischen Diskursen aufgerufen, was nicht nur im Kontext der Gender Studies ein hartnäckiges methodologisches Problem darstellt.

Opferbiographien

Dieses Problem wird vor allem greifbar, wenn Biographien dem Narrativ der ‚Opfergeschichte' folgen. Nicht selten hat die feministische Biographik die Autorin als Opfer ihrer Lebensumstände gezeichnet, die unter sozialer, psychischer und finanzieller Abhängigkeit von Männern gelitten habe; deshalb konnte sich ihr intellektuelles und literarisches Engagement nur eingeschränkt entfalten. Am Beispiel von Marieluise Fleißer lässt sich anschaulich rekonstruieren, wie eine Autorin erstens nur als Interpretin ihrer eigenen Lebensgeschichte rezipiert wurde, sie zweitens zum Opfer ihrer Lebens- und Arbeitsumstände stilisiert werden konnte und sich drittens schließlich einerseits der analytische Zugriff auf das literarische Werk intensivierte und andererseits die kritisch angelegte ‚Täterinnenbiographie' als Umkehrung der älteren Verfahrensweisen etabliert werden sollte (Runge 2002).

Biographismus

Während der anglo-amerikanische Literaturbetrieb stärker auf die Biographik als ein Genre setzt, das die Zwischenräume zwischen Lesepublikum und Wissenschaft überbrücken helfen kann und auch weniger Berührungsängste mit emphatischen und nach Mustern des Bildungsromans organisierten Identifikationsangeboten zeigt, erweist sich die deutschsprachige Genderforschung zunehmend als biographieskeptisch. Weigel spricht sogar von dem „Fluch" des Biographischen, der den monographischen Zugang zu dem Lebenswerk einer einzelnen Autorin und deren Rezeption erheblich behindere. Möglich sei es hingegen nur, Zeugnisse und Spuren mit der gebotenen Distanz zu interpretieren und keine Mythenbildung, die auf einen Raum ‚hinter' den Texten verweist, zu befördern (Weigel 1999). Die biographistische Tendenz, literarische Texte von Frauen häufiger als diejenigen von Männern lediglich als Ausdruck wechselwirksamer Kommentierung von Leben/Werk zu lesen und deshalb als naive Dokumente eines autobiographischen Gestaltungswillens zu verstehen, ist über deren Popularisierung und der damit einhergehenden Trivialisierung zu erklären (Keck/Günter 2001; Runge 2002). Dieser biographistische Zirkelschluss betrifft allerdings auch Kanontexte von Autoren der so genannten Hochkultur, wenn deren Biographien in populären Medien wie TV-Dokumentationen oder Kinospielfilmen erzählt werden. Darin werden die Œuvres und Lebensläufe von Autoren und Autorinnen gleichermaßen der naiven Verknüpfung von Lebensereignis und Textgenese unterworfen (Nieberle 2008). Der Genderaspekt kann deshalb nur in Abhängigkeit vom jeweiligen Medium und den damit verbundenen Rezeptionsweisen Berücksichtigung finden, was jedoch für die Biographik und Literaturgeschichtsschreibung noch nicht ansatzweise erforscht ist.

Kollektivbiographik

Ein weiteres intensiv diskutiertes biographisches Modell muss noch erwähnt werden: die insbesondere seit den 1980er Jahren beförderte Kollektivbiographie. In ihrem Zentrum stehen nicht länger ‚Werden' und ‚Wirken' eines einzelnen Individuums, das den Abläufen einer Berufsbiographie folgend beschrieben wird, sondern stattdessen eine Gruppe sozial vergleichbarer Individuen. In Relation zu gesamtgesellschaftlichen Entwicklungen zeigen sich an dieser Gruppe sowohl repräsentative Vereinzelung als auch nachvollziehbare Generalisierungen (Schwaiger in Fetz 2009). Aus Sicht der Gender Studies ist dieser Ansatz als ambivalent einzuschätzen, denn einerseits bietet die kollektive Darstellung Möglichkeiten und Maßstäbe, mit deren Hilfe das traditionell männlich konnotierte Genre überschrieben werden kann (Febel in Zimmermann/Zimmermann 2005). Andererseits mangelt es der Kategorie Frau ideengeschichtlich ohnehin an Individualisierungsstrategien, weil Frauen qua ihrer ‚Weiblichkeit' summarisch behandelt und dem vereinzelten männlich-heroischen Subjekt gegenübergestellt werden. Ein Beispiel hierfür ist Anna Siemsens Schriftstellerinnen-‚Galerie' *Der Weg ins Freie* (1943), während aktuelle Projekte kaum weniger plakativ und textfern formulieren: *Leidenschaften. 99 Autorinnen der Weltliteratur* (2011). Die mit der bürgerlichen Biographie verbundene Konnotation von einzig(artig)em Geist und kollektiver Körperlichkeit verhindert geradezu die Transformation von individueller ‚Weiblichkeit' in das Genre der Biographie (Keck/Günter 2001). Titel wie *Als unsre großen Dichterinnen noch kleine Mädchen waren* (1912), der eine Abfolge kurzer autobiographischer Skizzen von Autorinnen der Jahrhundertwende enthält, oder *Fürstliche Schriftsteller des 19. Jahrhunderts* (1895), worin Männer und Frauen gleichermaßen porträtiert sind, sprechen in ihrer Gegensätzlichkeit für sich selbst: Zwar kommen Gender- und Klassenaspekte überaus explizit zum Ausdruck, treffen aber in semantischer Hinsicht überhaupt nicht zu. Auch Projekte, die Virginia Woolfs Idee von der vergessenen Schwester Shakespeares aufgreifen und nach solchen *Schwestern berühmter Männer* (1985) oder *Töchter be-*

rühmter Männer (1988) suchen, um sie als sozial homogenisierte Gruppe mit vergleichbaren Erfahrungen zu präsentieren, perpetuieren die Asymmetrie der Geschlechter bereits vom Ansatz her.

Trotz der gebotenen Skepsis gegenüber biographischen Verfahren und ihrer fortwährenden Revision sind jedoch die Verdienste der Frauenbiographik und ihrer egalitären Konzepte nicht zu schmälern, weil sie nämlich über ihre faktischen Erfolge hinaus und jenseits eindimensionaler Interessenlagen auch noch zeigen, dass die Biographik ebenso wie die Lexikographie und Historiographie kontinuierlicher Überarbeitungsprozesse bedarf. Kein Forschungsstand – sei er aus hermeneutischer, sozialgeschichtlicher, feministischer oder postfeministischer Perspektive heraus entstanden – könnte je stillgestellte Geltung für sich beanspruchen. Hinzu kommt die beunruhigende Beobachtung, dass Geschlecht in allen sozialen Belangen präsent ist und darüber hinaus von einer „Gleichzeitigkeit von Differenz und Gleichheit" zwischen den Geschlechtern auszugehen ist: Geschlecht ist dann biographisch relevant, wenn es als solches wahrgenommen und verhandelt wird (Gildemeister/Robert 2008). Im Folgenden werden zwei verschiedene Biographien als illustrative Beispiele diskutiert.

Beispiel 1: „Christiane und Goethe"

Bereits am Titel *Christiane und Goethe* (1998) lässt sich bei Sigrid Damms Paarbiographie über Christiane Vulpius und ihren Ehemann Johann Wolfgang Goethe die geschlechterdifferente Perspektive ablesen. Genau besehen trennt in diesem Titel jene Kopula „und", die das Paar verbindet, es zugleich. Während nämlich der Autor mit seinem Nachnamen firmiert, nach dem eine ganze Epoche der Literaturgeschichte benannt wurde, erfahren die Leserinnen und Leser zunächst nur den Vornamen der Gefährtin, der familiäre oder freundschaftliche Nähe signalisiert, nicht aber die Teilhabe an Autorschaft, Öffentlichkeit und Professionalität. Auch in Christa Wolfs biographischem Essay „Nun ja! Das nächste Leben geht aber heute an" über Bettina von Arnim heißt es im Untertitel noch wie eh und je „Ein Brief über die Bettine" (1980). Während Frauen im 18. und 19. Jahrhundert „unter falschem Namen" agierten, unter ihren Vornamen oder weiblichen Artikeln (*die* Neuberin, *die* Karschin, *die* Günderode), entstehen männliche Autornamen als Effekt ihres Gebrauchs (Hahn 1991), indem mit ihnen dasjenige benannt wird, was in das kollektive Gedächtnis eingeschrieben werden soll. Mit Damms Titelformulierung und ihrer entsprechenden Darstellung des Paares treten mehrere Anliegen auf einmal auf den Plan. Die Autorin beansprucht nicht nur die geschlechtergerechte Eintragung der vergessenen Geliebten und Ehefrau in die Literaturgeschichte, die gegen die durchgängige Abwertung der historischen Figur Christiane Vulpius in der Literaturgeschichtsschreibung angeht, die letztlich die Nichtakzeptanz der sozial niedriger stehenden Frau durch die Weimarer Hofgesellschaft und elitär denkenden Goethe-Rezipient/innen nur wiederholt hatte. Sie versucht unerwarteterweise auch, Christiane Vulpius als Autorin und ihre Briefe als lesenswerte literarhistorische Dokumente zu begreifen. Im Text tritt ein markiertes Ich als subjektive Erzählinstanz auf, durch welches zugleich das autobiographische Ich der Autorin Damm – gleichermaßen beschreibend und beschrieben – durchscheint: „Ich lese Christianes Briefe. Erstaunlich sind sie, gestisch und genau. Detailfreudig. Eine Frau findet eine Sprache für ihren Körper, ihre Weiblichkeit, ihre Sexualität. Ungewöhnlich für ihre Zeit." (Damm 2001, 10) Was sonst als handwerkliche Quellenkritik gelten kann, wird zum feministischen Anliegen umgeschrieben: Das Exzeptionelle der biographierten Person liegt in deren Fähigkeit, das Körperliche zu verschriftlichen und damit den am ‚Geistigen' orientierten Prämissen ihres Umfelds zu widersprechen. Es geraten somit Dokumente in den Blick, wie es die frühe Frauenforschung gefordert hatte: Briefe und Tagebücher, die mit den Mühen der Archivrecherche zutage gefördert werden. Damit sind letztlich neue Kriterien der Biographiewürdigkeit verbunden, denn Christiane Vulpius wird sowohl als Haushälterin Goethes und Mutter seiner Kinder als auch als ‚unbekanntes Wesen' jenseits ihrer sozialen Funktionen betrachtet.

Weil das zentrale Thema „Alltag und Alltagsbewältigung" (517) kaum für eine isolierte Figur behandelt werden kann, wechselt die Perspektive zwischen beiden Ehepartnern hin und her. Die Doppelbiographie erzählt darüber hinaus metabiographisch (und bewusst un-wissenschaftlich) von der Recherche nach unbekannten und bekannten Dokumenten zu Christianes und Goethes Leben. Dabei wird versucht, die autobiographische Auslöschung der „Geheimen Räthin von Göthe" durch ihren Ehemann zu ergründen. Inwiefern wäre es folglich noch der Rezeption und Geschichtsschreibung anzulasten, was die allernächste Bezugsperson bereits vollzogen hatte? Wenn Christiane von Goethe in den autobiographischen Dichtungen Goethes keine angemessene Wertschätzung und Erinnerung erfahren hat, wie Damm argumentiert, dann lässt dies nicht unbedingt nur auf den Wunsch nach seiner geschützten Privatsphäre schließen. Auch die vermutete Unfähigkeit des Autors, Krankheit und Tod in sein Leben zu integrieren, spielt hier womöglich eine Rolle. Nötig wäre es aber auch gewesen, gegenwärtige Vorstellungen von Liebe, Partnerschaft und Ehe anhand zeitgenössischer Quellen noch stärker zu relativieren, um nicht heutzutage übliche Verhaltens- und Denkmuster auf ein historisches Paar zu projizieren. Anzumerken bleibt zu diesen bekannten historiographischen Problemen noch, dass sie in divergierende Richtungen interpretiert werden können: Denn geradezu das umgekehrte Argument vertritt Angela Steidele in ihrer Paarbiographie über Adele Schopenhauer und Sibylle Mertens (2010). Demzufolge habe der angenommene große historische Abstand den biographischen Zugang zu Frauenpaaren des 19. Jahrhunderts bisher massiv verstellt. Weil die Rezipientinnen und Rezipienten Dokumente als metaphorische Überhöhungen heteronormierter Frauenfreundschaften lesen wollten, konnten oder wollten sie die lesbisch zu verstehende Buchstäblichkeit nicht erkennen. Und wenn sie sie erkannten, folgte die beschämte Tilgung aus dem kulturellen Gedächtnis. Auch bei dieser Recherche spielt der Name erneut eine wichtige Rolle, wie das der Biographie vorangestellte Zitat Ottilie von Goethes aus einem Brief an Sibylle Mertens aufzeigt: „Dein Nahme ist von Adelens Nahme nicht zu trennen, und ich denke mir Du möchtest es auch nicht."

Beispiel 2: Erika Mann

Das zweite Beispiel stammt aus wissenschaftlicher Feder und beschreibt Leben und Werk Erika Manns (von der Lühe 1996). Obwohl es sich bei Erika Mann um eine Künstlerin und Schriftstellerin des 20. Jahrhunderts handelt, die, wie ein ‚It-Girl' heutzutage, den Idealen der ‚Neuen Frau' der Weimarer Republik nahe stand und sich über manche geschlechtsspezifischen Erwartungen hinwegsetzte, gilt es, auch in diesem Fall kompensatorische biographische Arbeit zu leisten. Die historische Figur Erika Mann muss Jahrzehnte nach ihrem Tod als zentrale Figur des intellektuellen Lebens im 20. Jahrhundert erst wiederentdeckt werden. Dennoch scheint für diese Wiederentdeckung erneut nur ein recht traditionelles Muster weiblicher Biographik zur Verfügung gestanden zu haben. Zwar ist die Erzählung nach den Stationen einer männlichen Berufsbiographie organisiert: zuerst Initiation in das öffentliche Leben des Vaters Thomas Mann, nach und nach Emanzipation von der großbürgerlichen Sphäre der Eltern mit eigenen künstlerischen Projekten wie dem politischen Kabarett „Die Pfeffermühle" (1933), dann Profilierung mit den in Exil und Nachkriegsjahren entstandenen journalistischen und literarischen Arbeiten vor allem gegen den Nationalsozialismus. Aber mit Thomas Manns Tod setzt 1955 eine anti-emanzipatorische Entwicklung ein, die letztlich dazu führt, dass sich die Tochter nurmehr als – wie sie selbst schreibt – „bleicher Nachlaßschatten" wahrnimmt. Anrührendes Dokument dieser Subordination ist ihr Bericht *Das letzte Jahr* (1956). So scheint auch die erste große monographische Arbeit über Erika Mann zu einer ‚Opfergeschichte' zu gerinnen, obwohl sie zahlreiche bis dato unbekannte Quellen präsentieren kann und sich um ein von Sachlichkeit und Ausgewogenheit bestimmtes Bild der Künstlerin bemüht. Es entsteht der Eindruck, dass Erika Mann sich nicht gegen die symbolische Übermacht von Onkel Heinrich, Bruder Klaus und Vater Thomas behaupten konnte. Gründe hierfür sieht die Biographin zum einen in Erikas Bereitschaft sich aufzuopfern und zum anderen in ihrer mangelnden Energie, sich um ihr eigenes Wohl und Weh, wie etwa den langjährigen Drogenmissbrauch, zu kümmern. Auch in dieser Biographie gibt sich die Erzählerin zu erkennen und markiert sich selbst als eine Instanz des Selektierens, Interpretierens, Imaginierens. Überlieferungslücken und mangelnde Glaubwürdigkeit der Quellen sollen, wie bereits bei Sigrid Damm, nicht überschrieben, sondern als solche ausgewiesen werden. Ein unvermeidliches Dilemma entsteht aus der Abhängigkeit auch dieser Biographin von den überlieferten Dokumenten. Zudem wird daran die bereits oben erwähnte „Gleichzeitigkeit von Geschlechterdifferenz und Gleichheit" offensichtlich: Wenn Erika Mann einerseits genau wie ihr Vater und Bruder den Hang zur „privaten und öffentlichen Selbstinszenierung" (Lühe 2002, 10f.) gepflegt hat, scheint die Geschlechterdifferenz bei diesem Sozialisationsaspekt irrelevant zu sein. Andererseits jedoch habe Erika – anders als ihr Bruder Klaus und ihr Vater Thomas – nichts auf Öffentlichkeit und Nachruhm gegeben; sie habe sich – wie ihr Bruder Golo es charakterisierte – „‚selber nie so ganz ernst genommen'", was auch für die mangelnde Archivierung ihrer eigenen Manuskripte und „Spurensicherung" gegolten haben muss (Lühe 2002, 10f.). Welcher Stellenwert kommt unter diesen Umständen sowohl der Legendenbildung als auch der wissenschaftlichen Analyse familiär gelebter Geschlechterdifferenz zu? Inwiefern spielen hier Sozialisationsaspekte und psychoanalytische

Aspekte eine geschlechterdifferente Rolle? Als Fazit lässt sich aus diesen widersprüchlichen Beobachtungen ziehen, dass eine Biographin wie in diesem Fall gegen die Selbsteinschätzung der Biographie*un*würdigkeit anschreiben muss. Weil die Männer um die Künstlerin herum ihren Platz in der Geschichtsschreibung behaupteten, war deren Anspruch posthum leichter in die biographische Tat umzusetzen, während es bei der gleichsam selbstvergessenen Autorin umso schwerer fällt. Dass Erikas Mutter Katja ihre auf Interviews basierende Autobiographie mit *Meine ungeschriebenen Memoiren* (1973) betitelte, liefert einen weiteren zu diskutierenden Stein des Anstoßes.

4. Rezeption, Wertung, Kanonbildung

Lexikographik, Literaturgeschichtsschreibung und Biographik bringen nur einen Teil derjenigen Interdiskurse hervor, die an Wertung und Kanonisierung von Literatur beteiligt sind. Daran partizipieren genauso Institutionen wie Schulen und Universitäten, Dichterhäuser und Museen, Lesezirkel und dergleichen mehr. Auch die Editionspraxis von Anthologien sowie das komplexe Rezensionswesen sind wichtige Größen, die über die Eintragung von Texten und Autor/innen in das kollektive Gedächtnis oder deren Vergessen entscheiden. Nicht zuletzt sind es die einzelne Leserin und der einzelne Leser, die sich wertend über Literatur und den Literaturbetrieb äußern. Überall dort, wo Literatur rezipiert wird, sind Werturteile möglich – von der vagen literarischen Geschmacksbildung bis hin zu überprüfbaren wissenschaftlichen Analysen. Die Wertungsforschung spricht vom „normativen Umgang" mit Literatur, dem nicht nur Texte, sondern auch Personen, Institutionen, Objekte oder Konzepte unterliegen (*Handbuch Literaturwissenschaft*, Bd. 2, 2007). Auch muss zwischen verschiedenen Formen des Wertens unterschieden werden, etwa zwischen bewusst/unbewusst, verbal/non-verbal, explizit/implizit. Solcher normativer Umgang mit Literatur ist nicht geschlechtsneutral zu denken: ganz im Gegenteil. Während der letzten zwanzig Jahre haben die Gender Studies eine ganze Reihe wichtiger historischer und systematischer Forschungsfragen zu literarischer Rezeption, Wertung und Kanonbildung gestellt und diskutiert.

Rezeptionsforschung

Weil zur Wertung von Literatur untrennbar der Akt des Lesens und Verstehens literarischer Texte gehört, erweist sich auch Wertung als eine Frage, die mit geschlechtsspezifischer Rezeption verknüpft ist. Eine sehr naheliegende Frage lautet: „Lesen Frauen anders?" Ruth Klüger bejaht sie in ihrem bekannten Essay (1994) und streicht die mangelnden Identifikationsangebote für Frauen in der deutschen Kanonliteratur heraus. Die von Gewalt geprägte Ästhetisierung weiblicher Todesarten in der Literaturgeschichte sei eine der Hemmschwellen, die lesenden Frauen die Identifikation mit literarischen Frauenfiguren erschwere. Klüger schreibt der soziokulturellen und biologischen Geschlechterdifferenz ausdrücklich einen höheren Stellenwert als schichtenspezifischen Unterschieden in der Leserschaft zu (Klüger 1996, 83). Nicht nachvollziehbar ist an ihrem Ansatz, auf welche Weise Geschlecht isoliert von sozialer Schicht und Bildung, aber auch von religiösen, sprachlichen, sexuellen Aspekten gedacht werden soll. Etwa doch als naturalisierte Größe, die Frauen und Männer kategorial nach der Biologie unterscheidet? Und inwiefern könnte diese Kategorie als veränderbare Größe diskutiert werden? Es gibt keine plausiblen Gründe dafür, warum sich lesende Frauen und Männer nicht gemeinsam und kritisch mit ästhetisierter Gewalt in Kunst und Literatur auseinandersetzen sollten, sofern Leseridentifikation nicht als naive Übernahme von Figurenperspektive und Werteangebot verstanden wird. Auch nicht zur Lebenswelt der allergrößten Mehrheit von Männern gehören die in der Literatur dargestellten Gewalterfahrungen. Vielmehr handelt es sich um einen Vorrat an literarischen Imaginationen, den es zu beobachten und analysieren lohnt.

Wie eine Frau lesen oder *als* Frau lesen

Die konzeptionelle Trennung zwischen einer geschlechtlichen Identität einerseits und einem genderdeterminierten Leseverhalten andererseits wurde bereits einige Zeit vor der feuilletonistischen Provokation durch Klügers Essay diskutiert. Jonathan Culler entwickelt eine analytische Maskerade: Für ihn bedeutet es, „als Frau (zu) lesen“, die überwiegend männliche Adressierung literarischer Texte mit der damit nur wenig übereinstimmenden Sozialisation und Alltagserfahrung als Frau in einen paradoxen Einklang bringen zu müssen (Culler 1988, 46ff.). Gestaltungselemente wie Herausgeberfiktionen, Leseranreden und Figurationen impliziter Leser sind in der europäischen und anglo-amerikanischen Kanonliteratur zweifellos überwiegend männlich codiert. Diese Texte werden dann insofern ‚gegen den Strich‘ und ‚als Frau‘ gelesen, als die Distanz zur eigentlich angesprochenen Zielgruppe der ‚männlichen Leser‘ stets mitgedacht wird. Dies sei nun rezeptionsgeschichtlich nicht nur als Benachteiligung für die weibliche Leserschaft zu bewerten, sondern könne auch als intellektueller Zugewinn eines alternativen Lektüreverfahrens aufgefasst werden. Solches rationale bzw. kognitiv gelenkte Lesen wäre nun seit dem 18. Jahrhundert wiederum männlich konnotiert, was deutlich macht, dass historisch, anthropologisch und philosophisch nicht leicht nach Geschlechtern zu trennen ist. Oder noch einmal anders: Sich für Winnetou oder Old Shatterhand zu interessieren und die Freiheit zu haben, sich nicht mit der gemarterten Schwester des Häuptlings identifizieren zu müssen, ist sowohl für Mädchen als auch Jungen möglich. Wie Liebrand betont, sind sowohl die Optionen „wie eine Frau zu lesen“ (was seit der Etablierung aufklärerischer Geschlechtscharaktere im 18. Jahrhundert lange als synonym für ‚emotional‘, ‚naiv‘, ‚unintellektuell‘ gebraucht wurde) und „als Frau zu lesen“ (was bedeutet, den doppelten Boden einer konstruktiven Bewusstheit einzuziehen) als Lesehaltungen für Frauen und Männer gleichermaßen möglich (Liebrand 1999).

Studie zur Rezeption um 1800

Eine lohnenswerte Studie, die die Debatten über das geschlechterdifferente Lesen auf die Probe stellt, relativiert die prinzipienorientierten Ansätze und belegt vielmehr graduelle Differenzen. Anhand von schriftlichen Rezeptionszeugnissen zu Goethes Werken lässt sich zeigen, wie männliche und weibliche Leser/innen vergleichbare Lektüreerlebnisse schildern, wie sie die Texte in ähnlicher Weise auffassen und dabei die zeitgenössischen postulierten Geschlechtscharaktere in der Rezeptionspraxis unterlaufen (Schlichtmann

2001): Sogar die ‚liebende Leserin', die nach Goethes eigener Auffassung den literarischen Helden begehren möchte und zu der – nicht anders als Bettina Brentano – auch der Komponist Carl Friedrich Zelter zu zählen ist, bricht diese geschlechtsdeterminierte Erwartungshaltung auf. Die Textzeugnisse belegen im Weiteren, dass Leserinnen über sich selbst als ‚liebende' Leserin reflektieren und somit einen kritischen Rezeptionsmodus nutzen, denn sie müssen hierfür zunächst ‚als Frau lesen', um sich dann gegenüber dieser Normierung positionieren zu können. In den Vordergrund dieser und ähnlich konzipierter Studien rücken deshalb Aspekte der Lesekompetenz. So sollten z. B. die nötige Vorbildung sowie die Unterscheidung zwischen professionellem und nicht-professionellem Lesen umfassend berücksichtigt werden. Auf ein grundlegendes Problem bleibt schließlich noch hinzuweisen: Der Abgleich von dem Geschlecht der RezipientInnen einerseits mit einem geschlechtsspezifischen, womöglich subversiven Leseverhalten andererseits erfolgt über die Zuschreibung eines vorgängigen Geschlechts, das aus vorgefundenen Namen in den Textzeugnissen abgeleitet wird. Damit fungiert der Name als metonymischer Platzhalter für das soziokulturelle und biologische Geschlecht einer historischen Figur.

Metonymie des wertenden Gendering

Geschlechterdifferenz in der Rezeptions- und Kanonforschung kann nicht als stabile binäre Opposition gedacht werden. Nicht nur lesen Frauen und Männer Texte von Männern und Frauen in jeglicher hetero- oder homosozialen Konstellation. Die Internalisierung geschlechtsspezifischen Wertens setzt bereits einen Schritt vorher ein. Ein Blick auf eine Anekdote macht diesen weiteren wichtigen Aspekt geschlechtsspezifischer Wertung rasch deutlich, denn sie illustriert, wie eine Autorin des 19. Jahrhunderts ihre Abwertung als Dilettantin und Vielschreiberin bereits selbst antizipierte. So leistete sich die Schriftstellerin und Komponistin Johanna Kinkel einen – man könnte getrost sagen – rezeptionsästhetischen Bubenstreich: Als sie hört, dass Robert Schumann in eine baldige Ausgabe der *Neuen Zeitschrift für Musik* mehrere Werke von Komponistinnen aufnehmen möchte, schickt sie dem Herausgeber ihr „wildestes Trinklied für Männerchor" nach Leipzig. Schumann zögert nicht, das Lied der sonst geschätzten Komponistin aufzunehmen und sogleich anzumerken: „Wer die Componistin, ihre musikalische, durchaus weibliche Natur genauer schätzen lernen will, mag es aus ihren vor kurzem erschienenen Liederheften" tun (Neue Zeitschrift für Musik 28.9.1838, 106; vgl. Nieberle 2002). Dass die Zuschreibung von Geschlecht seit dem ausgehenden 18. Jahrhundert bereits einem impliziten Akt des Abwertens gleichkommt, tritt an der von der Autorin selbst geschilderten Situation zutage. Demzufolge führt allein die markierte Autorschaft von Frauen zur pejorativen Wertung ihrer Werke; Weiblichkeit ist kein Attribut der Autorin, sondern wird auf ihre künstlerische Produktion metonymisch übertragen. Es handelt sich um ein Negativstereotyp (Heydebrand/Winko in Bußmann/Hof 2005). Dieser Abwertungsmechanismus wurde auf ganze Genres und Epochen ausgeweitet. Die Erwartung an ein Werk eines bestimmten Genres oder einer Epoche schließt die Partizipation von Frauen daran von vorneherein konzeptionell aus oder markiert sie sogleich als Ausnahmen. Dass sich unter diesem Blickwinkel die gesamte Historisierung der romantischen Literaturgeschichte abhandeln lässt, kann als zeitgenössisches Phänomen fehlgeschlagener Kanonisierung von Autorinnen beschrieben werden (Becker-Cantarino 1999), ist aber noch genauso deutlich an einer lieferbaren *Leseliste* zu beobachten (Griese et al. 2007). Als „kommentierte Empfehlungen" wendet sich diese Liste an Studierende der Germanistik. Dieser Band pflegt weder einen gendersensiblen Umgang mit Kanonisierungsproblemen noch gelingt es ihm, mit seinem erstaunlich geringen Anteil an Autorinnen den mittlerweile zahlreich vorliegenden Forschungsergebnissen Rechnung zu tragen.

Kanonbildung durch die unsichtbare Hand

Nur selten lassen sich die für die defizitäre Anerkennung und Kanonisierung verantwortlichen Rezipienten so konkret benennen. Diese Forschung steht erst am Anfang und versucht, das Vergessen bzw. den Ausschluss von Autorinnen aus der Literaturgeschichte an konkreten Fallbeispielen zu beschreiben. So kann Ruth Whittle zeigen, wie der Diskurs der deutschen Nationalidentität im ersten Drittel des 19. Jahrhunderts die Literaturgeschichtsschreibung dominierte und dies dazu führte, dass die nahezu 3500 Autorinnen, die zum Jahrhundertbeginn bekannt waren, erst gegen Ende des Jahrhunderts mühsam und nur zum kleinen Teil wiederentdeckt werden konnten (Whittle 2013). Damit ist auch ein eklatanter Widerspruch zwischen genderorientierter und vermeintlich geschlechtsneutraler Kanonforschung angedeutet. Während man in der nicht-genderorientierten Kanonforschung von einem Modell der unsichtbaren Hand ausgeht, das sich aus dem anzunehmenden komplexen Zusammenspiel einzelner Wertungsakte zusammenfügt, die wiederum von einem unintendiert agierenden Handlungskollektiv ausgeführt werden (Winko in Arnold/Korte 2002), versucht die Genderforschung immerhin, die Konstitution einzelner Kanones und den Wirkungsgrad einzelner Aktanten und Aktantinnen für den jeweiligen Kanon zu rekonstruieren.

Pädagogik und Kanonforschung

Ein intensiv beforschter Zusammenhang ist derjenige zwischen Belletristik, Pädagogik und Kanonisierung. Hierbei spielen Genderaspekte, angeregt von der sozialgeschichtlich orientierten Germanistik, spätestens seit den 1970er Jahren eine wichtige Rolle. Zuletzt wurden entsprechende Fragen an den Lesekanon gestellt, den Sophie von La Roche ihren Leserinnen empfehlen wollte (Hegemann 2009). Anhand autobiographischer Schriften wie *Mein Schreibetisch* und der Zeitschrift *Pomona für Teutschlands Töchter* lässt sich ein altbekannter Zwiespalt zwischen La Roches eigenem, zu Unabhängigkeit und Selbständigkeit tendierendem Engagement als Autorin und Publizistin einerseits und der dem empfindsamen Frauenideal entsprechenden Propagierung normativer Weiblichkeit andererseits feststellen. Kaum überraschend ist mithin, dass La Roche ihren Leserinnen weniger die antiken ‚Klassiker' der männlichen Gelehrtentradition empfehlen wollte, obgleich sie sie selbst häufig und gerne las, sondern stattdessen auf didaktische Texte setzte, die zur Erziehung gehorsamer Töchter und späterer Ehefrauen geeignet schienen.

Mädchenbildung

Obgleich Kanonforschung für das Verständnis kultursemiotischer Prozesse äußerst aufschlussreich und zudem im produktiven interdisziplinären Austausch zu bearbeiten ist, hat sich die genderorientierte Kanonforschung weitgehend auf pädagogische Projekte konzentriert. Das liegt nicht zuletzt auch daran, dass anhand von Anthologien, Leselisten und Schulbüchern brauchbare Korpora für die systematischen Analysen definiert werden können. Auch wenn im materialen Kanon der Schullektüre des ausgehenden 19. Jahrhunderts zuweilen kein greifbarer Unterschied zwischen Jungen und Mädchen festzustellen ist, so zeigt doch der Deutungskanon unterschiedliche Gewichtungen auf, indem nämlich Mädchen bei der Klassikerlektüre ein „ästhetisches Gefühl" entwickeln sollten, während Jungen damit ein Bildungsprogramm durchlaufen (Mikota 2006). Zieht man noch weitere Forschungen zur Etablierung eines Gegenkanons der Mädchenliteratur für das 19. Jahrhundert heran, so stellt dessen bloße Existenz den bildungsbürgerlichen, paternalen Kanon in Frage und bestätigt ihn als Kernkanon gleichermaßen. Insbesondere mit der Öffnung des höheren Schulwesens entstand das Erfordernis, geschlechtsspezifisches Wissen auch in literarischen Medien zu sichern und zu tradieren (Häntzschel 1986; Wilkending 1994).

Kanon zwischen Universität und Schule

Für die gegenwärtige Perspektive empfiehlt es sich zum einen, den bildungsbiographischen Kreislauf zwischen Schule und Universität nicht ununterbrochen fortzuschreiben, sondern bewusst zu reflektieren. Zum anderen stellen sich die beiden curricularen Triaden ‚Lyrik, Prosa, Drama' sowie ‚Epoche, Autor, Werk' nach einer umfänglichen Schulbuchanalyse als überaus kanonstabilisierend dar (Sylvester-Habenicht 2009). Mit deren Hilfe werden zudem immer noch akademische Lehrveranstaltungen strukturiert als auch kanonische Prüfungsthemen bewältigt, obgleich sie den Ausschluss von Autorinnen fortwährend affirmieren. Was also dem zukünftigen Schulbuch nutzen wird – nämlich eine gründliche Revision in dieser Hinsicht –, kann der universitären Germanistik nicht schaden. Daher gilt es, die universalistischen Funktionen des Kanons – nationale Selbstvergewisserung, kultureller Überlegenheitsanspruch, kollektives Gedächtnis, literarischer Kommunikator ‚Volksbildung'/‚Volkserziehung' u.a.m. – für zukünftige Projekte mit den jeweiligen historischen Variablen flexibel immer wieder neu zu modellieren (Assmann 1998).

Skepsis gegenüber dem Kanon

Bereits vor einigen Jahren betonten Renate von Heydebrand und Simone Winko, wie eng das Projekt einer feministischen Literaturwissenschaft mit Kanonforschung verknüpft ist. Denn mit der Kanonisierung literarischer Texte sind unweigerlich autonomieästhetische Kriterien wie Originalität, Innovation oder ‚Genialität' aufgerufen. Autorinnen hätten nur die Optionen gehabt, sich entweder entschieden in männliche Traditionen einzuschreiben oder in einen Gegenkanon der gering geschätzten ‚Frauenliteratur' geschoben zu werden (Heydebrand/Winko in Bußmann/Hof 2005, 196–199). Die von der Dekonstruktion inspirierten Gender Studies lehnen eine solche implizite Wertung ab, denn „Kanon" als gesellschaftlich relevantes Konzept spielt für jeweils zeitgenössisches strategisches Handeln nur eine sehr untergeordnete Rolle, weil er stets ein Effekt von Selektion und Historisierung ist. Darüber hinaus ist nicht zu erkennen, warum das Label ‚Frauenliteratur' auf mittelfristige Sicht nicht positiv konnotiert werden könnte, wie es in der Populärliteratur bereits durchaus gegeben ist. Kein Kanon also ohne veritablen Gegenkanon. Auch gibt es keine Absage an die Idee des Kanons, ohne einen neuen Kanon von unsichtbarer Hand zu konstituieren. Gerade auch der dekonstruktive Feminismus weist seinerseits einen reglementierten Deutungskanon auf, der sich intertextuell von bereits vorliegenden Lektüren ableitet (insbesondere mit Nietzsche, Freud, Kafka, Bernhard). Gleichwohl ist die Existenz materialer Kanones nicht zu leugnen, wenn man sie als aktiv homogenisierte Korpora in einer spezifisch definierten Menge literarischer Texte beschreibt. Mithin liegt die Annahme nahe, dass der Kanon eine Form literarischen Handelns darstellt, aber kaum als Gehalt klar umrissener Selektionsränder gelten kann. Aber auch die Skepsis gegenüber traditionellen Kanones verhindert nicht deren Fortschreibung oder die Konstitution von Gegenkanones. Insofern ließen sich Konzepte wie „doing gender" und „doing canon" einmal grundsätzlich neu überdenken.

„Schlüsselwerke" der Geschlechterforschung

Gepflogenheiten der Anthologie-Edition aus dem anglo-amerikanischen Raum übernehmen übrigens zwei deutschsprachige Sammelbände, die *Schlüsselwerke der Geschlechterforschung* chronologisch bzw. thematisch aufführen und kommentieren: Hier zeigt nun die feministische Kritik am Kanon, die von den Herausgeberinnen explizit referiert wird, entschieden selbstironische und gleichermaßen produktive Züge (Bergmann/Schößler et al. 2012; Löw/Mathes 2005).

III. Geschlecht, Stimme, Schrift: Psychoanalytische, semiotische und (post)strukturale Interventionen

Rekonstruktiver/dekonstruktiver Feminismus

Seit einiger Zeit ist in der akademischen Alltagskommunikation immer häufiger die synonyme Verwendung von „dekonstruieren" mit „analysieren" oder „kritisch diskutieren" anzutreffen. Die Terminologie aus dem Begriffsapparat der Dekonstruktion macht ebenso Karriere wie die Begriffe „System" oder „Diskurs", wobei sie nur in sehr vager Bedeutung an ihre ursprünglichen philosophischen und sozialwissenschaftlichen Konzepte gebunden bleiben. Die Nutzung einer bestimmten Begrifflichkeit signalisiert jedoch auch stets Zugehörigkeit zu einem gewissen Diskurs, d.h. die affirmative oder ablehnende Verwendung kommuniziert die Selbstkundgabe über eigene Theorieaffinitäten und den Appell an die wissenschaftliche Community, sich damit auseinanderzusetzen. Aus diesen Gründen ist die etablierte Zweiteilung der Genderforschung in die ‚rekonstruktive' feministische Literaturwissenschaft einerseits und den ‚dekonstruktiven' Feminismus andererseits nur bedingt hilfreich. Während die Rekonstruktion bedeuten soll, Literaturgeschichte zu korrigieren, Biographien nachzutragen und Lücken in der Tradierung zu schließen, um den großen Anteil vergessener und verdrängter Autorinnen an der Literaturgeschichte zu würdigen, heißt ‚dekonstruktive' feministische Literaturwissenschaft zu betreiben häufig nur, die kritische Auseinandersetzung mit literarischen Texten von Autoren und Autorinnen zu suchen, um sie auf ihre Konstruktionen des soziokulturellen Geschlechts zu befragen. Damit sind oftmals auch Interpretationen mit sozialgeschichtlichen, kulturwissenschaftlichen oder anthropologischen Herangehensweisen angesprochen. Hinter dieser Zuweisung liegt die Annahme eines zweischrittigen Arbeitens erstens der Destruktion und zweitens der Re-Konstruktion. Diesbezüglich gilt es jedoch genauer hinzusehen, so dass die erwähnte Einteilung in feministische Projekte der Rekonstruktion/Dekonstruktion anzuzweifeln wäre. Denn zahlreiche Studien mit dekonstruktivistischen Vorannahmen beziehen sich gleichermaßen auf Texte von Autorinnen, die auf diese Weise wieder revitalisiert und aktualisiert werden. Das Projekt des Wiederlesens (Re-reading), das sich über eine immer neue Interpretationsarbeit an bekannten Texten definiert, verweist auf rekonstruktive und dekonstruktive Arbeitsweisen gleichermaßen. Im folgenden Kapitel wird diese Zweiteilung deshalb nicht beibehalten. Vielmehr wird es darum gehen, drei einflussreiche Paradigmen zu erläutern, die von jeweils unterschiedlichen Auffassungen ausgehen, in welcher Relation Sprache und Geschlecht zueinander stehen. Allen drei gemeinsam ist, dass sie den Blick nicht primär auf Außerliterarisches und Außertextuelles lenken, sondern sich auf das vorgefundene sprachliche Material literarischer Texte konzentrieren. Vorrangig kommen die methodischen Impulse hierfür aus der Philosophie, Psychoanalyse, Semiotik, Rhetorik und Linguistik.

1. Écriture féminine/masculine

Das intellektuelle Geschehen der 1960/70er Jahre stieß in Frankreich intensive Diskussionen an, die psychoanalytische, philosophische und semiologische Ansätze von Derrida, Lacan, Lévi-Strauss sowie Barthes und Foucault unter feministischem Blickwinkel aufnahmen und weiterdachten. Zu den Vordenkerinnen der so genannten Écriture féminine gehören Hélène Cixous, Luce Irigaray und Julia Kristeva. Nicht selten – und auch in dieser Einführung – werden diese drei Wissenschaftlerinnen als Diskursbegründerinnen in einem Atemzug genannt, obwohl viele weitere Intellektuelle sich zu Wort meldeten und sie alle recht unterschiedliche Vorstellungen und auch widersprüchliche Standpunkte in ihren Schriften entwickelten. Selbst die Etikettierung als „französische feministische Literaturtheorie" ist angesichts der Migrationserfahrungen ihrer Protagonistinnen nicht selbstverständlich (Weil in Rooney 2006, 160f.). Man kann mittlerweile von einem feministisch-poststrukturalistischen Gegenkanon zum männlich dominierten Poststrukturalismus ausgehen, der insbesondere über die internationale Rezeption in Europa und den USA entstanden ist. Zentrale Frage innerhalb dieser Diskussionen war diejenige nach einer weiblichen Ästhetik, die im französischen Kontext mit Emanzipationsbestrebungen einherging, die sich wiederum auf Sprachkompetenz und psycho-semiologische Ansätze konzentrierten (Lindhoff 1995; Ingeborg Weber 1994). Um es in aller Kürze vorwegzunehmen: Die verschiedenen Positionen diskutieren Entwürfe von Weiblichkeit als ästhetische Größe, die es in Relation zu Texten und deren Autorinnen und Autoren zu bestimmen gilt.

Stimme

Für Hélène Cixous (*Le rire de la Méduse*, 1975; *La jeune née*, 1975; *Le sexe ou la tête*, 1976) schlägt sich die Körperlichkeit von Frauen in ihrem Schreiben nieder. Medium des Niederschlags ist die Stimme, die sich nicht an der Grenze zur Schriftlichkeit literarischer Texte spurlos verliert, sondern Texten eine entscheidende Qualität verleiht und damit der phallogozentrischen Ordnung entgegenarbeitet. Mit dieser Ordnung sind die binären Oppositionen des abendländischen Denkens angesprochen (Natur/Kultur, Stimme/Schrift, Signifikant/Signifikat, Ich/Andere u.a.m.), die von Derrida und Lacan bereits kritisiert worden waren. Voraussetzungsreich ist dabei die Frage, wie sich das Begehren (des Säuglings/des Kindes, der Frau, des Mannes) vor dem Eintritt in die Sprache ausdrückt und welcher zeichenhaften Transformation es unterworfen wird, wenn es späterhin in sprachlichen Äußerungen, besonders in literarischen Texten, aufscheinen und lesbar werden soll. Freuds Vorschlag des ödipalen Dramas ist aus Sicht des poststrukturalistischen Feminismus stark anzuzweifeln, weil es die Hierarchisierung von Bewusstem und Unbewusstem nur momentan irritiert, im Grunde aber stabilisiert. Texte von Autorinnen, auf die es sich zu hören lohnt, unterlaufen mittels ihrer Stimmen diese väterliche Ordnung der Zeichen, indem sie Entgrenzung, Trieb und Körperlichkeit anstelle von Telos, Sublimation und Logos literarisch figurieren. Denn Stimme hat keine semantische Begrenzung, die ihre Bedeutung fixieren könnte, sondern sie widersetzt sich der phallogozentrischen Ordnung des Eigentums und der Logik der Verknappung. Kommuniziert würden vielmehr Gaben und Überschüsse. Cixous unterscheidet zwischen einer libidinös männlich konnotierten „Ökonomie der Erhaltung“ und einer weiblichen „Ökonomie der Verausgabung“ (Cixous 1980, 69). Anders als etwa Carol Gilligans Vorstoß, Frauen mit einer ‚anderen‘ Stimme sprechen zu hören, was auf die ethische Dimension der Mütterlichkeit und Fürsorge abstellt (*In a different Voice*, 1982), sind Cixous' Ansätze nicht allein metaphorisch zu verstehen, sondern durchaus körperlich. Damit lässt sich die Dimension des Nicht-Zeichenhaften in den literarischen Text eintragen und hören – ein Konzept, das sich bei Michel Serres als „Fleisch“ und bei Roland Barthes als „Korn“ (Rauheit) der Stimme wiederfindet und unabdingbar zur menschlichen und sozialen Konditionierung von Welt und Raum gehört (Kolesch in Bischoff/Wagner-Egelhaaf 2006). Stimme, Sprechen und Gesang verweisen auf das Vorsymbolische, das sich der Bedeutungsstiftung über die binäre Differenz entzieht (Moi 1989, 135 ff.). Aus der Rhetorik ist darüber hinaus die Figur der Prosopopoiia tradiert, mit deren Einsatz Stimmen im Text Gestalt annehmen können (Menke 2000). Die feministische Ästhetik negiert dabei eine mögliche Stillstellung von Bedeutung und Form. Sie folgt hierin Vorstellungen von Zwischenraum und Transformation, die bereits in der Romantik diskutiert wurden (Eifler in Knapp/Labroisse 1989). Bei genauerer Lektüre zeigt sich, dass Weiblichkeit, Mütterlichkeit, überhaupt Geschlechtlichkeit als Metapher eingesetzt wird für die Nicht-Schrift, das Un-Sagbare, für eine mütterliche Kraft, die hinter „jedem Dichter“ steht und mitschreibt (Cixous 1980, 75). Diese Geschlechterkonnotationen gehen dennoch nicht über Textgrenzen hinaus und spielen auf diese Weise einer Ent-Naturalisierung der Psychoanalyse zu, die nicht mehr, wie noch bei Freud, auf ‚natürliche‘ Vorgänge in Familie und Gesellschaft verweisen soll, sondern auf den identitätsstiftenden Umgang mit Sprache als demjenigen Instrument, das sowohl die Unterdrückung als auch die Befreiung von Frauen gleichermaßen ermöglicht.

Schrift

Luce Irigarays monographisches Projekt *Speculum de l'autre femme* (1974) stellt einen weiteren Schritt in die Richtung literaturwissenschaftlicher Psychoanalyse dar, indem Kanontexte abendländischer Philosophie auf das hin gelesen werden, was sie nicht sagen. Dem historisch etablierten Prinzip der Verdrängung fällt das Weibliche so lange zum Opfer, bis es über ein ‚Durchqueren‘ der männlichen Texte wieder eingeholt werden kann. In ihrer konsequenten Freud-Kritik betont Irigaray die weiblichen Möglichkeiten, sich ungeachtet des ‚Nichts‘, das Freud am Weib sehen wollte, zu artikulieren (*le parler femme*). Wie in einem Hohlspiegel des metaphorisch verwendeten Instruments eines Spekulums, das höhlenförmige Organe sichtbar macht und zugleich verzerrt darstellt, liest Irigary Schrift. Insofern lassen sich ihre verschränkten Lektüren von Psychoanalyse und Philosophie als komplex angelegte ironische Einlösung der psychoanalytisch definierten geschlechtlichen Leerstellen – des libidinösen Mangels, des Penisneids, der hysterischen Sprachlosigkeit – verstehen. Implizit werden damit jedoch zugleich Schrift und Intendiertes erneut männlich besetzt und dem Ungeschriebenen und Verdrängten gegenübergestellt, das als Nicht-Schrift weiblich bestimmt ist. Wie Cixous geriet auch Irigaray in die Kritik, weil sie männliche und weibliche Prinzipien schlicht verkehrt hätte (Schor in Vinken 1992).

Écriture féminine/ masculine

Julia Kristevas erstes großes Projekt wendet sich dem symbolpolitischen Potential der poetischen Sprache zu (*La Révolution du langage poétique*, 1974). Schrift und Schreiben erhalten darin auch in historischer Hinsicht zentrale Aufmerksamkeit, denn Symbol (religiöses Mittelalter), Zeichen (karnevaleske Frühe Neuzeit) und Schrift (poetisch revolutionäre Moderne) werden auf einen Kulminationspunkt literarischen Schreibens seit 1850 hin gelesen. Danach habe sich Literatur bereits in der Mitte des 19. Jahrhunderts von der Vorstellung verabschiedet, auf einen außerhalb des Textes liegenden Sinn zurückgreifen zu können. Um diese Literaturtheorie zu plausibilisieren, verschiebt Kristeva das Konzept des Vorsymbolischen in ‚das Semiotische' und grundiert die psychoanalytischen Ansätze stärker mit strukturalistischen Modellen der Linguistik und Semiotik. In der Sprache würde sich demzufolge das Semiotische, das erst durch den Spracherwerb in die Ordnung der *langue* und *parole* überführt wird, als Marginales, Unaussprechliches, Lückenhaftes, ja Verstörendes bemerkbar machen. Obgleich damit eine binäre Opposition beispielsweise zwischen Unordnung/Ordnung aufgerufen ist, vermeidet Kristeva sorgsam eine Essentialisierung des Weiblichen als ‚das Semiotische'. Jede Strategie des Subversiven kann ‚weiblich' konnotiert sein, aber auch jeglicher anderen marginalisierten Gruppe in der Gesellschaft zugehören (Moi 1989, 190). Dies vorausgesetzt, ist es ohne Weiteres möglich, die *écriture féminine* auch in den Texten Kleists oder Kafkas auszumachen. Auf diesen Punkt kommen auch spätere kritische Diskussionen immer wieder zurück (Frei Gerlach 1998; Masanek 2005). Trifft die Schreibweise der *écriture féminine* auf die Texte männlicher Autoren zu, wandelt sie sich jedoch eben nicht a priori zu einer *écriture masculine*. Damit könne keine Schreibweise der Subversion, der Uneindeutigkeit, der Entgrenzung gemeint sein. Die Kristevas Konzept zugrunde liegende konsequente Verweigerung, Literatur, Sprache und Gesellschaft dem Geschlechterbinarismus zu unterwerfen, arbeitet an der dekonstruktivistischen Utopie mit, die Derrida und Kristeva teilen: nämlich Differenzen vielfältig zu streuen und sie nicht länger als Legitimation und Affirmation ungerechter und unmenschlicher Machtverhältnisse nutzen zu können. Für literarische Schreibweisen und die Literaturwissenschaften bedeutet dieser Ansatz in der Konsequenz, nicht länger allzu einfachen und einseitigen geschlechtlichen Konnotationen Vorschub zu leisten. Das kultur- und sozialpolitische Veränderungspotential sollte jedoch seine Berechtigung haben dürfen. Aus mittlerweile historischer Distanz neu gelesen, wird die *écriture féminine* auch als „Suchbewegung" interpretiert, die Schreiben „frei von männlichen Dominanzstrukturen" ermöglichen sollte (Schulz 2012). Der *écriture féminine* gelang es darüber hinaus, die Entwicklung eines literaturwissenschaftlichen Instrumentariums zu befördern, um damit die derzeit als subversiv geltende Schreibweise postmoderner Literatur begreifen zu können: Vielstimmigkeit, Polyperspektivität, stark markierte Inter- und Metatextualität, deutlich ausgestellte Selbstreferentialität sowie der kritisch-kreative Umgang mit traditionellen Gattungspoetologien, um deren Grenzen und Schemata aufzulösen.

Genotext und Phänotext

Kristeva hat für die Beschreibung literarischer Texte eine Reihe von terminologischen Vorschlägen entwickelt, wie das Verhältnis von Signifikant und Signifikat in Bezug auf die ästhetische Dimension zu diskutieren sei. Mit dem Begriffspaar ‚Genotext'/‚Phänotext' sollen die Bereiche des Semiotischen und Symbolischen bzw. deren Zusammenwirken verbunden werden können. Der Genotext unterliegt zwar der Struktur von Sprache; aber man muss sich diese Ansammlung ungeordneter Artikulationswünsche als vermittelnde Instanz zwischen dem vorsprachlichen Semiotischen und der Oberflächengestalt des Symbolischen vorstellen. Mit dem Phänotext ist diejenige Textgestalt beschrieben, die als Schrift erscheint und im Akt des Schreibens und Lesens erst vollzogen werden muss, um wiederum auf das Semiotische verweisen zu können (Kristeva 1978, 94). Diese nicht ganz leicht zu verstehende Unterscheidung hängt eng mit dem Konzept der Intertextualität zusammen, das Kristeva von Bachtin herleitet (vgl. Kap. IV.3). Demzufolge lässt sich Literatur als ein potentiell grenzenloses ‚Gewebe' – als eine Textur – beschreiben, die nicht vom Autor und der Autorin, sondern von ihrer tatsächlichen Gestalt her als Schrift zu lesen sei (Kristeva 1972). Damit rückt das ‚biologische' Geschlecht der Autorschaft insofern in den Hintergrund, als es ausschließlich auf der sprachlichen Ebene zugänglich ist. Dort allerdings schreibt es sich über die Ökonomie der Zeichen mit Macht in die Texte ein, indem sowohl der Phallus (symbolisch) als auch das Mütterliche (semiotisch) zwei gestaltende Prinzipien sind, die weder von Frauen noch von Männern erlangt werden können. Er oder sie können keine Frauen oder Männer ‚sein', sondern lediglich so sprechen und schreiben, als ‚wären' sie Frau oder Mann. Aus dieser Differenz leitet Kristeva soziale Dynamiken und Machtverhältnisse her und fragt nach der Funktion von Literatur in sozialen und psychischen Prozessen.

Maskerade

In diesem Zusammenhang wird der Begriff der Maskerade relevant. Nicht zufällig operiert Kristevas viel rezipiertes Werk *Etrangers à nous-mêmes* (1988) eingangs mit den Metaphern des Entlarvens und der Maskierung. Sie greift darin implizit die Diskussion von Weiblichkeit als Maskerade auf, die nach Freud insbesondere von Riviere und Lacan geführt wurde (Bettinger/Funk 1995; Weissberg 1994). Die Konnotationen des Fremden und Weiblichen teilen die Position des Mangels und des Begehrtseins; sie sind nicht eins mit sich selbst wie das männlich konnotierte Zeichen des Phallus als Zeichen für Differenz schlechthin. Dementsprechend verhandelt Kristeva die Identitätsdifferenz des Fremden und des Weiblichen im Zuge einer überkreuzten Konstellation von Geschlecht und Ethnizität und gibt damit feministische Ansätze des Geschlechterprimats auf. Dass in der Folge auch Männlichkeit als Maskerade beschrieben werden konnte, ließ nicht lange auf sich warten (Benthien/Stephan 2003).

Jegliche Geschlechtsidentität erwies sich auf diese Weise zunehmend deutlicher als ein von mehrfachen Faktoren abhängiges Konzept kultureller und sozialpsychologischer Modellierung. Die kritischen und in der Folge überaus produktiven Diskussionen des Maskerade-Konzepts sowie der Spiegelmetapher oder der Relation von Stimme/Schrift wurden von den Theoretikerinnen der *écriture féminine* angestoßen und müssen bis heute als wichtige Forschungsbereiche gelten. Sie betreffen die großen Fragen nach der Differenz zwischen Ich/Anderen, Eigenem/Fremdem, Subjekt/Objekt, Text/Welt und inspirieren zugleich weitere Einzelinterpretationen, z.B. zur Einschreibung des Semiotischen in das Werk Brigitte Reimanns (Bonner 2001) oder zu transkulturell angelegten Texten von Emine Sevgi Özdamar (Angela Weber 2009).

2. Geschlecht und Repräsentation

Homo symbolicus

> A female character in a movie is seen to *stand in for* women everywhere; the words someone uses to tell their story *stand in for* the neurological process that structure communication; the thirty people who participate in a social research study *stand in for* the population more generally. (Webb 2009, 3)

Repräsentation ist ein wirkmächtiges Konzept der Philosophie, Linguistik und Semiotik, an dem die Literaturwissenschaften gleichermaßen partizipieren. Die seit der Antike diskutierte Beobachtung, dass ‚der Mensch' als homo symbolicus (Ernst Cassirer) Zeichen verwendet, die für etwas anderes stehen, als es das Bezeichnende selbst ist, wirft stets Fragen wie diese auf: Wer verwendet wann welche Zeichen unter welchen Umständen? Welcher Art sind die Zeichen? Welche Funktion kommt ihnen in welchen Zusammenhängen zu? Welchen Bedingungen unterliegen Zeichen in ihrer Generierung und Verwendung?

Ohne Zeichen keine Repräsentation

Diese sehr allgemein formulierten Forschungsfelder der Repräsentation werden von unterschiedlichen Disziplinen bearbeitet. Die Grundlagen der modernen linguistischen Repräsentationstheorien seit Beginn des 20. Jahrhunderts legten Ferdinand de Saussure, der u.a. die Beziehung zwischen Signifikant und Signifikat modellierte, und Charles S. Peirce, der u.a. drei verschiedene Beziehungen zwischen Repräsentant und Repräsentiertem unterschied: Icon (ähnlich), Index (ursächlich) und Symbol (interpretativ). Für die Literaturwissenschaften sind neben den sprachwissenschaftlichen Ansätzen noch weitere Konzepte der Repräsentation relevant. In Debatten um mögliche Zusammenhänge zwischen literarischem Text und anthropologischen, ästhetischen, juristischen, medizinischen, ökonomischen, ökologischen, politologischen, psychoanalytischen, film-, kunst-, musik-, religionswissenschaftlichen und semiotischen Aspekten der Repräsentation sind vielfältige Untersuchungen entstanden, die sich kaum auf einen einheitlichen Repräsentationsbegriff beziehen können. Dieser thematische und terminologische Komplex wird erweitert um die Diskussion der repräsentationsspezifischen Aspekte von Geschlecht, woraus sich einer der forschungsintensivsten Arbeitsbereiche der Gender Studies entwickelt hat.

Zeichen Sprache

Neben der visuellen, auditiven, morphologischen, haptischen Qualität, die an jeglichem Medium beobachtet werden kann, ist für die Literatur zweifellos das sprachliche Zeichen als arbiträres, polymorphes, polyvalentes, multimediales Zeichen besonders relevant. Für den jeweiligen Zusammenhang zwischen Geschlecht und sprachlichem Zeichen sind beispielsweise etymologische, grammatische und morphologische Aspekte wichtig. Eine systematische linguistische Darstellung von Hellinger/Bußmann porträtiert für nahezu alle gesprochenen Sprachen der Welt den jeweiligen Zeicheneinsatz bei grammatischem und sozialem Geschlecht. Die Einzeldarstellungen sensibilisieren zugleich für das generische Maskulinum, demzufolge zwar männliche Nomina und Pronomina verwendet werden, die weiblichen Formen hingegen nicht sichtbar, sondern ‚mitgemeint' seien, kurzum: Das männliche Genus repräsentiert das weibliche, während der umgekehrte Fall unkonventionell ist (Hellinger/Bußmann 2001–2003).

„Central Park Jogger"

In einem größeren kultursemiotischen Zusammenhang kommen weitere Aspekte der genderspezifischen Zeichenhaftigkeit hinzu: Teresa de Lauretis (1984) geht davon aus, dass die westliche Kultur der Imagination derart von visuell repräsentierter Weiblichkeit geprägt ist, dass sexuelle Differenz vor allem vor diesem Hintergrund gedacht werden muss. Sie trifft die theoretische Unterscheidung zwischen der einzelnen Frau als Repräsentationsfigur der Weiblichkeit (woman) und dem Kollektiv historischer, empirischer Frauen (women), die sich aufgrund ihrer Binnendifferenzierung nicht zur Repräsentation des Weiblichen eignen. Diese These nimmt wiederum Elisabeth Bronfen (1995) zum Anlass, um daran die ästhetischen, rhetorischen und psychoanalytischen Repräsentationsmechanismen zu erläutern, die den weiblichen Körper als Ursprung und Ziel einer Erzählung einsetzen und zugleich ausstellen. Als Beispiel wählt sie das Gewaltverbrechen an einer Joggerin im New Yorker Central Park, deren geschändeter Körper als Signum für die Stadt und das Leben darin fungiert, ohne dass – wie Joan Didion diese Geschichte 1992 als *Sentimental Journey* kritisch und anspielungsreich reformulierte – die individuelle Frau jemals als Individuum aufgetreten wäre. Die weiße junge Frau aus der akademischen und finanziellen Elite wird auf diese Weise nicht nur Objekt des Verbrechens durch fünf hispanische und afro-amerikanische Jugendliche, sondern bleibt es auch in der Berichterstattung, die nicht sie selbst, sondern die Stadt, ihren Lifestyle und die postmoderne Erosion ethischer Werte figuriert. Psychoanalytisch gelesen, sei ‚die Frau', d.h. der weibliche Körper, das Zeichen von Mangel und Überfluss gleichermaßen; der Blick auf ‚die Frau' als Zeichen/Objekt erinnere an Kastration und mütterliche Geborgenheit zugleich, während sie als Person unsichtbar bleibt.

„The Central Park Five"

Dieses von Bronfen gewählte Fallbeispiel ist deshalb wieder aktuell, weil sich an ihm auch Veränderungen in der Bewertung und Fortschreibung von Genderrepräsentationen beobachten lassen. Mittlerweile ist nicht nur das Opfer des Gewaltverbrechens mit ihrem Namen Trisha Meili und einer Autobiographie mit dem Titel *I Am the Central Park Jogger* an die Öffentlichkeit getreten (2005). Neben dem namenlosen Opfer von 1989 steht der biographische Text einer nun namhaften Autorin. 2002 hatte der Fall eine sensationelle Wendung genommen, weil ein geständiger anderer Täter per DNA-Test überführt wurde. Dies ließ die Verurteilung der ethnisch markierten Tätergruppe als skandalösen Justizirrtum offenbar werden. Mit dem Dokumentarfilm *The Central Park Five* (Ken und Sarah Burns, David McMahon 2012) wiederholt sich das Muster der melodramatisch-sentimentalen Medieninszenierung dieses Verbrechens, während zugleich die 1980er Jahre als äußerst problematische Ära der Stadtentwicklung bereits historisiert werden: weit offene soziale Schere, Stigmatisierung der afroamerikanischen Bevölkerung, hoher Drogenkonsum, Abwanderung, Verfall. In Burns Erzählung sind die Opfer die vormaligen Täter, die wiederum ihrerseits die Stadt New York wegen rassistischer Voreingenommenheit im Prozess verklagten. In diese neuerlichen Verhandlungen sind auch die Regisseure der Dokumentation involviert, für die auf dem Spiel stand, ob sie sich parteilich über die Kläger äußern dürften. Die juristischen Entwicklungen führen nun nicht zu einer Verkehrung der Opfer-Täter-Relationen, sondern zu einer frappanten und auf mehreren Zeichenebenen gelagerten Verschiebung der Repräsentationsfunktion: An die Stelle des weiblich-singulären geopferten Körpers als repräsentatives Objekt tritt ein männlich-kollektiver, sich zur Wehr setzender Körper. Daraus lässt sich nun gerade nicht schließen, dass die feministisch-psychoanalytische Repräsentationstheorie nicht zu halten ist, im Gegenteil: Es zeigt sich, dass es während der vergangenen gut zwanzig Jahre möglich geworden ist, dass sich die Repräsentation der Stadt (um 1990/um 2010) als Verschiebung von ‚der Frau' auf ‚die Männer' reorganisiert, ohne dass von einer simplen Restauration der vorigen Zeichenordnung auszugehen ist. Im Zuge dessen scheint auch die theoretische Reformulierung der repräsentativen Geschlechtsidentität nötig geworden zu sein.

Imagination, Rollenbild, Repräsentation

An einer der meist rezipierten Studien zur feministischen Literaturwissenschaft lassen sich Entwicklung und Probleme des Repräsentationskonzepts unter geschlechtsspezifischen Aspekten nachvollziehen: Silvia Bovenschen schuf mit ihrem Buch *Die imaginierte Weiblichkeit* (1976) die häufig zitierte Basis für eine Vielzahl von Frauenbildanalysen zur deutschsprachigen Literatur aller historischen Epochen. Sie ging davon aus, dass in der Literatur Frauenfiguren in einer Häufigkeit und Verzerrung anzutreffen wären, die mit der historischen Wirklichkeit von Frauen nicht vereinbar wären. Zum einen würden Frauenfiguren auf bestimmte kulturelle Stereotype reduziert werden, zum anderen ihre faktische soziale Subordination mit der ästhetischen Überhöhung oder Dämonisierung zum Weiblichkeitsmythos einhergehen. Am Beispiel des der Lebensrealität vollkommen entgegenstehenden Entwurfs gelehrter Frauen im 18. Jahrhundert entfaltet Bovenschen die Widersprüche und Aporien der imaginierten Weiblichkeit als Rollenbild. Dabei geht es der Autorin nicht darum zu behaupten, dass Frauen selbst ihre unverstellte Wahrheit zum Ausdruck bringen könnten, wenn man sie nur ließe. Vielmehr besteht der permanente Konflikt darin, dass auch Frauen Weiblichkeit wie Männer imaginierten. Im Umkehrschluss wären deshalb auch Männer dazu imstande, Weiblichkeit wie Frauen zu imaginieren.

Nicht die „Männerphantasie" im naiven Sinne eines erträumten Wunschbildes, sondern die komplexen und tief im kulturellen Repertoire verankerten Entwürfe von Männlichkeit und Weiblichkeit würden auf Frauen wie Männer einwirken (Theweleit 1977; 1978). Spezifische ästhetische und soziokulturelle Bedingungen verändern diese Imaginationen – und umgekehrt. Mit dem Begriff „Männerbild" war zur gleichen Zeit noch mitnichten ein repräsentationsanalytischer Ansatz verbunden, sondern ein der feministischen Idee ähnlicher andronistischer Anspruch, Männer mit ihren Erfahrungen gesellschaftlich sichtbar zu machen (Müller/Pilgrim et al. 1976). Dieser entschieden subjektiven Herangehensweise war es nicht darum zu tun, Männer-/Frauenbilder zu analysieren. Stattdessen fügte sie weitere Selbst- und Fremdentwürfe hinzu (Erhart/Herrmann 1997, 3 ff.). Spätere Untersuchungen arbeiten Frauen- und Männerbilder auch für literarische Entwürfe des Androzentrismus und der Androgynie heraus (Dölling 1991; Züger 1992).

Kritik an inner- und außerliterarischer Referenz

Der Einwand, dass mit diesem Ansatz der Imagination implizit dennoch eine ‚natürliche' und unverstellte Lebensrealität Einzug in die ästhetisierte Welt der Literatur halten könnte (oder sollte), zumindest aber doch eine ebenfalls imaginierte ‚Natürlichkeit' hinter der Natürlichkeit aufgerufen wird, ist berechtigt (Kafitz 2007). So haben sich mehrere Kritikpunkte im Laufe der Analysearbeit an repräsentierter Weiblichkeit und Männlichkeit herausgestellt: Zuvorderst steht damit jegliche poetologische Modellierung von literarischem Text und seiner Referenz auf eine außerliterarische Welt zur Diskussion. Dazu gehören auch die schwierigen Modellierungen von Mimesis und Diegesis, womit sich poetologische Theorien seit der Antike beschäftigen. Hinzu kommt, wie in Kapitel I.2 angesprochen, dass die starre Metaphorik des Frauen- und Männer-‚Bildes' in vielen Untersuchungen nicht präzise ausgearbeitet und reflektiert wird (Großmaß 1996; Pritsch 2008). Und schließlich haben sich Interpretationsmethoden entwickelt, für die eine außerliterarische Referenz nicht maßgeblich ist. Sie konzentrieren sich darauf, den einzelnen Text als autonomes ästhetisches Artefakt anzuerkennen (textimmanente Interpretation; close reading) oder auch die Relevanz anderer (literarischer) Texte für ein spezifisches Werk zu beschreiben (Prä-, Inter-, Paratexte). Damit fällt der von Bovenschen konstatierte Konflikt zwischen literarischer Imagination und einer anzumahnenden außerliterarischen Subordination der Frau in sich zusammen. Wäre die literaturwissenschaftliche Forschung allerdings bereit, den intensiven Austausch mit (sozial)psychologischen und kultursemiotischen Ansätzen zu suchen, ließen sich diese Zusammenhänge wieder neu erhellen. Dass zum Beispiel das derzeit von Medien und Modediskurs favorisierte Körperbild des magersüchtigen Models nicht auf jedes Mädchen und jeden Jungen Einfluss nimmt, steht außer Frage. Andererseits ist die auf allen Diskursebenen zu beobachtende Repräsentanz dieser Ideale auch kaum zu bezweifeln. Ein weiteres brisantes Beispiel ist die Frage nach der Repräsentationsfunktion virtueller Spiel- und Kinowelten und ihrem über Imagination und Imitation freigesetzten Gewaltpotential. Wie genau jedoch Figuren ästhetisierter und lebensweltlicher Räume aufeinander bezogen sind und welche geschlechtsspezifischen Implikationen damit verbunden sind: Diese Forschungsprobleme weisen über die Disziplin der Literaturwissenschaften weit hinaus und erfordern interdisziplinäre Kooperation (Richard 2004).

Beispiel: *Undine geht*

Im weiteren Zusammenhang weiblicher Repräsentation ist vor allem das Phänomen der „weiblichen Leiche" im literarischen Text aufgerufen. Die Ästhetisierung des weiblichen Körpers erfolgt im Zeichen von Liminalität – etwa von Normen wie Reinheit und Sünde und in der letzten Konsequenz für die Begrenzung des Lebens an sich. Die romantische Idee des schönen Todes dient der kulturellen Sublimation von Angst und ist ohne deren weibliche Repräsentation nicht zu denken (Berger/Stephan 1987; Bronfen 1992; Bronfen/Goodwin 1993). Im Hinblick darauf, dass literarische Repräsentation vor allem eine intertextuelle Komponente aufweist, entstanden bereits seit den 1970er Jahren zahlreiche kritische Analysen kultureller Stereotypen. Hierzu zählen Typologien wie die *femme fatale* und *femme fragile* des Symbolismus und der Wiener Moderne (Bronfen 2004; Hilmes 1990; Roebling 1989) oder die metaphysischen Wasserfrauen von der Romantik bis zur klassischen Moderne (Geffers 2007; Stuby 1992). Dass Wasserfrauen wie Melusine, Undine und Ophelia häufig mit dem Tod assoziiert sind, verkehrt die Symbolik des lebensspendenden Wassers in ihr Gegenteil (Henckmann 1993, Nachwort). Ingeborg Bachmanns Erzählung *Undine geht* (1961) ist selbst ein repräsentatives Beispiel dafür, wie sich Autoren und Autorinnen mit der Repräsentanz von Weiblichkeit im literarischen Text auseinandergesetzt und den Versuch unternommen haben, eigene Entwürfe vorzulegen, die nicht nur neben den kanonischen Imaginationen stehen sollen. Vielmehr kreisen sie um die problematischen Bedingungen der Repräsentation: Wie schreiben, ohne in die bekannte Binarität der Geschlechter und allzu simple Umkehrungen zurückzufallen? Bachmanns Undine-Figur sei mit ihrem Monolog keineswegs als auktoriale Äußerung oder Selbstkommentierung zu verstehen, sondern vielmehr als Allegorie für die Kunst selbst, wie wiederum die Autorin selbst betont hat (Bachmann 1983; Neubauer-Petzoldt 2000). Undine entzieht sich ihrer eigenen literarischen Repräsentativität, sie „geht". Das Verschwinden Undines stellt die Lücke, die sie hinterlässt, explizit aus und markiert die Funktion dieser Figur für das Erzählen ihrer Geschichte in der Negation (Albrecht/Göttsche 2002).

Mythographie

In ikonischer und literarischer Tradition sind mythische Figuren auch als Allegorien zu bezeichnen, die in Bild- und Textüberlieferungen verankert sind und immer wieder neu erfunden werden. Hierzu zählen auch die ikonographischen Figuren des christlich-jüdischen Glaubens. Apostelinnen wurden etwa von Frauen- in Männerfiguren ‚umgedeutet' oder schlicht aus der androzentrisch orientierten Textüberlieferung ausgeschlossen. Die feministische Theologie versucht seit den 1970er Jahren, diese Repräsentationen des ‚weiblichen' Christentums im Hinblick auf ihre wechselnden Attribuierungen zu rekonstruieren und zu reetablieren (Schüssler-Fiorenza 1994). Mythische Figuren werden in der Literatur eingesetzt, um – das wäre nur ein möglicher Erklärungsansatz neben anderen – ein Spannungsverhältnis zwischen einerseits der zeitlosen Gültigkeit der verhandelten Grundkonflikte und andererseits den immer wieder aktualisierten menschlichen Verhaltensweisen und Werten zu behaupten. Der jeweilige Name liefert einen stabilen Signifikanten, der zunächst mythographisches Wiedererkennen repräsentiert, ansonsten aber gerade der Deutungslust und Deutungsnot der AutorInnen sowie historischen und zeitgenössischen Diskursen unterliegt. Naheliegendes und überaus ostentatives Beispiel aus dem Kanon der Schullektüre ist Goethes *Iphigenie auf Tauris* (1779/1786). Das Schauspiel lotet den Konflikt zwischen Pflicht und Neigung an den intersozialen Aktionen der Titelfigur aus und führt damit die idealistische Harmonie der passiven ‚schönen Seele' vor Augen. Die intensive Auseinandersetzung mit mythischen Figuren und den damit aufgerufenen ästhetischen, historischen und poetologischen Mustern hat von Zeit zu Zeit besonders Konjunktur, wie sich etwa an der ‚Klassizität' von Figuren wie Iphigenie, Penthesilea und Medea erkennen lässt (Gutjahr 1997). Figuren, Handlungen und Attribute sind über die Verknüpfung von so genannten Mythemen (Lévi-Strauss) als kleinste mögliche Einheit des Mythos miteinander verknüpft, z.B. Antigone mit der Bestattung des Bruders, Ödipus mit Vatermord und unbewusstem Begehren der Mutter, Elektra mit der Rache für den Vatermord usw. Das transgenerische und transkulturelle Potential mythischer Repräsentationen wird durch das transgender-Potential ergänzt: Mythische Figuren repräsentieren das Prozessuale, das Dazwischen und Uneindeutige. Auf der Grundlage dieser Beobachtung lässt sich wiederum sexuelle Differenz selbst als Mythos beschreiben (Niethammer/Preusser et al. 2007). Darüber hinaus sind auch bestimmte Schreibweisen mit spezifischen Mythen und ihren Aktanten verbunden, wie z.B. das episodisch-serielle Erzählen mit der Odyssee, weshalb für die Erforschung literarischer Mythenrezeption auch der Begriff der Mythomimesis sinnvoll ist (Dörr 2004). Mythisches Erzählen ist in bestimmten historischen Konstellationen, etwa in der Nachkriegszeit nach 1945, besonders virulent. Erinnert sei an die traditionsreichen Projekte, Medea und die Argonauten in christologisch-eschatalogische Heilsbotschaften zu transformieren (ebd.). Für das gesamte 20. Jahrhundert lässt sich eine auffällige Verbindung von Mythographie und Genderrepräsentation beobachten, die an Diskursen über nationale Identität, Familienordnung, Traumabewältigung u.a.m. arbeiten (Stephan 1997).

Kassandra und Medea

Mit dem Medea-Stoff, der sich mit der weiblichen Repräsentationsfigur dieses Namens sowie den zugehörigen Mythemen der sozialen Isolation und brutalen Mordswut bestimmen lässt, liegt eine beeindruckend vielfältige Geschichte generischer und multimedialer Transformationen vor, die Variationsreichtum vom Kapitalverbrechen des Kindsmordes über die Liebesutopie bis zur politischen Bewältigungsarbeit in allen literarischen Gattungen in Lyrik, Prosa, Drama, Oper und Film entfalten (Stephan 2006). Eine der wichtigsten deutschsprachigen Autorinnen der DDR und BRD, die ebenfalls den Rückgriff auf mythische Figuren nutzte, um von der Deutungsvielfalt zwischen Zeitlosigkeit und Aktualisierung zu profitieren, ist Christa Wolf. Zweimal erlangte sie mit der neu erzählten Weiblichkeit in *Kassandra* (1983) und *Medea. Stimmen* (1996) maximale Aufmerksamkeit im Literaturbetrieb. Sie versuchte, konservative Ideologie frei von tagespolitischem Geschehen und Druck gleichsam umzuschreiben, obwohl die kulturpolitische

Interpretationsfolie des DDR-Regimes stets präsent war. Die Figur der Kassandra, die Wolf in ihren Frankfurter Poetik-Vorlesungen unter dem Titel *Kassandra. Voraussetzungen einer Erzählung* (1983) selbst kommentiert und reflektiert, überraschte mit ihrem Eintritt in den Literaturbetrieb besonders vor dem Hintergrund der antibürgerlichen, bisweilen noch stark am sozialistischen Realismus orientierten Kulturbund-Politik. Die Hinwendung zum Mythos entzog dem Alltag des Arbeiter- und Bauernstaats vordergründig jegliche Aufmerksamkeit, gleichwohl es Wolf dann nicht um eine Hinwendung zum bourgeoisen Bildungskanon ging, sondern um die mühsame Ablösung von staatlich verordneten mimetischen und hermeneutischen Produktions- und Deutungsmustern. Intertextuell ist die Erzählung auf Aischylos' Orestie bezogen und fokussiert darin die randständige Frauenfigur der Seherin, die nun aus ihrer Perspektive zu erzählen beginnt und damit den Trojanischen Krieg, seine Voraussetzungen und Folgen aus ungewohnter dezentraler Sicht rekonstruiert und bewertet. Die Selbstermächtigung Kassandras, ihre eigene Geschichtsversion gleichsam in den metaphorisch-historischen Schlachtenlärm der militärischen Männerwelt hineinzurufen, mithin also selbst die Bedingungen für das Erzählen randständiger Frauenfiguren zu thematisieren und nicht zuletzt einen selbstbestimmten Lebensentwurf zu präsentieren, ist metanarrativ zu verstehen und traf den Nerv der emanzipatorischen Literatur der Zweiten Frauenbewegung. Mit Wolfs *Medea. Stimmen* ist dagegen einige Jahre nach dem Ende der DDR ein kritisches Romanprojekt entstanden, das – wie es der Untertitel verrät – auf polyperspektivisches Erzählen setzt. Es wurde als eine Erzählung über Utopieverlust gedeutet, über den sich nicht mit einer Stimme sprechen lässt. Mit Hilfe von insgesamt sechs, teils mythisch belegten und teils frei erfundenen Figuren versucht die Narration, an einem Punkt vor dem wirkmächtigen Medea-Drama des Euripides einzusetzen und ältere Quellen als mythomimetische Vorbilder zu nutzen (Beyer 2005). Medeas Leben ist keine Tragödie mit dramaturgischer Zuspitzung und Katastrophe, sondern der Versuch einer sorgfältigen chronologischen Rekonstruktion, die zugleich auffällig dem unzuverlässigen und wertenden Erzählen der einzelnen Figuren unterworfen ist. Die transgenerische und transmediale Fortschreibung der Medea-Figur hört mit Christa Wolfs Text keineswegs auf. Dramenprojekte wie Dea Lohers *Medea Manhattan* (1999) verändern jedoch den Fokus auf neue Formen politischer Ästhetik, die nicht mehr leicht an frühere feministische Ideen anzuschließen sind. Vielmehr wird die Repräsentierbarkeit von Geschlechterdifferenz selbst zum problematischen Gegenstand des Spiels erhoben, so dass das Konzept von Repräsentation gleichermaßen verhandelt und vollzogen wird – was wiederum das Konzept der Performativität aufruft (Shin 2010).

3. Gender und Performativität

Gender Trouble

Als einer der einflussreichsten Impulse für die Gender Studies stellte sich das Konzept der performativen Geschlechtsidentität heraus, das seit 1990 untrennbar mit dem Namen Judith Butler und dem Erscheinen ihrer Studie *Gender Trouble* verbunden ist. Auch die deutsche Übersetzung mit dem Titel *Das Unbehagen der Geschlechter* wurde bis heute in zahlreichen Auflagen publiziert. Das große Interesse an diesem Buch schlug hohe Wellen in der westlichen akademischen Welt. Ein Kapitel in Thomas Meineckes Roman *Tomboy* (1998) fabuliert gleichsam eine Pilgerfahrt der Protagonisten zu einer von Butlers Vorlesungen an einer deutschen Universität aus. Die große Aufmerksamkeit rührte nicht nur daher, dass Philosophie, Linguistik, Soziologie, Semiotik und Diskursanalyse leicht Anschluss an die Studie finden konnten. Sie provozierte auch deshalb, weil sie ein konfliktträchtiges Unterfangen behandelte, indem sich nämlich eine feministische Wissenschaftlerin gegen den Feminismus wandte – genauer: gegen einen Feminismus, der nicht imstande war zu differenzieren, welche Frauen im Namen anderer Frauen ihre Stimme erhoben, und dem es an Möglichkeiten fehlte, Identitätskategorien wie Ethnie (*race*), soziale Schicht (*class*), sexuelle Präferenz, Religion u.a.m. entsprechend zu berücksichtigen und mit den politischen Anliegen der Anerkennung und Gerechtigkeit zu vereinbaren. Vor allem die beiden großen Bewegungen der amerikanischen Bürgerrechtsbewegung der afro-amerikanischen Bevölkerung und der feministischen Bewegung von überwiegend weißen Frauen stellen eine konfliktuöse Interessenlage dar (Dietze 2013). Diese theoretische Diskussion ist als *Streit um die Differenz* dokumentiert (Benhabib/Butler et al. 1993).

Vorgängigkeit

Die politische und ästhetische Repräsentationstheorie über Weiblichkeit und Männlichkeit muss von der Annahme eines vorgängigen Geschlechts ausgehen, das es mit Hilfe eines Zeichens oder Zeichenkomplexes zu repräsentieren gilt. Die bilaterale Zeichenhaftigkeit impliziert notwendig das Eine/Andere, das Eigentliche/Uneigentliche, Abwesende/Anwesende. Die Idee des Performativen setzt hingegen auf Dynamisierung und Prozessualität (Hoff in Braun/Stephan 2005, 162–179). Die *sex/gender*-Unterscheidung geht zudem davon aus, dass das soziale Geschlecht (*gender*) mit der symbolisch nicht erreichbaren biologischen ‚Natur' des geschlechtlich markierten Körpers (*sex*) zwar zusammenhängt, aber gerade deshalb ontologisch auch davon zu trennen wäre. Butler zieht diesen Zusammenhang in Zweifel. Sie kritisiert den Verweis auf die uneinholbare Vorgängigkeit des Geschlechts, die z.B. als das Vorsymbolische in Kristevas Verfahren der *écriture féminine* zu finden ist. Auch historisch und soziokulturell unterschiedliche Vorstellungen des Vorsymbolischen, sprich: die Codierungen des biologischen Körpers als natürlicher Körper unterliegen Butler zufolge der kulturellen Praxis zeichenbasierter, also sprachlicher und körpersprachlicher Generierung. Nicht das biologische Geschlecht bestimmt das soziale Geschlecht, sondern beide Größen sind auf der gemeinsamen Ebene eines normativen Naturalisierungsdiskurses zu suchen (Bublitz 2010; Villa 2012). Dabei kommt der Disziplin der Rhetorik und ihren politischen wie poetologischen Implikationen besondere Beachtung zu (Bischoff/Wagner-Egelhaaf 2006).

Performanz und Performativität

Performative Geschlechtsidentität wird von Butler über den Rückgriff auf die performative Qualität von spezifischen Sprechakten hergeleitet, wie sie Semiotik und Linguistik ausgearbeitet haben. Sprachlichen Zeichen, d.h.

zunächst einer Gruppe bestimmter Verben, kommt – wie John L. Austin in seinen Vorlesungen *How to do Things with Words* (1968) vorschlägt – das Potential von Handlungen zu. Hierfür sind Beispielsätze wie „Ich taufe Dich auf den Namen ...“ oder „Ich mache Euch hiermit zu Mann und Frau“ recht plakative Beispiele. Performative Sprechakte bezeichnen zugleich, was sie vollziehen; sie konstituieren und konstatieren gleichermaßen. Diesen Grundgedanken arbeitet Butler auch in ihren nachfolgenden Schriften mit Rekurs auf Searle, Foucault, Hegel u.a. zu einem umfassenden Begriff der Geschlechtsidentität aus, der auf sprachlichem Handeln basiert. „Es ist ein Junge“ oder „Es ist ein Mädchen“ zählt somit zweifellos zu Geschlechtsidentität generierenden Sprechakten, ohne dass die ehemals sehr streng gefassten linguistischen Kriterien der Autorisierung, Institutionalisierung und Iterabilität als Voraussetzung performativer Sprechakte stets in gleicher Weise greifen würden.

performed vs. performative identity

Butlers Theorie gehört zugleich zu denjenigen poststrukturalen Impulsen vom Ende des 20. Jahrhunderts, die eine intensive und produktive Auseinandersetzung in der wissenschaftlichen Diskussion auslösten – etwa aus medien- und kunsttheoretischer Perspektive (Pritsch 2008, 337–341) –, aber auch zahlreiche Missverständnisse provozierten und es bis heute tun. Angesichts der breitgefächerten Rezeption der Schriften und des provokanten Kontrastes, der entstehen mag, wenn Sprachphilosophie in die vermeintlichen Sicherheiten des biologischen Geschlechterbinarismus ausgreift, bieten sich viele Möglichkeiten der Verknappung und Verzerrung. Eines der groben Missverständnisse des Konzepts der Performativität besteht darin, dass man dieses Konzept von Gender als eine Folge eines einzelnen oder nur weniger signifikanter Sprechakte verstanden haben wollte – ganz so, als sei damit willkürlicher und spontaner Einfluss auf die Geschlechtsidentität gegeben. Das ist jedoch nicht der Fall, denn damit würde die Rechnung ohne den komplexen Diskursbegriff gemacht, der dem Konzept der *gender performativity* zugrunde liegt. Wie Butler selbst immer wieder betont, seit sie sich in *Bodies that Matter* (1993) explizit um Klärung und Konkretisierung ihres Projekts bemüht hat, ist es deshalb sinnvoll, Gender nicht als „performed“, sondern als „performative“ zu begreifen. Im Übrigen unterscheidet nicht jede deutsche Übersetzung der Texte Butlers entsprechend zwischen Performanz und Performativität. Das deutsche Wort *Performanz* kann sowohl engl. *performativity* als auch *performance* bedeuten. Auch in zahlreichen Studien scheint eine solche Differenzierung keine Rolle zu spielen. Darin liegt ein Teil der Missverständnisse begründet.

Missverständnisse und Einwände

Bald nach dem Auftakt der Debatte wurden Einwände formuliert, die in etwa folgendermaßen lauteten: Das Konzept würde Körperlichkeit als somatische Erfahrung vollständig ignorieren. Dies lässt sich mit Butlers Schriften gerade nicht belegen. Vielmehr geht es darum, den Naturalisierungsdiskurs, dem die Wahrnehmung des Körperlichen und die zwischenmenschliche Kommunikation über somatische Erfahrung unterliegen, zu analysieren. Ein weiterer Einwand lautete, das Konzept der Performativität sollte bedeuten, dass Sprache den biologischen Körper – und damit *sex* – hervorbringe. Dies ist damit nicht gemeint, aber: ‚Körper‘ ist nicht unmittelbar zugänglich, sondern biologisch, d.h. sprachlichen und epistemischen Vorannahmen unterworfen und nur auf diesen Grundlagen vermittelbar. Bereits der Begriff *Bio-logos* deutet darauf hin, ist er doch ein griechisches Kompositum, das *Leben* mit *Sprache/Begriff* verbindet. Ein weiteres Missverständnis bestand darin, dass Individuen sich dem Konzept zufolge eine Geschlechtsidentität spontan auswählen und wie eine Theaterrolle ausagieren, sogar bei Bedarf ‚einfach' ändern könnten. Die Performativität des Geschlechts folgt jedoch komplexen Regeln des Diskurses (Tabuisierung, Ausschluss, Verknappung etc.), die nur über langwierige und komplexe Prozesse zu ändern sind. Schließlich würde das Konzept Geschlechtsunterschiede ignorieren und einebnen. Dies ist insofern zutreffend, als sie nicht ‚natürlich' im Sinn von ‚unabänderlich' gedacht werden, sondern allen Menschen prinzipiell die gleiche Handlungskompetenz/*agency* zusteht. Der Binarismus zwischen Egalitarismus und Differenzfeminismus wäre demzufolge kein primär handlungspolitischer Konflikt, sondern seinerseits ein machtpolitisches Argument, das Entscheidungen erzwingt. Allerdings geht es in der Forschung ohnehin nicht darum, Geschlechtsunterschiede zu betonen oder zu relativieren. Vielmehr hat sich mit dieser Begrifflichkeit ein Instrumentarium für die Analyse von Geschlechter-un-gleichheiten etabliert, das versucht, der Dynamik und Prozessualität des Performativen gerecht zu werden. Es gilt mithin zu untersuchen, wie Geschlechterdifferenzen – insbesondere in der Interaktion mit weiteren Identitätsaspekten – entstehen, sich behaupten und auch relativieren können. Vor allem die Diskussion kultureller Hybridität, die von *race, class, gender* und trans-/interkulturellen Entwicklungen wie Migration und Postkolonialismus geprägt ist, hat sich in den letzten Jahren als überaus produktiv erwiesen. Das Stichwort für gegenwärtige Überlegungen, wie einzelne Identitätsaspekte zusammenwirken, lautet Intersektionalität (vgl. Kap. VI.1).

Literatur und Performativität

Für die Literaturwissenschaften ist der analytische Ansatz des Performativen nicht neu, sind doch Drama und jegliche Form der Rezitation von jeher literarische Kunstformen, die nur im Vollziehen des Sprechaktes entstehen können. Um 2000 hatte sich *Performanz* bzw. *Performativität* zu einem Sammelbegriff entwickelt, der in zahlreichen Disziplinen und Theoriefeldern Beachtung fand (Wirth 2002). Austin hat übrigens darauf hingewiesen, dass die aufführenden Künste gleichsam „parasitären Gebrauch" von performativen Sprechakten machen, die eine „Auszehrung der Sprache" produzierten, wenn nämlich ‚echte' Eheschließungen oder andere performative Sprechakte auf der Bühne oder im Film von geglückten Sprechakten profitieren, indem sie sie zitieren. In seiner Terminologie wirken z.B. ursprünglich juristische Sprechakte des Bekennens und Verurteilens, die im Rahmen der performativen Künste bloß zitiert werden, an jener viel kritisierten „Auszehrung von Sprache" mit (Austin 1968, 121). So erklärt diese Abgrenzung nicht die Qualität des Sprechaktes, sondern definiert vielmehr seine außersprachlichen Bedingungen, etwa mit einer institutionellen Rahmung. Aus der Perspektive der Genderforschung ist diesbezüglich besonders interessant, dass sich große Teile der Sexismus- und Rassismus-Debatte häufig auf jenes Phänomen einer möglichen ‚Auszehrung' von Sprache berufen. Dies ist z.B. immer dann der Fall, wenn Beleidigungen oder Herabwürdigungen nachträglich als Zitat, Witz oder, auf der Schwelle zur Ironie, als nicht ganz ernst gemeinte Äußerung legitimiert werden sollen. Dann liegt das Problem nicht mehr auf Seiten der Sprecher und Sprecherinnen, sondern auf Seiten der Rezipienten (Nieberle 2007). Mit den wichtigen Arbeiten von Shoshana Felman ist die Zusammenführung eines Ansatzes, der von Paul de Mans Verständnis der Textlektüre her entwickelt wurde und Literatur als Sprechakt zu lesen versucht, mit den feministischen dekonstruktiven Ansätzen gelungen (Felman 1983; Sun/Peretz et al. 2007). Auch Lesen wurde von Felman mit Rekurs auf Freud und Lacan als subjektkonstituierende Performanz reformuliert: Nicht das Unbewusste muss gelesen werden, es liest selbst und mit aller Anfälligkeit für Fehlleistungen (Strowick in Baisch/Kappert et al. 2002, 56ff.). Für literarische Texte sind Performativität und Performanz gleichermaßen relevant, weil sie als ästhetische Ereignisse wahrgenommen werden. Besonders auch die theaterwissenschaftlichen sowie im weiteren Sinn kulturwissenschaftlichen Forschungen (Fischer-Lichte 2004; 2013) haben bisher auf diesen Umstand aufmerksam gemacht, indem sie den ambivalent Akt des Aufführens und des Ausführens (engl. *perform*) für einen analytischen Perspektivenwechsel nutzten. Ohne sprachlichen Vollzug und dessen kunstvolle Inszenierung als Akt der Erzählung oder Aufführung – auch als deren Imaginationen – ist keine Literatur möglich (Berns 2009). Ein reger Austausch zwischen narratologischen, theaterwissenschaftlichen und Gender-Ansätzen hat zahlreiche Impulse für eine prozessorientierte Analyse literarischer Texte gegeben.

Mythographie und Subversion: Antigone

Das Konzept der Performanz/Performativität hat sich für die Kultur- und Literaturwissenschaften seit den letzten zwanzig Jahren zu einem äußerst effektiven und produktiven Analyseinstrument entwickelt – und dies keinesfalls nur im Hinblick auf die Gender Studies, dort aber offensichtlich mit den größten Konsequenzen für Fragen danach, was politische Arbeit sei, was Gleichstellung bedeute, welche Gruppen in den Feminismus eingeschlossen werden u.a.m. Obgleich davon auch die literaturwissenschaftlichen Gender Studies in höchstem Maße profitierten, kann man Butler selbst nicht als eine Wissenschaftlerin reklamieren, die sich mit den Spezifika literarischer Texte, speziell kanonischer Texte, häufiger auseinandergesetzt hätte. Mancher interpretative Seitenblick Butlers, der etwa Erzählerin und Autorin eines Textes umstandslos in eins setzt, ist kaum als plausibel zu bezeichnen. Ihre Herangehensweise schließt eher an Freudsche Lektüren an. Sie wird den diegetischen Details eines Textes zwar kaum gerecht, setzt dafür aber auf der mimetischen Ebene mit philosophischem Wissen und sozialpolitischem Abstraktionsvermögen starke Impulse. Eine der meist rezipierten Lektüren, die hier als Beispiel vorgestellt wird, ist die Interpretation der Antigone-Figur (Butler 2001).

Der Antigone-Mythos, der nicht nur mit der Theben-Trilogie von Sophokles kanonisch ist, sondern auch in unzähligen Dramen-, Opern- und Prosafassungen der Moderne vorliegt, eignet sich scheinbar für die postmoderne Philosophie und Kulturkritik sehr gut, um Aspekte staatlicher und väterlicher Gewalt, Familienkonstellationen und Begehrensmuster, ethische Probleme und Wertungsfragen zu diskutieren. In der zweiten Hälfte des 20. Jahrhunderts entstand eine ganze Reihe wichtiger Essays von Derrida, Kristeva, Lacan, Žižek u.a. (in Wilmer/Zukauskaite 2010). Auch in der feministischen Auseinandersetzung spielte diese Figur eine wichtige Rolle und konnte zahlreiche Interpretationsansätze provozieren (Söderbäck 2010). Bei Luce Irigaray zeigen sich beispielsweise mit dieser mythischen Figur die Grenzen des paternalen Gesetzes, denn es ist nicht in der Lage, bei Abwesenheit von Vätern oder Brüdern auf die Beziehungen der Mütter, Töchter, Schwestern regulierend auszugreifen. Für Butler entsteht dort subversives Potential, wo die Rede die Voraussetzungen der Rede selbst herbeiführt, nämlich auf dem Feld der Verwandtschaft. Verwandtschaft und Familie werden erst im diskursiven Vollziehen naturalisiert. Die Tragödie der Antigone vollzieht sich in der performierten Entwicklung Antigones von der Tochter des Ödipus und Verlobten von Haimon zur Schwester des Polyneikes.

Ethos der Familie und Gesetz des Staates

Die Sophokleische Antigone ist eine Repräsentantin familienbezogener Weiblichkeit, die im Gehorsamskonflikt zwischen König und Familie ihr eigenes Leben opfert. In der modernen Interpretationsgeschichte haben vor allem Hegels *Phänomenologie des Geistes* und *Vorlesungen über die Ästhetik* dazu beigetragen, die ‚Weiblichkeit' der Antigone an die Familie und das göttliche Gesetz zu binden, die mit der Männlichkeit des menschlichen Gesetzes, des Staats, dialektisch verknüpft ist. Das Partikulare der familialen Welt und das Universale der öffentlichen Sphäre bedingen sich gegenseitig und werden geschlechtsspezifisch repräsentiert. Beide Welten sind unvereinbar, indem sie unterschiedliche ethische Ansprüche darstellen (Pöggeler 2004; Steiner 1988). Butler liest Antigones Handeln, ihren Bruder Polyneikes zu bestatten, nicht als weiblichen Akt emanzipatorischen Ungehorsams, der sich auf symbolpolitischer Ebene dem paternalen Gesetz widersetzt. Auch ist es kein bloßer Akt der Individualisierung des Staates. Vielmehr tritt für sie insbesondere in Antigones Schlussmonolog zutage, dass sich Antigone gegen eine von Heteronormativität bestimmte Zukunftsperspektive stellt. Die Tochter des Ödipus wählt die ethische Verantwortung gegenüber ihrem Bruder und entscheidet sich gegen eine Ehe mit dem Königssohn und die damit zu erwartende Mutterschaft (III,3):

> O Grab! o Brautbett! unterirdische
> Behausung, immerwach! Da werd ich reisen
> Den Meinen zu, von denen zu den Toten
> Die meiste Zahl, nachdem sie weiter gangen,
> Zornigmitleidig dort ein Licht begrüßt hat;
> (...)
> Nie nämlich, weder, wenn ich Mutter
> Von Kindern wäre, oder ein Gemahl
> Im Tode sich verzehret, hätt ich mit Gewalt,
> Als wollt ich einen Aufstand, dies errungen.
> Und welchem Gesetze sag ich dies zu Dank?
>
> (Sophokles/Hölderlin 1971, 195)

Antigone bekennt sich mit ihrem Sprechen zu einer Familie, die aufgrund des Inzesttabus von Göttern und Gesetz verflucht und ausgelöscht wurde, indem sich Ödipus selbst blendet, seine Söhne sich gegenseitig erschlagen, Jokaste und Antigone Selbstmord begehen, ebenso wie Kreons Gattin Eurydike und sein Sohn Haimon. Die „Blendung" liest Butler als Allegorie auf alle Formen von Verwandtschaft – nicht nur den unwissentlichen Inzest –, die nicht dem staatlichen Gesetz mit seiner Heteronormativität entsprechen:

> Stellen wir uns vor, wie ein Kind in gemischten Familienverhältnissen „Mutter" sagt und nicht weiß, welche von mehreren möglichen Personen ihm antwortet. Oder wie ein Kind im Fall der Adoption „Vater" sagt und damit sowohl das abwesende Phantasma meinen kann, dem es nie begegnet ist, wie auch denjenigen, der diesen Platz in seinem wachen Gedächtnis einnimmt. Das Kind kann diese Personen zugleich oder nacheinander oder auf eine Weise meinen, die sie nicht klar auseinanderhält. Oder stellen wir uns ein Mädchen vor, das seinen Stiefbruder liebgewinnt, in welches Verwandtschaftsdilemma gerät es? Ist der Vater ihres Kindes für eine alleinstehende Mutter noch immer da, eine gespensterhafte „Position" oder ein „Platz", der leer bleibt (...)? (...) Ist das ein Verlust, was bedeutet, daß man von einer unerfüllten Norm ausgeht, oder handelt es sich um eine neuartige Konfiguration primärer Bindungen, deren Ursprungsverlust darin besteht, keine Sprache zu besitzen, um diesen Verlust zu artikulieren? Und wenn zwei Männer die Elternstelle für ein Kind übernehmen, müssen wir dann unbedingt davon ausgehen, daß ihre Rollen sich geschlechtsspezifisch teilen (...)? Hat es in solchen Fällen irgendeinen Sinn, darauf zu beharren, daß die symbolischen Positionen von Mutter und Vater existieren, die jede Psyche akzeptieren muß, ganz gleich, welche soziale Gestalt die Verwandtschaft faktisch annimmt? Oder wird damit nicht vielmehr bloß die heterosexuelle Organisation der Elternschaft auf der psychischen Ebene wieder eingeführt und aufrechterhalten, die mit sämtlichen Geschlechtervariationen auf der sozialen Ebene fertig werden kann? (Butler 2001, 110ff.)

Die interpretationsgeschichtlich wirkmächtige, von Binarismen geprägte Interpretationsfolie zur Antigone, die auch die psychoanalytischen Lektüren von Freud und Lacan grundiert, durchkreuzt Butler mit dem Konzept des Performativen, indem sie das Bekenntnis als Sprechakt der Heteronormativität hinterfragt und das Nicht-Intelligible des Inzests auf den Plan ruft. Für Hegel wird in der Sophokleischen Tragödie die prekäre Ethik der antiken Welt sichtbar. Bei Butler liegt, wie sie auch an anderer Stelle deutlich macht, die Verantwortung des Subjekts in einer Selbstverantwortung, die nicht mit dem performativen Verweis auf einen Täter eingelöst ist. Die Verletzung der Selbstbestimmung eines adressierten Gegenübers kann nur vermieden werden, indem das eigene Sprechverhalten verantwortet wird (Pritsch 2008, 342ff.). Alternative Denkmuster jenseits von Binarismus und Tabu knüpft Butler an das subversive Potential des Sprechakts. Die Figur Antigone scheint immer deutlicher das dominante Deutungsparadigma des

Ödipuskomplexes abzulösen, so dass in der Forschung bereits ein Antigonekomplex skizziert wurde (Sjoholm 2004). Demnach agiert Antigone auf den Grenzen symbolischer Repräsentanz, weil sie sexuelle Differenz und Verwandtschaft unterläuft und in neuen Konstellationen rekonstruiert (ebd. 115, 123). Butler positioniert sich mit ihrem Ansatz der Performativität im Spektrum einer anerkennungspolitischen Neuformulierung, die für die Literaturwissenschaften eine Herausforderung darstellt (Albrecht 2012). KritikerInnen wie Martha Nussbaum erkennen gerade darin den geräuschlosen Rückzug auf symbolpolitische Positionen, die sich auf einer davon zu unterscheidenden Handlungsebene nicht wirksam genug durchsetzen (Wald 2007). In ihrer Essaysammlung *Undoing Gender* (2004) vertieft Butler ihre Diskussion der Praxis sozialer Normen, die „zum Teil ohne eigenes Wissen und ohne eigenes Wollen abläuft"; Gender sei „eine Praxis der Improvisation im Rahmen des Zwangs" (Butler 2009, 9). Werden Grenzen und Normen von Gender und Sexualität aufgelöst, hat dies, wie sie an ausgewählten Dispositiven zeigt, komplexe Konsequenzen für Verwandtschaftsbeziehungen und deren philosophische und psychoanalytische Dimensionen.

IV. Autorschaft und Geschlecht

Autorschaft ist ein zentraler literaturwissenschaftlicher Begriff, der sich wie das Wort *Autor* vom lat. *auctor, auctoritas* herleitet. Mit der bloßen Übersetzung als Urheberschaft bzw. Urheber (auch: Anstifter, Erbauer, Ratgeber, Vertreter, Leiter) ist es jedoch längst nicht getan. Im letzten Drittel des 20. Jahrhunderts hat sich ein sehr breites und vielfältiges Forschungsfeld entwickelt, das interdisziplinär aufgestellt ist. Insbesondere der juristische Aspekt ist mit Geschichte und Ausgestaltung des Urheberrechts für die moderne Autorschaft seit etwa 1800 relevant. Wer geistiges Eigentum schützen will, muss zweifelsfrei festlegen können, wessen Eigentum in welchem Umfang geschützt werden soll. Aus philologischer Perspektive ist Autorschaft zugleich eine Frage der Absenz: Wenn Verfasser oder Verfasserin eines Textes für die Kommentierung nicht zur Verfügung stehen, dann setzen an ihrer Stelle die hermeneutischen Kommentartechniken ein, um zu interpretieren (Spoerhase 2007). Spätestens seit Schleiermachers hermeneutischer Theorie einer Kunst des Verstehens in *Hermeneutik und Kritik* (posthum 1838) gilt die Absenz des Autors bzw. der Autorin als der Regelfall, der es erforderlich mache, sich in diese Person einzufühlen. Weil ein Autor oder eine Autorin sein/ihr Gesamtwerk nicht im entsprechenden historischen und soziokulturellen Kontext überblicken kann, ist es den Interpreten letztlich möglich, einen Text nicht nur „ebensogut" wie sein Urheber, sondern sogar „besser verstehen" zu können. Die Aufwertung der Autorinstanz in der jüngeren Moderne, die mit einer Annäherung an das Fremde, ja letztlich mit der Aneignung des Fremden für das eigene Verstehen zusammenhängt, ist darüber hinaus eng mit der Autonomieästhetik und den sozioökonomischen Entwicklungen um 1800 verbunden. Hingegen war es noch unter regelpoetischen Bedingungen der Literaturproduktion und -rezeption weder nötig noch möglich, sich in den individuellen Ausdruck eines einzelnen Schreibers hineinzuversetzen.

Die kritische Diskussion von Autorschaft aus geschlechtsspezifischer Perspektive ist ebenfalls in das letzte Drittel des 20. Jahrhunderts einzuordnen und wurde z. B. parallel in den Kunst- und Musikwissenschaften geführt (Cherry 1997; Kogler/Knaus 2013). Wie alle anderen Beiträge in diesem Forschungsbereich stehen die Arbeiten zu Autorschaft und Geschlecht unter unterschiedlichen theoretischen Vorzeichen, die von einem hermeneutischen, diskursanalytischen oder semiotischen Autorbegriff ausgehen. Der lexikalische Begriff ‚Autorin' als weibliche Ableitung von ‚Autor' wurde im Deutschen erst für das späte 18. Jahrhundert nachgewiesen: meist ironisch oder abwertend für deutschsprachige Autorinnen, dagegen anerkennend für eine ‚fremde' Autorin wie Germaine de Staël. Deshalb ist von einer asymmetrischen Verwendung des Autorschaftsbegriffs für Schriftsteller und Schriftstellerinnen seit 1800 auszugehen (Kazzazi in Schabert/Schaff 1994).

Für die Gender Studies ist eine paradoxe wissenschaftshistorische Konstellation zu beobachten: Just als die strukturalistischen Ansätze der späten 1960er Jahre den emphatischen Autorbegriff aus semiotischer und diskursanalytischer Perspektive zu kritisieren begannen – zunächst mit den mittlerweile kanonischen Beiträgen von Roland Barthes, Michel Foucault und Julia Kristeva –, insistierte die Frauenforschung auf der genuinen Andersheit weiblicher Schriftstellerinnen und setzte den dekonstruktiven Debatten ein empirisch-positivistisches Autorinnenkonzept entgegen (Nieberle 1999). Erst nach und nach – auch in der produktiven Auseinandersetzung mit der genannten Kritik – setzte ein Nachdenken über den Namen und die Signatur der Autorin, ihren Subjektstatus und deren wichtige Funktionen für die Etablierung *als* Autorin ein (Miller 1988). Von den Erfahrungen der leidenden Frau als Voraussetzung ihrer Autorschaft rückten spätere Studien schnell ab. Letztlich erwiesen sich auch die Kategorien der männlichen Autorschaft oder gar der androgynen Entwürfe als längst nicht so stabil, wie es als Kontrastfolie für weibliche Autorschaft zunächst angenommen worden war.

1. Historische Perspektiven

Mündigkeit

Dass das lateinische Lexem *auctor* auch ,Rechtsvormund einer Frau' bedeuten kann, deutet auf eine juristische und ethische Geschlechterdifferenz hin, die aus dem männlich konnotierten Wortfeld der *Autorität* bisher nicht restlos ausgetragen wurde. „Werkherrschaft" und „Werkpolitik" sind androzentrische Konzepte (Bosse 1981; Steffen 2007). Für die Schriftstellerinnen des 18. und 19. Jahrhunderts war eine Situation gegeben, in der den Frauen mit überwiegend naturrechtlichen Argumenten die Teilhabe an staatsbürgerlichen Rechten verwehrt wurde. Man verwies sie auf den häuslichen Lebensraum, der im öffentlichen Raum von Vater, Mann, Bruder, Sohn oder Vormund vertreten wurde. Damit war ökonomische Eigenständigkeit und Integrität der Person unmöglich. Detaillierte Analysen dieser Diskurse liegen seit Längerem vor (zuerst: Fraisse 1989; knapp: Gerhard 2001). Wegen dieser erforderlichen Grenzüberschreitung der Frauen in die Öffentlichkeit spricht Hilmes sogar vom „Skandal weiblicher Autorschaft" und erläutert die „schwierigen Publikationsbedingungen" zwischen 1770 und 1830 (2004).

Hinzu kommt aus pädagogischer Perspektive der für Frauen erschwerte und kaum vorhandene Zugang zu Bildung und Studium, der unter regelpoetischen wie auch genieästhetischen Bedingungen die conditio sine qua non für den etablierten Schriftsteller war. Dass ein junges Mädchen nur zufällig vom Privatunterricht der Brüder profitierte, ist ein Topos in der adligen und großbürgerlichen Bildungsgeschichte des 18. und 19. Jahrhunderts (vgl. Kap. II.2). Nicht nur Shakespeares fiktive Schwester, die Virginia Woolf in *A Room of One's Own* (1929) schildert, sondern auch die allermeisten Schwestern jüngerer berühmter Autoren hatten kaum Chancen auf eine Karriere als Schriftstellerin gehabt. Noch um 1900 wurde die zähe Öffnung der Universitäten für Studentinnen – zunächst in Zürich, dann in Bayern und so fort – in Romanen wie Ernst von Wolzogens *Das dritte Geschlecht* (1899) als eine kaum zu bewältigende diskursive Herausforderung für die Geschlechterbinarität metafiktionalisierend ausgekostet. Daher ist es nicht verwunderlich, dass Autorinnen häufig mit therapeutischen Schreibmotiven belegt wurden. Einer zu ihrer Zeit erfolgreichen Autorin wie Sophie von La Roche wurde „Konflikt- und Leiderfahrung" attestiert, die sich in ihren Werken darstellen würde (Nenon 1988). Literatur gerät so zum Medium persönlicher Bewältigungsstrategien, ungeachtet der Frage, ob diese postmodernen Vorstellungen – die ja nicht a priori geschlechtsspezifisch markiert sind – für spätaufklärerische und empfindsame Diskurse überhaupt relevant gewesen sind. Übersehen wurde dabei auch, dass Textgestalt und Publikationsform aufgrund der Genrespezifik nur eingeschränkt als individuelle und idiosynkratische Expressivität einer einzelnen Schriftstellerin oder eines einzelnen Schriftstellers interpretiert werden können. Es ist deshalb sinnvoll, die philosophischen, pädagogischen, ökonomischen und rechtlichen Diskurse als Bedingungen für Autorschaft sorgfältig und umfänglich zu rekonstruieren. Hierzu tragen Quellenbibliographien, Gesamtdarstellungen und Einzelstudien bei, die literarische Sozialisation geschlechtsspezifisch erschließen helfen (Eggert/Garbe 2003; Graf 2004; Häntzschel 1986).

Auktoriale Doppelmoral

Für die Erforschung von geschlechtsspezifischer Autorschaft empfiehlt es sich, von einer basalen Beobachtung auszugehen (Becker-Cantarino 2000): In Texten von Schriftstellerinnen lassen sich die Konflikte nachlesen, die sich aus ihrer Schreibarbeit und den Pflichten als Ehefrau und Mutter ergaben. Häufig waren die Familien sogar auf die Einkünfte der schreibenden Frauen angewiesen; dies aber sollte keinesfalls in der Öffentlichkeit als weibliche Erwerbstätigkeit erkennbar sein. Frauen wie Sophie von La Roche, Therese Huber oder Caroline Auguste Fischer ernährten ihre Ehemänner und Kinder mit belletristischen und journalistischen Publikationen, gaben aber ihre Anonymität erst nach dem Ende ihrer Familienphase, nach dem Tod des Ehemanns oder zu Lebzeiten gar nicht auf. Autorschaft ist jedoch genau an dieser Schnittstelle von häuslichen Arbeitsbedingungen und kommerziellen Veröffentlichungsmöglichkeiten zu verorten. Dieser „unüberbrückbare Abgrund" zwischen Hausfrau und Mutter einerseits und anerkannter Autorin andererseits vergrößert sich im Laufe des 19. Jahrhunderts noch weiter (Kord 1996, 94f.). Dazu rekonstruiert Becker-Cantarino einige Fälle von „Geschlechterzensur", die sehr deutlich vorführen, dass es nicht um das Schreiben an sich, sondern um Adressierung, Publikationsform und Gegenstand des Schreibens ging, die es zu regulieren galt: So versucht der Philosoph Johann Gottlieb Fichte in seinem *Grundriß des Familienrechts* (1796) die „Begierde der Weiber, Schriftstellerei zu treiben", in geordnete Bahnen zu lenken: „Fichte äußert hier fest umrissene Vorstellungen davon, was eine Frau schreiben dürfe und wie sie als Autorin zu erscheinen habe: nützliche, moralische, populäre Schriften für und über Frauen, nicht aber für Männer, keine wissenschaftlichen und philosophischen Werke, und als Autorin dürfe sie lediglich als Erzieherin des eigenen Geschlechts fungieren." (Becker-Cantarino 2000, 53) Ein weiteres Beispiel ist der „Frauenroman", der ebenfalls von und über Frauen gleichermaßen gedacht werden muss. „Poetische Weiber" seien laut Goethes und Schillers Entwurf des Dilettantismus nicht mit poetischem Talent, aber mit „Nachahmungstrieb" ausgestattet (ebd., 57). „Werkherrschaft" bedeutete deshalb auch, den Zugang zu Adressatengruppen und Einnahmequellen einer ästhetisch verbrämten Kontrolle zu unterwerfen. Zweierlei Funktionen schreibt Becker-Cantarino diesem Diskurs der „Geschlechterzensur" zu: zum einen Minimierung des Konkurrenzdrucks durch Autorinnen und zum anderen Kontrolle über Genres und ästhetische Prämissen der Schriftstellerin (ebd., 63 ff.). Für Frauen galt es deshalb, mehrfach Grenzen zu überschreiten, nämlich zuerst von der bürgerlich normierten Häuslichkeit hin zu einer literarischen Öffentlichkeit (Bland/Müller-Adams 2007a) und dann in einem zweiten Schritt zu spezifischen Themen und Genres, um an spezifischen Diskursen, etwa wichtigen politischen Themen, teilhaben zu können (Bland/Müller-Adams 2007b; Vahsen 1999).

2. Diskursanalytische Perspektiven

Helen Fronius (2007) geht noch einen nötigen Schritt weiter und fragt, ob und wie diese Ambitionen einer kontrollierten Autorschaft von Frauen tatsächlich realisiert werden konnten. Ihr fällt eine große Kluft zwischen Theorie und Praxis auf, die sich einerseits zwischen dem scheinbar konstant misogynen Diskurs über weibliche Autorschaft und andererseits der gelebten und äußerst widersprüchlichen Kooperationspraxis auftut. So findet sie bei Goethe und Schiller diskriminierende Äußerungen in den Schriften und zugleich gelebte Frauenförderung. Autoren wie Lichtenberg sowie anonyme Rezensionen schreiben gerade der weiblichen Autorschaft besondere Qualitäten zu und schwimmen damit gegen den bisher bekannten Strom der rhetorischen Abwertung. Ein Durchgang durch eine Reihe von Lexika des 19. Jahrhunderts (vgl. Kap. II.1) liefert für Fronius weitere Belege der wertenden Ambivalenz: Obwohl die zumeist männlichen Lexikographen die Werke von Schriftstellerinnen stets auf der Basis des Geschlechts ihrer Verfasserinnen werten und nicht selten stark abwerten, so listen sie doch hunderte, ja tausende von publizierenden Frauen auf, die auch dafür einstehen, dass der Zugang zu Öffentlichkeit und Autorschaft nicht zu kontrollieren war. Wurde publizierenden Frauen auch oftmals ihre Weiblichkeit abgesprochen, gerade weil sie publizierten, so begründeten Autorinnen dennoch ihre eigenen Netzwerke und adressierten Werke an ihre Kolleginnen, ohne dass männliche Autoren diesen Textverkehr regulieren konnten oder wollten. Auf der Basis diskursanalytischer Überlegungen kommt Fronius zu dem Ergebnis, dass die „Geschlechterzensur" nicht als konsistent und stabil gedacht werden darf (Fronius 2007, 93). Man wäre fast versucht, diesbezüglich von einem Antigone-Komplex weiblicher Autorschaft zu sprechen (vgl. Kap. III.3).

Im Namen des Autors/der Autorin

Ebenfalls von diskursanalytischen Impulsen angeregt sind Studien zum Namen der Autorin. Michel Foucault hatte in seinem viel zitierten Vortrag *„Qu'est-ce qu'un auteur?"* („Was ist ein Autor?") 1969 auf die prekäre

Funktion und den Ort des Autornamens hingewiesen (Foucault 2003). Der Name ist auf der Schwelle zwischen textexterner und textinterner Welt situiert. Er wirkt auf die Interpretation des Textes ein und hat zugleich Einfluss auf Vorstellungen, die sich LeserInnen von der Person des Autors machen, sowie auf die Funktionen, die der Name im Diskurs erfüllt (Ordnung, Verknappung, Tabuisierung etc.). Nachnamen von Autorinnen, die Autorschaft etablieren sollten, – darauf wurde immer wieder hingewiesen – waren vor allem im 18. und 19. Jahrhundert keine stabilen Signifikanten. Frauen änderten ihre Geburtsnamen mit Heirat, Scheidung und Wiederverheiratung mehrmals. Bei Jüdinnen, die sich an christliche Konventionen assimilierten, stand auch der Vorname zur Disposition. So wurde aus Brendel Mendelssohn, der Tochter des Berliner Aufklärers Moses Mendelssohn, zunächst in der ersten Ehe Brendel Veit, dann eine getrennt lebende Dorothea Veit, schließlich eine wieder verheiratete Dorothea Schlegel. Ähnliches wäre für Caroline Michaelis-Böhmer-Schlegel-Schelling oder Therese Heyne-Forster-Huber biographisch nachzuzeichnen. Frauen sind demnach nicht eins mit sich selbst; die Subjektposition ist dem Namen nach nicht stabil. Hinzu kommt, dass die oben skizzierten Publikationsbedingungen dazu führten, dass Werke anonym oder pseudonym erschienen (Hahn 1991; Kord 1996). Aber dies ist kein Alleinstellungsmerkmal weiblicher Autorschaft, denn hinter anonymer Autorschaft ist genauso ein männlicher Autor zu vermuten. Ebenso wie Frauen sich männliche Pseudonyme (Andronyme) zugelegt haben, nutzten Männer den weiblichen Vornamen (Gynonyme), um ihre Absatzzahlen in spezifisch weiblich besetzten Genres zu erhöhen. Wenn auch die weiblichen Opferdiskurse der frühen Autorschaftskritik relativiert werden mussten, so kann jedoch immer noch eine eingeschränkte semiotische Präsenz der Autorinnen festgestellt werden, denn ihre Namen erfüllen nur in Ausnahmefällen (‚die Karschin', ‚die Neuberin', ‚die Bachmann') jene Verknappungsfunktion, wie sie etwa Shakespeare oder Goethe zukommt (‚Goethe lesen' anstatt ‚Goethes Werke lesen'). Die biologische Determination der Autorin, von der noch Simone de Beauvoir ausgehen musste, um überhaupt ihr sozial geprägtes Geschlechtermodell formulieren zu können, lässt sich mit dem Blick auf diskursive und subversive Praktiken neu formulieren (Rinnert 2001). Das 20. Jahrhundert hat den Autorinnennamen als Designator stabilisiert. Nicht durchsetzen ließ sich jedoch der feministische Ansatz der 1970er und 1980er Jahre, literarische Kreativität aufs Neue mit den Metaphern der Körperlichkeit und Fruchtbarkeit zu beschreiben. Es waren doch gerade die männlichen Autoren, die den Generativitätsdiskurs für ihre Werkherrschaft beanspruchten. Zeugen und Gebären sind seit der Antike und insbesondere der autonomieästhetischen Poetik etablierte Metaphern männlicher literarischer Produktivität und einer künstlerisch reklamierten Vaterschaft (Begemann/Wellbery 2002; Herbold 2004; Kofmann 1993). Diese Beobachtungen weisen darauf hin, dass es der Literaturwissenschaft unabhängig vom Geschlecht der AutorInnen um eine „Geschichte der Geschlechter" gehen sollte, die Sprache, Sprachgeschichte und Metaphorologie aus jeweils fachlicher Perspektive analytisch rekonstruiert (Bennewitz 1993).

Autorfunktionen und *Agency*

Für Autorschaftsdiskurse des 20. Jahrhunderts zeichnet sich ein Einschnitt ab, der mit der breiten Rezeption von Foucaults erwähntem Beitrag und Roland Barthes' ironisch-metaphorischer Verkündigung vom „Tod des Autors" (2005) anzusetzen ist. Der Autor wird Barthes zufolge als intentional agierender Aktant aus dem Text entlassen und der Emergenz des Diskurses überantwortet. Für Barthes' ‚verschwindet' der Schreiber hinter seinem Text, was nicht bedeutet, jeglichen Text als anonymen Text lesen zu wollen, sondern vielmehr den Autor als maßgebliche Interpretationsinstanz zu deinstallieren. In Foucaults Beitrag findet sich hingegen eine Klassifizierung von Autorfunktionen: Autorschaft ist juristisch und institutionell zu denken, sie ist von Kultur und Geschichte abhängig, nur über komplexe Operationen im Diskurs zu etablieren und schließlich von Ego-Pluralität gekennzeichnet. Das Werk *hat* demzufolge keinen Autor oder keine Autorin, sondern andersherum: Über die Autorfunktionen wird das Werk einem Namen zugeordnet, dem wiederum Autorfunktionen obliegen. Es gibt keinerlei Hinweise darauf, dass die Ansätze von Foucault und Barthes umstandslos auf die Autorin zu übertragen wären (Nieberle in Kogler/Knaus 2013); es ist aber auch nicht ausgeschlossen. Aus kulturwissenschaftlicher Sicht stellt sich die interessante Frage, welche alternativen Konzepte anstelle der De- und Reinstallierung der Autorinstanz denkbar wären. Härtel (2009) geht diese Frage mit einem Durchgang durch künstlerische Entwürfe gegenwärtiger Autorschaft an, indem sie nicht Geschlechterbinarismen und andere Hierarchien analysiert, sondern die Handlungskompetenz des Einzelnen (*agency*) in Relation zu sozialen Strukturen diskutiert. Die „väterliche Autorität" wird in der symbolischen Ordnung auf den Platz verwiesen, indem ihr alternative Modelle der Sublimation, Aggression, Fragmentierung, Kollektivierung an die Seite gestellt werden. Die Ebenen der Materialanalysen sind gerade nicht entlang traditioneller Binarismen organisiert, sondern sind z.B. als töchterliche, postkoloniale, kollektive Interventionen in Wissenschaften und Künsten gleichermaßen anzutreffen.

3. Poetologische Perspektiven

Autorschaft in der Krise

Die Asymmetrie in der Autorschaftsforschung ist überaus auffällig: Während die zahlreichen Beiträge zu „Tod" und „Rückkehr des Autors" überwiegend von einer unmarkierten Geschlechtslosigkeit oder auch expliziten Männlichkeit abendländischer Autorschaft ausgehen, arbeitet sich die Frauen- und Geschlechterforschung an der problematischen Konstitution weiblicher Autorschaft ab und fokussiert dabei auf die Schriftstellerinnen. Bisweilen tritt der potent imaginierte Autor auch gleichsam durch die Hintertür wieder ein, wenn Autorschaft als mediale Manipulation und forciertes *self-fashioning* im Kontext von Männlichkeitsinszenierungen nachgezeichnet wird (Künzel/Schönert 2007). Eine umfassende Darstellung, wie etwa Autorschaft und paritätische Elternschaft poetologisch und metaphorologisch verzahnt sein könnten, ist Desiderat – wie ohnehin hybride und paritätische Modelle von Geschlechtsidentitäten jenseits der Binarität nur sehr zögerlich in öffentlicher und wissenschaftlicher Rede zum Zuge kommen. Nun lässt sich Männlichkeit zwar als hegemoniales Konstrukt identifizieren, aber sie kann mit dem Blick für Marginalisierungen auch neu formuliert werden (Baader/Bilstein et al. 2012; Baur/Luedtke 2008). Zudem fehlen derzeit noch sinnvolle Möglichkeiten, die verschiedenen Perspektiven der Gender- und Autorschaftsforschung mit poetologischen Aspekten zu verknüpfen. Zum Beispiel wurden diese Krisen der Männlichkeit öfter als Phänomene der „Remaskulinisierung" der deutschen Gesellschaft, insbesondere nach dem Zweiten Weltkrieg, bezeichnet (Jeffords 1998; Jerome 2001). Zu bedenken ist dabei, dass nicht die krisenhafte Identität allein, sondern auch ihr dialektisches Gegenbild, die stabile und stetige Identität, den Diskurs gleichermaßen dominiert(e). Darüber hinaus geriet Autorschaft selbst mit der strukturalistischen und diskursanalytischen Kritik in die Krise. Männliche Autorschaft wurde für die skandinavische Literatur um 1900 in ihrem Zusammenhang mit dem „Krisenhaften" bereits diskutiert (Schnurbein 2001). Der Topos der Krise innerhalb der Men's Studies ist durchaus mit dem weiblichen Opfertopos der Women's Studies vergleichbar und diente als entsprechender Initiationsimpuls (kanonisch: Connell in Bergmann/Schößler et al. 2012). Untersucht man wiederum die narrativen und epistemischen Potentiale der Krise und des Krisenhaften, tritt eine interessante Verzahnung von geschlechtsspezifischem Diskurs und diesem Narrativ zutage: „Oft genug werden apokalyptische bzw. eschatologische Szenarien, *skyfalls*, entworfen und auch antike und moderne Mythen (z.B. Orpheus, Hamlet, Faust) dienen immer wieder als narratives Dispositiv von Krisen." (Fenske/Hülk et al. 2013) Krisen unterliegen dabei ihrer eigentümlichen Überbietungslogik und Überwindungsethik.

Androgyne Autorschaft

Im Rekurs auf die Romantik zeigt sich, dass Autorschaft nicht an das Geschlecht des Autors oder der Autorin gebunden sein muss. Vielmehr erweisen sich Androgynie und Autorschaft als interdependente Selbstentwürfe. Nach einer poetologisch angelegten Analyse ausgewählter Werke Clemens Brentanos (Horstkotte 2011), die nicht an fixen Zuordnungen von Genre und Geschlecht interessiert ist (vgl. Kap. V), sondern diese Zuordnungen gerade hinterfragen will, stellt sich heraus, dass die für die romantische Poetik wichtige Frage „wer bin ich, wenn ich schreibe?" (ebd., 309) nicht auf einer biographischen Ebene beantwortet werden kann. Brentanos Autorschaftsphantasien sowie das Konzept der Androgynie als eine männlich asymmetrische Konstruktion rückten bereits häufiger in den Fokus der Forschung (Brandstetter in Schabert/Schaff 1994). Mit dem neueren Ansatz jedoch – vor dem Hintergrund einer auktorialen Performanz des Dichters – scheint die Verschmelzungsphantasie der weiblichen Stimme mit der männlichen Schrift als eine für Brentano wichtige Konstante sichtbar zu werden, an der er – im Sinn der romantischen Idee der progressiven Universalpoesie – durchgängig bis ins spätere Werk fortschreibt. Mit der Figur des Autors, der sich auch in nicht-fiktionalen Texten als eine ‚Figur' entwirft, die das Künstler/Musen-Modell ausagiert, werden die intertextuellen und poetologischen Dimensionen der kontinuierlich nötigen Autorschaftsbehauptung deutlich.

Intertextualität

Auch Julia Kristevas Entwurf der Intertextualität (1972) – zuerst in *Bakhtine, le mot, le dialogue et le roman* (1967) – trug zur Relativierung des Autors als maßgebliche Größe für die Textgenese bei. Wie Barthes arbeitet Kristeva an der Vorstellung eines Textgewebes, um literarische Texte nicht als intersubjektive, sondern intertextuelle Kommunikation zu begreifen. Auch wenn ihr grober Entwurf in der nachfolgenden Diskussion vor allem aufgrund seiner Skizzenhaftigkeit häufig kritisiert wurde (Friedman 1991), weil es ihm an analytischer Konkretheit mangele, so stieß er doch zahlreiche Theoriedebatten an und konnte u.a. folgende Impulse geben: Zum einen rückten Text und Textualität stärker in den Fokus der Literaturwissenschaften; zum anderen verlor damit das textexterne Geschlecht des Autors und der Autorin an Relevanz für die Interpretation. Dies konnte und kann man – je nach Akzent auf egalitären oder differenzbetonten Geschlechtermodellen – entweder ablehnen oder begrüßen. Im Hinblick auf die Medialität von Literatur, insbesondere aber im Hinblick auf neue Formen von Autorschaft im Internet und den damit gegebenen Optionen der Maskerade und Camouflage, waren die strukturalistischen Anregungen zur Intertextualität von höchstem Wert. In Zeiten kollektiver, serieller, virtueller, digitaler oder auch metamedial ausgestellter analoger Autorschaft wird niemand mehr eine empirische Verknüpfung zwischen weiblichem oder männlichem Geschlecht der Autoren behaupten wollen (Funken 2002; Nieberle 2000). Stattdessen ziehen Inter- und Hypertextualität die analytische Aufmerksamkeit auf sich. Dies führt mitunter dazu, dass Studien ‚den Autor' im Internet wieder als eine generische männliche Kategorie fassen (Hartling 2009). Die urheberrechtlichen und damit auch identitätsspezifischen Probleme mit der Autorschaft im Netz sind derzeit überaus virulent. Was dies für minderheitenpolitische Anerkennungspolitiken und die Aufwertung digitaler Performativität bedeutet, ist Gegenstand intensiver aktueller Diskussionen.

V. Gattung, Genus, Genre

Etymologie: Genus

Die Etymologie der beiden Begriffe *Gender* und *Genre* führt zurück auf das lateinische *genus*, das Wort für das grammatische Geschlecht (Bußmann/Hof 2005, VIII). Auch das mittelhochdeutsche *gatunge*, nhd. *Gattung*, das ‚Zusammengefügte', wird als Übersetzung von *genus* angeführt, und noch das *Kind* wird etymologisch mit dem *Genus* als verwandt deklariert. Der *gate/Gatte* wird im mhd. Wörterbuch wiederum mit „der einem gleich ist oder es ihm gleich tut" angegeben. Es handelt sich um Mehrere oder Mehreres von einer Art, das mit bestimmten gemeinsamen Merkmalen versehen ist. Aus epistemologischer Perspektive ist interessant, wie sich die Bestimmung der Merkmale, die Zusammengehöriges der einen Gruppe von einer anderen unterscheiden soll, wissenschaftsgeschichtlich und systematisch verändert hat. Dass Gattung sowohl in der Biologie als auch in den Literaturwissenschaften eine zentrale Rolle spielt, ist von daher kein Zufall. Dieser Zusammenhang lässt sich über die gemeinsamen Wurzeln der Begrifflichkeit und das gemeinsame epistemische Interesse beider Disziplinen an Deskription und Kategorisierung rekonstruieren.

Formenvielfalt

Die Erforschung und Kategorisierung literarischer Formenvielfalt – seien es die traditionellen Großformen Epik, Drama, Lyrik oder die feiner gefassten Genres, die eine genauere Untergliederung erlauben – gehören zu den wichtigsten Arbeitsbereichen der Literaturwissenschaften. In jüngster Zeit ist vor allem die kritische Auseinandersetzung mit Gattungsgrenzen und -definitionen in den Fokus gerückt. Dass spezifische Genres mit spezifischen Gender-Konstellationen zusammenhängen, begegnet den LeserInnen in der alltäglichen Rezeptionserfahrung. Die männliche Konnotation der Abenteuerliteratur (seit der Odyssee) und die weibliche Konnotation der Romanze und des Melodrams (seit der Romantik) sind simple Beispiele für diesen Zusammenhang. In der Populärkultur haben sich Genre-/Gender-Analogien als überaus produktiv erwiesen. Welcher Art dieser Zusammenhang jeweils genau ist und wie unterschiedlich er sich historisch, sozial und kulturell darstellen kann, ist bereits eine sehr komplizierte Frage. Dabei ist nicht von einer kategorischen Analogiebildung auszugehen. Vielmehr lohnt es, die spezifischen historisch-poetologischen Konstellationen auszuleuchten (Fleig/Meise 2005). Shari Benstock arbeitete in einer der ersten monographischen Studien zu diesem Thema heraus, dass sich für die Moderne und Postmoderne genrespezifische Schreibweisen ausgebildet haben. Damit werden Begehrens- und Symbolstrukturen im Text geregelt. Weil sie bis in die Interpunktion, Grammatik und Rhetorik hinein genau beschrieben werden können, nennt Benstock ihren Ansatz die „psychogrammanalysis" (1991). Während sich diese Studie noch auf Weiblichkeit als subversives Störsignal in einer männlichen Ordnung konzentrierte, öffneten sich die nachfolgenden Erkenntnisinteressen für weitere Gender-Aspekte. Im Zuge dessen wurde deutlich, dass der Zusammenhang zwischen literarischer Form und Gender nicht als Ergebnis, sondern bereits als Voraussetzung für das Entstehen von Texten zu bewerten ist.

Genres rezipieren

Autorschaft konstituiert sich als komplexe diskursive Operation nicht zuletzt über das wiederholte Publizieren bestimmter Gattungen und Genres (vgl. Kap. IV). In einem spezifischen Genre zu reüssieren, ist zugleich mit spezifischen Vorstellungen vom Gender des Autors oder der Autorin verknüpft. Der Neologismus „pilchern" bedeutet lt. *Duden der Szenesprache*, Schwierigkeiten der Realität zu ignorieren und sich in eine heile Welt zu flüchten. Das Verb erschließt sich über den Namen der Autorin Rosamunde Pilcher und ihre melodramatischen Romane sowie deren Verfilmungen. Es affirmiert den Zusammenhang von Genre und Autorinnenname. Daran zeigt sich zugleich, dass die Kategorie Gender in Bezug auf Gattung/Genre sowohl für die Produktion literarischer Texte als auch für die Distribution und Rezeption relevant ist. Marlene Streeruwitz treibt diesen Zusammenhang parodierend auf die Spitze, wenn sie ihren Roman *Lisa's Liebe* in drei Groschenhefte aufteilt und darin *plot* und *story* des trivialen Liebesromans selbstreflexiv demontiert:

> Lisa hatte nichts über ihre Geburt gewußt. Lisa saß da und hörte zu. Sie war sicher, es war nicht so gewesen, wie sie es da hörte. Aber hätte sie nicht trotzdem diese Geschichte kennen sollen? (Streeruwitz 2005, 87)

Gender und Genre sind nicht nur „Ordnungsmuster" in einem Text, sondern auch „Wahrnehmungsmodelle" (Hof in Hof/Rohr 2008). Texte werden auf der Basis von Voreinstellungen und Vorwissen rezipiert, was entsprechende automatisierte Folien aufruft. Unter gelungenen Texten und Filmen, deren ästhetisches Potential das Publikum besonders wertschätzt, finden sich meist Produkte, die die Genrevorgaben weitestgehend erfüllen, aber an spezifischen, interessanten Punkten davon abweichen. Erfüllt ein Werk alle Genreerwartungen – und damit auch die Genderstereotypen – sind *plot* und *story* allzu voraussagbar; die Aufmerksamkeit für das Werk sinkt. Der Eindruck des „Schema F" drängt sich auf, was übrigens selbst ein gendergesättigtes Werturteil ist, weil dieses „F" die Formulare für Frontrapporte des Preußischen Heeres bezeichnet haben soll. Weicht ein Produkt aber zu stark von allen bekannten Rezeptionserwartungen ab, kann das Publikum den überwiegenden Anteil an Gestaltungselementen weder verstehen noch einordnen. Desorientierung und Konfusion führen ebenso zur Minderung der rezeptiven Aufmerksamkeit. Um dieses Modell unmittelbar nachvollziehen zu können, bietet sich die aufmerksame Lektüre der wöchentlichen *Tatort*-Rezensionen in der Tagespresse an: Zumeist wird der Film nach einem impliziten Fragenkatalog dahingehend bewertet, ob er dem volkspädagogischen Genre „Tatort" als spezifisch deutschem TV-Krimi entspricht oder ob dieses Ziel von Sendeanstalt, Regisseur und Darstellern verfehlt wurde. Über die Jahrzehnte veränderten sich Themen, Machart und Bewertungskriterien und sind deshalb allein in ihrer interdependenten Dynamik zu begreifen. Auch die veränderlichen Genderkonzepte für diese Langzeitserie werden befragt und danach bewertet, was akzeptables Verhalten von Männern und Frauen in Beruf und Familie ist und welche Entwicklungen und veränderten Wertevorstellungen dazu führen, soziale Anforderungen in der gegenwärtigen Gesellschaft nicht mehr erfüllen zu können.

Genre als hybride Kategorie

Dieses Rezeptionsmodell führt in seiner zirkulären Struktur dazu, dass Genres sich paradoxerweise über Genreabweichungen konstituieren müssen. In der Filmwissenschaft spricht man von einer hybriden, diffusen Kategorie. Auch die Literaturwissenschaften haben längst begonnen, literarische Formen nicht mehr festschreiben zu wollen, sondern in ihren Abweichungen, Brüchen und hybridisierenden Aspekten zu erfassen. Dies erschwert die Analyse insofern, als es kein ahistorisches, allgemeingültiges Modell eines Genres geben kann, das sich als eine stabile Ansammlung gestalterischer Merkmale darstellt. Ein Genre ist folglich genau das Wenige, was aus seinen eigenen Transformationen abstrahiert werden kann und dabei dynamischen Veränderungsprozessen unterliegt. Gender und Genre hängen dabei gegenseitig voneinander ab, gerade weil sie beide keine stabilen Größen sind, sondern sich gegenseitig in Szene setzen: „Gender-Konfigurationen werden von Genres modelliert; und Gender-Konfigurationen konstituieren Genres." (Liebrand/Steiner 2004, 8) Damit gerät das Gesetz selbst, das Genres und Geschlechtern vorgeschrieben ist, in den kritischen Blick der Analyse. An die Performativität von Genre und Geschlecht anzuknüpfen, bedeutet für die Textarbeit, nach den Bedingungen für die interdependente und rhetorische Konstitution von Gender und Genre/Gattung zu fragen (Babka in Hof/Rohr 2008). Damit wird wiederum die Vorgängigkeit von Geschlecht und Genre bezweifelt: Beide konstituieren sich just im Moment ihrer literarischen oder filmischen Performanz. Dies bedeutet, dass nicht nur das Geschlecht der AutorInnen auf das Genre Einfluss nimmt, sondern Autorschaft in ihrem Gendering erst durch das Textgenre oder die Gattung zugänglich wird. In der Forschung hat sich dieser Ansatz besonders deutlich an den Studien zur autobiographischen Literatur gezeigt. Ego-Dokumente, deren Erzählinstanz und Protagonisten üblicherweise identisch zu sein scheinen, wurden zumeist unter der feministischen Prämisse bereits festgelegter weiblicher oder männlicher Autorschaft untersucht (Neumann-Holzschuh 2001; Sunderland/Duann et al. 2002). In der nachträglichen Zusammenschau ergibt sich jedoch eher der Eindruck, dass damit auch das Geschlecht der historischen Autoren und Autorinnen immer wieder aufs Neue festgeschrieben wurde. Obgleich die instabilen Genderkonstruktionen dominieren, wurden sie in ihrer wichtigen Funktion für Performanz von Gender und Genre noch nicht detailliert erfasst und beschrieben. Hier scheint es angeraten und auch sehr lohnend, immer neue Durchgänge durch die bisher bekannten und noch unbekannten Texte zu unternehmen. Die folgenden Abschnitte erläutern exemplarisch die Autobiographik, den Brief und die Reiseliteratur im Hinblick auf die Gender Studies.

1. Selbstzeugnis geben

Ich im Text: Ego-Dokumente

Für die Erforschung von Identität und Geschlechterdifferenz scheinen Ego-Dokumente besonders aufschlussreich zu sein. Die Geschichtswissenschaften bevorzugen im Deutschen den Begriff des Selbstzeugnisses, während sich für Textanalysen das Ego-Dokument ungeachtet seiner genrespezifischen Abgrenzungsprobleme gut eignet, um das konstitutive Personalpronomen „Ich" auch in der Gattungsbezeichnung abzubilden. Autobiographien, Briefe, Reiseberichte oder Tagebücher werden von einem Ich erzählt, das mit Autor oder Autorin identisch zu sein scheint. Kreative Spielarten der „Selberlebensbeschreibung" (Jean Paul) und des literarischen *self fashioning* (Stephen Greenblatt) zählen – je nach Ausgestaltung – zu den autofiktionalen Texten, die ein Selbst ‚erfinden' (Wagner-Egelhaaf 2013). Besonders interessante Beispiele sind Gertrude Steins *Autobiography of Alice B. Toklas* und Hannah Arendts *Rahel Varnhagen. Lebensgeschichte einer deutschen Jüdin aus der Romantik*, für die sich besser ein Modell des Ghostwriting anstatt emphatischer Autorschaft beschreiben lässt (Volkening 2006). Es handelt sich immer dann um „inszenierte Erfahrung", wenn ein Text als Versuch gelesen werden kann, Authentizität als Effekt spezifischer Darstellungsstrategien zu erzeugen (Hof/Rohr 2008). Dabei ist entscheidend, ob Paratexte und Kontexte diese Strategien stützen. Untertitel, die ein spezifisches Genre aufrufen, können z. B. Briefe aus dem Nachlass, Memoiren, Erinnerungen, Tagebuch, Aufzeichnungen und dergleichen mehr sein. Aus literaturwissenschaftlicher Sicht ist die Gleichförmigkeit (Gattung) im Zusammenhang mit der sprachlichen Wiederholungsstruktur in der autobiographischen Erzählung (Performativität) in den Blick geraten (Smith/Watson 2010). Für das Ego-Dokument können spezifische rhetorische Topoi und Tropen aufgesucht werden, die ein Selbst als handelndes Subjekt im Text entstehen lassen und Genre/Gender in plausible Beziehung setzen sollen (Babka 2002; Schabacher 2007).

Biographie und Determinismus

Für Genres der Selbstauskunft waren und sind traditionell geschlechtsspezifische Rezeptionshaltungen bestimmend. Während Ego-Dokumente männlicher Autoren auf deren Werke bezogen und als Interpretationsquellen benutzt wurden, wird für Ego-Dokumente von Autorinnen, insbesondere für das 18. und 19. Jahrhundert, meist keine Referenzfunktion auf literarische Werke veranschlagt (Keck/Günter 2001, 212 ff.). Ihr Fluchtpunkt ist ‚die Biographie' der Frau, was einerseits den Zirkelschluss des biographistischen Geschlechterdeterminismus hervortreten lässt. Andererseits aber ging es nicht nur den Romantikerinnen um eine gegenseitige Durchdringung von Kunst und Leben im Sinn einer Poetisierung des Alltags. Deshalb war es nur konsequent, Texte von Autorinnen und Autoren – nicht nur für die Zeit um 1800 – von der funktionellen Überfrachtung des Dokumentarischen und Authentischen zu entlasten und ebenso konsequent als literarische Beiträge zu den politischen, ethischen und ästhetischen Diskursen ihrer Zeit zu lesen. Weil es in vorliegendem Überblick auch an dieser Stelle nicht möglich ist, die Forschung schrittweise und detailliert nachzuvollziehen, geht es im Folgenden exemplarisch um die mittlerweile mehr oder weniger gut erforschte poetologische Funktion der Genres Autobiographie, Brief und Reisebericht. Gemeinsam ist ihnen, dass es sich um Genres handelt, deren Blütezeiten spezifischen historischen Diskursen zwischen 1700 und 1900 zugeordnet werden können.

Autobiographische Subjektkonstitution

Autobiographisches Schreiben ist eine Methode der Subjektkonstitution. Das schreibende Subjekt spiegelt sich selbst in seinem beschriebenen Objekt, so dass den Lesern ein doppeltes Gegenüber entgegentritt. Zum einen erzählt ein performatives Ich sein Leben oder einen Ausschnitt daraus, während es im diegetischen Akt des Erzählens zutage tritt. Zum anderen erscheint dieses Ich auf der Darstellungsebene als Figur. Darüber hinaus reflektieren autobiographische Texte diese Doppelfunktion der Ich-Konstitution explizit oder implizit (Wagner-Egelhaaf 2005). Ansätze aus der Genderperspektive konzentrierten sich darauf, autobiographische Texte von Frauen vom Stereotyp der „naiv-mimetischen" Schreibweise zu lösen und stattdessen den Blick auf die Autobiographik jenseits enger Kanongrenzen zu lenken (Holdenried 1995; Niethammer 2000). In einem nächsten Schritt ging es darum, den androzentrischen und autonomieästhetischen Gattungsbegriff, der traditionell von Goethes zentral gesetzter Autobiographie *Aus meinem Leben. Dichtung und Wahrheit* (1811–33) herrührt, zu hinterfragen und die Autobiographik von Frauen und Männern als „Massenerscheinung" zu beschreiben, die nicht erst im 18. Jahrhundert ‚erfunden' wurde (Kormann 2004, 298ff.). Deutschsprachige Schriften aus dem 15./16. Jahrhundert liefern dafür eindrückliche Belege (Jancke 2002; 2012). Im 17. Jahrhundert beförderten religiös motivierte Lebensschreibungen die Entwicklung des Genres, wobei Autorinnen und Autoren gleich intensiv daran teilhatten. Auch die Grenzen zwischen historischer und fiktionaler Lebensbeschreibung sind bereits für die Barockliteratur und ihre Bedeutung für die Männlichkeitsvorstellungen nicht leicht zu ziehen und zumindest diskussionswürdig (Tatlock in Tatlock 1994).

Zum Beispiel: Margarethe Elisabeth Milow

Die Erinnerungen der hamburgischen Kaufmannstochter und Pastorengattin Margarethe Elisabeth Milow (1748–94) sind ein typisches Beispiel für die Autorschaft einer Autorin ohne Werk. Das Manuskript ist Milows „Vermächtnis für meinen Mann und meine Kinder". Gerade weil dieser Text nicht als Interpretament für weitere fiktionale Texte der Verfasserin herangezogen werden kann, bietet er die Möglichkeit einer alternativen Lektüre. Für die Geschichtswissenschaften ist der Text zunächst unter anthropologischen und medizingeschichtlichen Aspekten interessant, weil er seltene und frühe Beschreibungen von Geburten und einer Brustkrebserkrankung aus Sicht der betroffenen Frau enthält. Unter bildungs- und religionsgeschichtlichen Aspekten lässt sich der Text trefflich als Ausdruck einer fraulichen Erfahrungswelt lesen. Aus literaturwissenschaftlicher Perspektive ist interessant, wie Milow das Schreiben selbst thematisiert und in welcher Beziehung dies zu den Inszenierungen des Authentischen steht. Dieses Ich tritt uns voll von religiöser Zuversicht entgegen und als eine Schreibende, die sich selbst als Klagende wahrnimmt:

> Bange Furcht soll die Geschichte des Jahres 1793 nicht schließen. Ich kann nach menschlichem Ansehn nicht besser werden, ich muß aller Erfahrung nach eines fürchterlichen Todes sterben, aller dieser Erfahrung nach ferne lange leiden. Ich will aber nicht murren, dort werde ich das im Lichte erkennen, was ich hier dunkel sah. (Milow 1987, 133)

Korpusforschung

Hat man nicht nur eine autobiographische Quelle im Blick, sondern ein größeres Korpus, fällt die geschlechtsspezifische Analyse gleichermaßen leichter und schwerer. Am Beispiel pietistischer Familienarchive untersucht Gleixner (2005) neben anderen Fragestellungen, ob die These zur modernen Ich-Konstitution bereits für den Frömmigkeitsdiskurs gelten kann, ob also das Subjekt sich in seinem Schreiben gegenüber einer göttlichen Instanz behaupten will oder ob diese Schreibpraxis gerade als Exerzitium für die willentliche Unterordnung des Menschen bewertet werden muss. Männer wie Frauen, so das Ergebnis, pflegen eine ähnliche Schreibpraxis über ähnliche Gegenstände. Die Zugehörigkeit zu einer Gruppe und ihrer Praxis des Selbstzeugnisses erfordert genauere Analysen als die Geschlechterdifferenz allein. Zudem muss diese Praxis zunächst von verzerrenden Prozessen der Historisierung und Kanonisierung freigelegt werden (Gleixner 2007). Wenn also Autobiographik als Genre ernstgenommen wird und das Korpus nicht auf kanonisch einschlägige Autorinnen und Autoren beschränkt bleibt, bestätigen sich die oben referierten geschlechtsspezifischen Vorannahmen über das lebensbezogene Schreiben der Frauen vs. das werkbezogene Schreiben der Männer freilich nicht. Ältere und jüngste Quellenerschließungen zur Frauenautobiographik stellen eine reiche Materialfülle zur Verfügung (Jancke 2012; Ramm 1998; Sagarra 1986; Wedel 2010). Zum einen relativieren sie den Status kanonischer Autorinnen und Autoren; zum anderen ermöglichen sie die Vergleichbarkeit von Selbstzeugnissen in der detaillierten Analyse (Kormann 2004). Auf dieser Grundlage können Genderdifferenzen mit Aspekten der Transkulturalität, Religiosität, ethnischer und sozialer Herkunft sinnvoll ergänzt und auf ihre interdiskursive Vernetzung befragt werden. Die historiographische Erzählung vom westlichen Individuum, das sich in der autobiographischen Praxis selbst erfunden habe, muss deshalb in den nächsten Jahren noch weiter hinterfragt werden (Jancke/Ulbrich 2005), ohne dass die Kategorie Gender dabei ins Hintertreffen gerät.

Briefliche Metonymik

Der Brief gehört wie die autobiographische Prosa zu den Genres der Ego-Dokumente. Die längste Zeit stellte er für die Literaturwissenschaft hauptsächlich biographisches Quellenmaterial dar, dessen poetologischer und historiographischer Stellenwert erst in der zweiten Hälfte des 20. Jahrhunderts tatsächlich erkannt wurde (Hahn 1998; Weigel 1999). Im Unterschied zur eher monologisch angelegten Autobiographik ist der Brief ein dialogisches Genre (Runge/Steinbrügge 1991). Sein Prinzip umfasst, ein Selbst und ein Gegenüber zu konstituieren. Die briefliche Adressierung dient der medial organisierten Überwindung topographischer Entfernung und einer kommunikationsorientierten Metonymik. Schrift bzw. das Geschriebene ist das pars pro toto, das an SchreiberInnen statt ihrer selbst geschickt werden kann. Das gilt für faktual eingesetzte Briefe ebenso wie für fiktionale Briefe von Toten an die Lebenden und für den europäischen Briefroman, der mit diesem metonymischen Potential des Briefs arbeitet (Beebee 1999). Briefe organisieren je nach spezifischer Phasenverzögerung zwischen Schreiben und Lesen die Anwesenheit der Abwesenheit – und vice versa. Diese Abwesenheit des Körpers, die im Laufe des 18. Jahrhunderts interdisziplinär und interdiskursiv erdacht wird, ermöglicht einen Verkehr der/mit Schrift (Koschorke 1999). Der Brief als Genre ist – kaum überraschend – aufgrund seiner somatischen Referenz ein geschlechtsspezifisch konnotiertes Medium. Er substituiere das unmittelbare Gespräch, wie es Christian Fürchtegott Gellert nachhaltig ausformuliert hatte, und sei in seiner empfindsamen und innigen Schreibweise mit Weiblichkeit zu assoziieren. Freundschaftskult, wie ihn sich etwa Johann Ludwig Gleim vorgestellt hatte, war nur mittels regelmäßiger Korrespondenz realisierbar und stark auf den weiblichen Geschlechtscharakter hin konzipiert. So schreibt Gleim 1754 an (und über die Briefe von) Johann Peter Uz:

> Mein bestes Goldstück würde ich leichter vermißen, als den kleinsten Brief von meinem Uz, die ich aufhebe, wie ein Mädchen seine Liebesbriefe, und sie lese, wenn ich, in meiner Einsamkeit mir einen recht vergnügten Abend machen will. (zit. aus Adam 2000, 9)

Im Unterschied zur heroischen Männerfreundschaft konnte sich die empfindsame Variante, die hier über den Vergleich mit einem Liebespaar aufgerufen wird, nicht so dauerhaft durchsetzen wie das Kommunikationsmodell der Frauenfreundschaft und Schwesternschaft (Labouvie 2009). Bei genauerer Analyse der für ihre Briefwechsel berühmten korrespondierenden Paare der Empfindsamkeit (Gottscheds, Gellert/Lucius, Klopstock/Moller, Gleim/Karsch u.a.) wird das innovative Potential des Mediums Brief als Ego-Dokument, das den Kanzleistil konterkariert, sehr deutlich, erweist sich doch ‚Natürlichkeit' im sprachlichen Ausdruck sowohl bei den Frauen als auch bei den Männern dieser Paarkonstellationen als Effekt eines Naturalisierungsdiskurses (Reinlein 2003). Der Naturalisierungsdiskurs wurde vor allem mittels Bildung und der Nutzung von „Briefstellern", den Anleitungen für guten Briefstil, seit dem 17. Jahrhundert etabliert (Furger 2010). Über den Brief in seiner empfindsamen Tradition hinaus tritt er nicht nur als persönliches, sondern auch als politisches Medium in seiner historischen und kulturellen Vielschichtigkeit hervor. Man kann zudem beobachten, dass die metonymische Distanz es möglich und nötig machte, Weiblichkeit in den Briefkörper einzuschreiben und diese auf spezifische Geschlechtsaspekte festzulegen (Emotionalität, Spontaneität, Natürlichkeit, Häuslichkeit). Darum wurde der Brief im 19. und 20. Jahrhundert gerade auch von Frauen als Chance begriffen, gegen diese Konventionen anzuschreiben und damit in die öffentliche und politische Sphäre vorzudringen – mit Hilfe einer medial vermittelten Abwesenheit und mit sehr verschiedenen Schreibweisen zwischen Diplomatie und Radikalität (Bland/Cross 2004; Bland/Müller-Adams 2007b).

Texte, aber kein Œuvre

Literaturwissenschaftliche Untersuchungen haben ihren poetologisch interessierten Blick insbesondere auf Briefe der Romantik gelenkt, die mit Briefschreiberinnen wie Rahel Varnhagen oder Bettina von Arnim zugleich den Bogen zum vergänglichen Ruhm der Salonnière spannen (Seibert 1993; Wilhelmy 1989). Autorschaft im konventionellen oder werkpolitischen Sinn ist damit nicht zu etablieren (Hahn 1990). Bettina von Arnims interpolierende Briefromane *Goethes Briefwechsel mit einem Kinde* (1835), *Die Günderode* (1840) und *Clemens Brentano's Frühlingskranz* (1844) sind als Ego-Dokumente jenseits eines naiven Verständnisses von Authentizität zu verstehen. Auch an Rahel Varnhagens Briefwechseln, *Ein Buch des Anden-*

kens für ihre Freunde (2011), sowie besonders an ihrer Korrespondenz mit Pauline Wiesel (1997) fällt die überbordende Lust an Reflexion, Genrevielfalt und Sprachspiel auf. Gedichte sind ebenso integriert wie kleine Erzählungen, Aphorismen und Maximen, tagebuchartige Fortsetzungsbriefe oder essayähnliche Passagen. Hinzu kommt, dass alle denkbaren Geschlechterkonstellationen aus familiären, freundschaftlichen und pädagogischen Modellen literarisch inszeniert und zwischen den BriefpartnerInnen erprobt werden, und dies ganz unabhängig vom Geschlecht der SchreiberInnen.

Beispiele für Ego-Maskeraden

In einem von Bettina von Arnims hybriden Korrespondenzromanen, *Die Günderode* (1840), schreibt die Kunstfigur Bettina von Arnim an die Kunstfigur Karoline von Günderode:

> Weißt Du was, Du bist der Platon und Du bist dort auf die Burg verbannt, und ich bin Dein liebster Freund und Schüler Dion, wir lieben uns zärtlich und lassen das Leben für einander, wenns gilt, und wenns doch nur wollt gelten, denn ich möcht nichts lieber als mein Leben für Dich einsetzen. Es ist ein Glück – ein unermeßliches, zu großen heroischen Taten aufgefordert sein. Für meinen Platon, den großen Lehrer der Welt, den himmlischen Jünglingsgeist mit breiter Stirn und Brust, mit meinem Leben einstehen! Ja so will ich Dich nennen künftig, Platon! – und einen Schmeichelnamen will ich Dir geben, Schwan will ich Dir rufen, wie Dich der Socrates genannt hat, und Du ruf mir Dion. – (Arnim 1986, 332)

Im Vergleich dazu nimmt sich ein historischer Briefwechsel nicht kategorisch anders aus, obwohl er keiner nachträglichen Bearbeitung durch einen der beiden Partner unterzogen wurde. Auch in den Briefen zwischen Sophie Mereau und Clemens Brentano spielt die Organisation von zeitlicher wie topographischer Ferne eine große Rolle. Kaum weniger auffällig sind die zahlreichen Versuche der Selbstinszenierung beider Partner, die geschrieben, versendet, gelesen und beantwortet werden. Das Interesse, die nun folgende Briefstelle auf ihre historische und biographische Faktizität überprüfen zu wollen, könnte angesichts ihres vordergründigen metatextuellen Potentials schwinden. Am 11.10.1803 schreibt Mereau an Brentano:

> Doch ich will Dirs nicht verheelen (sic), wenn Du glaubst daß ich unterdeßen immer ruhig hier gewesen bin so irrst Du Dich. Kaum wußte ich Dich in Frankfurt, so nahm ich meine übrige Baarschaft (sic), hüllte mich in männliche Kleider, und nun hin! Meine Eifersucht ließ mir keine Ruhe. Hast Du denn nie den blonden Jungen bemerkt, der immer so nah als möglich bei Dir war? – eine blonde Perücke, ein falscher Backenbart, etwas Schminke und die moderne Tracht der Männer, machten mich vollkommen unkenntlich. Ach! Wie nahe war ich Dir oft, im Schauspiel, Abends auf der Straße, und bei der schönen Putzmacherin! (...) Deine Schwester habe ich auch oft gesehn; sie ist ein liebes, liebes Kind, und ihre Gestalt ist größer und ausgebildeter als ich mir sie gedacht (...). – Ich schicke Dir hier ein Halstuch, das ich als Mann getragen, unter welchem mein Herz oft so laut für Dich geschlagen, nun wird es das Deine bedecken – Herz, o Herz des einzig süßen! (Brentano/Mereau 1908, 32)

Danach geht die Rede in ein Liebesgedicht über, dessen Verse und Strophen im Fließtext gesetzt sind. Gewissheiten des Genres und des Genus werden gleichermaßen destabilisiert. Kaum zufällig sind in dieser Maskerade des erzählenden Ich ausgerechnet die Orte Theater und Putzmacherin wichtig, wo das Subjekt sein begehrtes Gegenüber hätte treffen können. Gerade dort ist unwahrscheinlich, sich der wahren Gestalt eines Genus/Genres versichern zu können. Auch die Belegkraft von Text und Ding wird als trügerisch markiert. Selbst wenn alle Dichter lügen, wie Platon behauptete, dann mindert dies nicht ihre fiktionale Kompetenz. Die Schwester wird lediglich mit der eigenen Vorstellungskraft abgeglichen, und das Halstuch, „das ich als Mann getragen", soll als Beweis der Anwesenheit/Abwesenheit verschickt werden. Wird damit zugleich nicht auch das ‚verkehrte' Begehren des blonden Jungen übermittelt, den der Adressat gar nicht bemerkt haben wird? Das Tuch selbst ist eine Metonymie wie der Brief. Beides aber, Brief und Tuch, könnten einer Überprüfung der Maskerade nicht standhalten, was nicht der eigentlich interessante Aspekt an literarischer Travestie ist (Garber 1991; Lehnert 1994). Viel plausibler scheint es, dass hier poetischer Lustgewinn, Überzeugungskraft sowie der Brief als Medium inszenierter Erfahrung auf dem Prüfstand stehen. Für Sophie Mereaus Übersetzungsarbeiten lassen sich im Übrigen ebenfalls diese Verfahren einer hermeneutischen Maskerade beschreiben. Gemeint ist damit eine stetige Verunsicherung des Lesers und der Leserin darüber, ob wirklich etwas ‚hinter' den Texten steckt und als eigentliche Bedeutungsschicht hervorgeholt werden sollte (Purdy 1997).

Mobilisierung in der Reiseliteratur

Die höchst phantasievolle Fahrt der Briefschreiberin enthält zugleich die Schilderung des transvestischen Reisens, das für allein reisende Frauen um 1800 belegt und als literarischer Topos etabliert ist (Landfester 1997). Das Genre der Reiseliteratur, das ebenso wenig wie andere Ego-Dokumente auf einen ahistorischen Kriterienkatalog festgelegt werden kann, basiert ebenfalls auf der dialektischen Organisation von Abwesenheit/Anwesenheit und der Möglichkeit der literarischen Subjektkonstitution. Allerdings kommt das wichtige Moment der Mobilisierung des Egos hinzu, das Blickrichtung und Dispositiv vorgibt: Vor dem Akt des Schreibens hat das Subjekt einen fremden Ort aufgesucht und erzählt üblicherweise von kulturgeographischen Differenzen. Zahlreiche Reiseberichte liegen als Briefe an Zuhausgebliebene vor und können zugleich als Selbstzeugnis über einen bestimmten Lebensabschnitt gelesen werden. Daran wird bereits deutlich, dass die Genregrenzen zu autobiographischen Schriften und Brief fließend sind. Deshalb ist es sinnvoll, das Genre des Reiseberichts als „autogeographisches Schreiben" zu bezeichnen (Pelz 1993). Die Reiseliteraturforschung hat ohnehin immer wieder betont, dass die Wahrnehmung der äußeren Fremde und die Reise in die eigene innere Fremde für die Setzung eines berichtenden Ich auf intrikate Weise verknüpft sind. Aus dieser metaphorischen Tradition rühren Probleme mit einer strengen Genredefinition her (Hölz/Schmidt-Linsenhoff et al. 2000). Die genderspezifische Reiseliteraturforschung hat ihre frühen Impulse aus dem Befund abgeleitet, dass Frauen auch in diesem Genre deutlich unterrepräsentiert sind (Scheitler 1999). Breit angelegte Bibliographien haben ergeben, dass ‚die reisende Frau' jedoch gar nicht so selten im

Europa des 18. und 19. Jahrhunderts unterwegs war, obgleich der dominante Geschlechterdiskurs Frauen auf die häusliche Sphäre festschreiben wollte (Griep/Pelz 1995; Jehle 1989). Angesichts der Vielfalt der zutage beförderten Texte und Autorinnen scheint es inzwischen fast absurd zu sein, von ‚der reisenden Frau' als Ausnahmefigur auszugehen (Gippert in Hoff/Kleinau et al. 2008). Die nahe liegende Allegorie des emanzipatorischen Aufbruchs, die mit dem Aufbruch der reisenden Frau aufgerufen sei, wurde deutlich überstrapaziert. Auch die These vom spezifisch ‚weiblichen' Blick auf die Fremde lässt sich kaum mehr halten. Wenn Reiseschriftstellerinnen ihre Begegnung mit der orientalischen Frau schildern, kann womöglich auf eine besondere Empathie für die Haremsfrauen geschlossen werden. Zugleich lassen sich in ihren Texten aber auch ähnliche Klischees des europäischen Exotismus auffinden wie in den Beschreibungen männlicher Autoren (Lewis 2004; Paul 2013; Stamm 2007). Setzt man darüber hinaus nicht die heteronormative Blickordnung an, die den Blick von Frauen auf Frauen ohnehin entsexualisiert, dann verliert der Befund noch weiter an Plausibilität. Eine genauere Analyse sowohl der Blickordnungen als auch der Relationen zwischen dem wahrnehmenden Subjekt und seiner Umgebung/Landschaft hebt die Interpretation von Reiseberichten von Frauen auf eine alternative und ergiebige Diskussionsebene. Die ästhetischen Implikationen der Textverfahren rücken buchstäblich in den Vordergrund der Betrachtung (Jost 2005).

2. Lyrisches Sprechen

Was sind männliche und weibliche Kadenzen?

In der literaturwissenschaftlichen Arbeit zur Lyrik gibt es eine Konvention zu vermerken, die auf dem Kurzschluss von Genus und Genus auf unterschiedlichen semantischen Ebenen beruht. In der Lyrikanalyse kommt die Rede regelmäßig auf ‚männliche' und ‚weibliche' Kadenzen. Gemeinhin versteht man darunter die betonte (‚männliche') und unbetonte (‚weibliche') Silbe, die den Vers beschließt. Fragt man die Analysierenden, warum sie Kadenzen und Reime als ‚weiblich' oder ‚männlich' bezeichnen, schlägt einem meist fachterminologischer Fatalismus entgegen: ist eben so. Die Einführungsliteratur ist in dieser Sache unentschieden; es finden sich mitunter noch die alten Konventionen. Die Erklärung für die metrische Konvention liegt in der altfranzösischen Lyrik und ihrer silbenbasierten Metrik begründet: Stehen weibliche Nomina und Adjektive am Ende des Verses, bleibt die letzte Silbe unbetont (‚profonde'); bei männlichem Genus steht eine betonte Silbe am Ende (‚profond'). Für die mittelhochdeutsche Dichtung wurde bei gleichklingendem Versende entsprechend zwischen einsilbigen/‚männlichen' und zweisilbigen/‚weiblichen' Reimen unterschieden. Stehen sie am Ende eines Verses, spricht man von weiblichen und männlichen Kadenzen. Was nun für die mediävistische Verslehre sinnvolles Grundlagenwissen darstellt, ist für die Anwendungspraxis in der neueren und neuesten Lyrik kaum noch vertretbar, zumal altfranzösische Silbenmetrik und die deutsche Metrik seit Opitz ohnehin nicht aufeinander abzubilden sind. Für experimentierfreudige, hermetische, abstrakte oder konkrete Poesie des 20. und 21. Jahrhunderts, die das traditionelle Formenrepertoire zu überwinden versucht, ist diese terminologische Konvention geradezu kontraproduktiv. Die grammatischen Genera, die damit einmal bezeichnet wurden, spielen keine Rolle mehr, so dass Kadenzen auf jeder anderen Wortart am Ende eines Verses auch als ‚männlich' oder ‚weiblich' klassifiziert werden. Das Genus der Kadenzen wurde gewissermaßen de-/resemantisiert an Geschlechtscharaktere der Neuzeit angeschlossen und kaum einmal in seiner Pragmatik hinterfragt. Weiblichkeit und Männlichkeit verweisen hier auf nichts weiter als die Negation im Diskurs: betont/unbetont erscheint analog zu männlich/weiblich – ganz so, als ob ‚weiblich' noch die Negation von ‚männlich' sei. Bis zur Aufklärung lässt sich dieses in der Antike etablierte Geschlechtermodell (*one-sex model*) in Medizin und Philosophie finden (Laqueur 1992). An die Stelle des grammatischen Genus trat also die Semantik des modernen *Gendering*. Ähnliches lässt sich übrigens an den Beschreibungen für musikalischen Rhythmus während des 19. Jahrhunderts beobachten: Auch dort war die Rede von „männlichen" und „weiblichen" Rhythmen, um damit spezifische Akzentfolgen zu bezeichnen, die man aus der klassischen Verslehre abgeleitet hatte. Nun sind die Begriffe ‚männlich'/‚weiblich' sicherlich nicht präziser als ‚betont'/‚unbetont'. Das Gegenteil ist der Fall: Sie ermöglichen die Anlagerung von Attribuierungen, die Geschlechtscharaktere konnotieren. Somit erweist sich diese terminologische Konvention zwar als wissenschaftshistorisch besonders interessant, aber für die Lyrikanalyse der neueren Literaturgeschichte ist sie kaum noch als praktikabel zu bezeichnen.

Lyrische Performanz

Für lyrische Texte ist die Dimension der auralen Ausgestaltung keine bloße ästhetische Option, sondern für die Gattung konstitutiv, weil sie Kohärenz stiftet. Deshalb ist es kein Zufall, dass sich die Residuen des grammatischen Genus in den Analysekonventionen für lyrische Texte erhalten haben. Für die mediävistische Genreforschung, die angesichts der evident wichtigen Rollenlyrik (Frauenstrophen, Männerstrophen, Frauendienst) bisher intensiver als die neugermanistische Abteilung zu lyrischen Genres gearbeitet hat, stellt sich das *Gendering* der Figuren, auch des Sprechers, als Effekt der Textperformanz heraus, denn das Genre bestimmt das Geschlecht und seine kunstfertige Variation – und nicht umgekehrt (Gaunt 1995). Die Kategorie Gender bildet wie das Genre „keine feste Grenze, sondern eine offene Struktur, die Anschlußmöglichkeiten für Figurenentwürfe, Liebes- und Paarmodelle, Verhaltensmuster, Redeweisen und Emotionen eröffnet" (Helmkamp 2003, 62). Dass Lyrik als Gattung der Expressivität gilt, muss dem nicht entgegenstehen.

Wer spricht?

Gedichte sind Texte, die womöglich die vielfältigsten Interpretationsmöglichkeiten für die literaturwissenschaftlichen Gender Studies bereithalten. Dabei ist zunächst zu diskutieren, wer in lyrischen Texten eigentlich spricht. Wenn die aurale Dimension des Gedichts das Genre mitbestimmt, dann müsste sich theoretisch eine Verbindung zur Sprechinstanz des Textes herstellen lassen. Für Lyrik gilt wie für jede andere Gattung und jedes andere Genre auch, dass Autorschaft und textinterne Ich-Instanz zwei unterschiedliche Konzepte sind, die in der Analysearbeit voneinander zu trennen sind.

Stets geht es darum, biographistische Kurzschlüsse sorgsam zu vermeiden und keine Spekulationen auf den Text zu projizieren. Für das lyrische Ich – ein Konzept vom Beginn des 20. Jahrhunderts, das die Relation zwischen VerfasserIn und Text diskutiert – gibt es, grob zusammengefasst, zweierlei Verständnisformeln: Das auf Repräsentation basierende Verständnis geht von einem Aussagesubjekt aus, das sich mit dem Ich im Text identifizieren lässt oder nicht; das auf Performanz basierende Verständnis erkennt indessen in diesem Ich einen Platzhalter für jegliches tatsächlich sprechende Ich, das den Text ‚zur Sprache' bringt. Zu diesem Problem entstanden einige Überblicksartikel, die zum einen im Kontext der Autorschaftsdebatte und zum anderen in der Diskussion um die narrativen Qualitäten von Lyrik und einer möglichen Gattungshybridisierung anzusiedeln sind (u.a. Borkowski/Winko 2011; Martínez 2002; Sandra Schwarz 2007). Als übereinstimmendes Ergebnis dieser Theoriediskussion zeigt sich, dass Autorschaft und Sprechfunktion für ein Gedicht stets getrennt voneinander angesetzt werden. Die Sprechfunktion wird während der Rezeption und der jeweils spezifischen Kontextualisierung aktiv von Leserinnen und Lesern zugewiesen (Borkowski/Winko 2011). Der aus Sicht der Gender Studies evidente Aspekt, inwiefern ein Gedicht an die Geschlechtsidentität seines Autors oder seiner Autorin zurückgebunden werden kann und ob sich das Interpretationsergebnis je nach operativer Entscheidung ändert, wird derzeit nicht explizit behandelt. In der lyriktheoretischen Diskussion dominiert erneut das generische Maskulinum ‚der Autor'/‚der Sprecher', während die von Margarete Susman bereits 1910 vorgeschlagene Größe des lyrischen Ich gerade diesen grammatischen Konflikt vermeiden und eine größere Offenheit anbieten konnte. Es lässt sich festhalten, dass Gender neben vielen anderen Faktoren Einfluss auf das Interpretationsergebnis nimmt. Diese Berücksichtigung von Gender als Interpretament sollte nicht zur Folge haben, Geschlechtsidentität festschreiben und die Aussage des Gedichts zur Aussage seines Autors oder seiner Autorin machen zu wollen. Diese Problematik, die sich daraus ergeben kann, wird im Folgenden mit einem kanonischen Beispiel illustriert.

Beispiel: Der Topos des Identitätswechsels

In einem Brief Karoline von Günderodes an Gunda Brentano vom 28. August 1801 findet sich eine Passage, die vom Wunsch des Geschlechterwechsels bestimmt ist. Allein die Vorstellung, in den Krieg zu ziehen und dort zu sterben, wird als „unweiblich" bezeichnet. Männliches Begehren – ohne die entsprechende Kraft – trifft auf einen Mangel an weiblichen Eigenschaften, woraus eine unausgeglichene psychische Verfassung zu resultieren scheint:

> Schon oft hatte ich den unweiblichen Wunsch, mich in ein wildes Schlachtgetümmel zu werfen, zu sterben. Warum ward ich kein Mann! ich habe keinen Sinn für weibliche Tugenden, für Weiberglückseligkeit. Nur das Wilde, Große, Glänzende gefällt mir. Es ist ein unseliges aber unverbesserliches Mißverhältnis in meiner Seele; und es wird und muß so bleiben, denn ich bin ein Weib und habe Begierden wie ein Mann, ohne Männerkraft. Darum bin ich so wechselnd, und so uneins mit mir. (Günderrode 1992, 79)

Eine gelungene weibliche Geschlechtsidentität, so ließe sich im Umkehrschluss folgern, basiert auf stabiler Identifikation mit sich selbst und ist eben nicht „uneins". Das Un/eins-Sein verweist zurück auf Platons Mythos der Kugelmenschen, die nur dann vollständig waren, wenn ihre zwei verschiedenen Hälften zusammenkamen. Negation ist die dominante Figur: „unweiblich", „unselig", „unverbesserlich", „uneins"; „kein Mann", „keinen Sinn", keine Kraft. Als männlich assoziiert ist das „wilde"/„Wilde", „Große", „Glänzende". Phonetische Kohärenz wird über die Alliteration „Wunsch", „Warum", „Weib", „wild"/„Wilde" etc. hergestellt. Es entsteht eine buchstäbliche Kohärenz über die Dominanz des anlautenden „W", welches ein auf den Kopf gestelltes „M" wie *Mann* ist. Der einzelne Buchstabe schreibt an der Geschlechterdifferenz und ihrer Lesarten weiter (Strowick in Baisch/Kappert et al. 2002). Diese literalen Aspekte stecken das Feld der literarischen Selbstinszenierung ab, auf dem sich das schreibende Ich präsentiert. Weil es sich mit diesem Brief jedoch um ein nachweisliches Ego-Dokument handelt, würde man es nicht in herkömmlicher Weise – wie etwa ein Gedicht – detailliert auf phonetische, typographische und semantische Kohärenz untersuchen. Nimmt man noch die Information hinzu, dass sich Karoline von Günderode im Jahr 1806 das Leben genommen hat, wäre rasch eine biographische Interpretationsfolie aufgerollt, die das Scheitern dieser Autorin mit ihren Zweifeln an der eigenen Geschlechtsidentität verknüpft.

Beispiel: Annette von Droste-Hülshoffs *Am Thurme*

Der Topos des Identitätswechsels kann auf den ersten Blick auch in einem Gedicht Annette von Droste-Hülshoffs gelesen werden, das 1842 veröffentlicht wurde. Auch hier äußert sich eine Stimme mit dem Wunsch („möchte"), ein Mann zu sein: „Wär' ich ein Mann doch mindestens nur." Anders als in Günderodes zitiertem Brief fehlt in diesem Gedicht jedoch ein expliziter Satz wie „denn ich bin ein Weib". Auf den zweiten Blick offenbart die genaue Analyse etwas ‚anderes':

Am Thurme

Ich steh' auf hohem Balkone am Thurm,
Umstrichen vom schreienden Staare,
Und laß' gleich einer Mänade den Sturm
Mir wühlen im flatternden Haare;
O wilder Geselle, o toller Fant,
Ich möchte dich kräftig umschlingen,
Und, Sehne an Sehne, zwei Schritte vom Rand
Auf Tod und Leben dann ringen!

Und drunten seh' ich am Strand, so frisch
Wie spielende Doggen, die Wellen
Sich tummeln rings mit Geklaff und Gezisch,
Und glänzende Flocken schnellen.
O, springen möcht' ich hinein alsbald,
Recht in die tobende Meute,

Und jagen durch den korallenen Wald
Das Wallroß, die lustige Beute!

Und drüben seh' ich ein Wimpel wehn
So keck wie eine Standarte,
Seh auf und nieder den Kiel sich drehn
Von meiner luftigen Warte;
O, sitzen möcht' ich im kämpfenden Schiff,
Das Steuerruder ergreifen,
Und zischend über das brandende Riff
Wie eine Seemöve streifen.

Wär ich ein Jäger auf freier Flur,
Ein Stück nur von einem Soldaten,
Wär ich ein Mann doch mindestens nur,
So würde der Himmel mir rathen;
Nun muß ich sitzen so fein und klar,
Gleich einem artigen Kinde,
Und darf nur heimlich lösen mein Haar,
Und lassen es flattern im Winde!

(Droste-Hülshoff 1985, 78)

Ein Ich nennt sich als sprechendes Subjekt in jeder Halbstrophe genau einmal; nur die letzte Strophe – wenn der Konjunktiv mit dem Jäger und dem Mann ins Spiel kommt – macht die Ausnahme und bringt das Ich dreimal. Der erste Rezensent der Buchausgabe von 1844 will hierin bereits einen „tiefen Blick in die *innere* Werkstatt ihrer (= Droste-Hülshoffs) Gedanken" erkennen, der „Aufschluß gibt über ihre Persönlichkeit nach der Seite des Denkens, Handelns und Empfindens". Er liest die Halbstrophen jeweils als Widerstreit des weiblichen und männlichen Prinzips, der in der letzten Halbstrophe zugunsten „angeborener oder errungener weiblicher Milde" endet (zit. aus Droste-Hülshoff 1997, 867). Dieser Tradition folgend werden die vier Strophen gemeinhin als emanzipatorische Selbstinszenierung eines weiblichen lyrischen Ich interpretiert. Zahllos sind die Schulaufsätze, Klausuren, Referate mit der immer gleichen Zuschreibung, dass sich in diesem Gedicht einer Autorin eine Frauenfigur, ja die Droste selbst entgegen ihrer determinierten Frauenrolle in andere Identitäten hineinträume. Auch der kurze Wikipedia-Eintrag folgt diesem Klischee egalitätsfeministischer Ziele der 1970er Jahre. Ruth Klüger als eine der prominentesten Interpretinnen liest das Gedicht schlicht als Ego-Dokument der Droste-Hülshoff und kommt zu dem Schluss, dass „ihr so das erste und vielleicht das beste feministische Gedicht in deutscher Sprache gelungen sei" (Klüger 2007, 53). Voraussetzung für diese biographistische Operation ist die Substitution der im Gedicht genannten Haare: „Haare, Frauenhaare, rahmen in den ersten und letzten Versen ..." (ebd., 51) Von „Frauenhaaren" ist hingegen an keiner Stelle im Gedicht die Rede, sondern von Haaren der Mänaden und denen des Ich, das sich selbst mit „einem artigen Kinde" vergleicht. Nun ist es das eine, das Gedicht trotz der vermerkten Zweifel als naive Expression der 45-

jährigen Dichterin lesen zu wollen, die sich „als kleines Mädchen erniedrigt" sähe, während Männern die Mündigkeit vorbehalten war. Die errechnete Lebenserwartung von Frauen lag 1840 bei etwa 45 Jahren, so dass es sich bei Droste-Hülshoff bereits um eine ältere und zudem hochgebildete, lebenserfahrene Frau handelt. Mit dieser Art feministischer Interpretation wird die Autorin auf ihren „naiv-mimetischen" Ausdruck festgelegt (vgl. Kap. V.1). Darüber hinaus werden alle Aspekte dieses Gedichts, die ästhetisches Potential und metapoetische Reflexionen berühren, ignoriert. Nicht immer ist es nötig, sich zwischen einer Lektüre der Erlebnis- oder Kunstdichtung derart rigide zu entscheiden, aber in diesem Fall ist es zudem auch nicht möglich. Anstatt die Autorin als Lyrikerin zu würdigen, wird ihre Kunst erst gar nicht thematisiert bzw. als ego-dokumentarische Expression umgedeutet.

Metapoetische Genderdiskurse

Droste-Hülshoffs Gedicht ruft wie bereits Günderodes Brief das agonale Prinzip des Männlichen auf, das dem Unmännlichen verwehrt sei. Zudem bietet sich ein genauer Vergleich der phonetischen und graphemischen Struktur an, weil in beiden Texten die Letter W/M eine wichtige Rolle spielt. Der entscheidende Unterschied zwischen beiden Texten aber liegt im Genre und der damit verbundenen Sprechsituation. Günderodes Brief richtet sich an textexterne LeserInnen, zunächst an Gunda Brentano und später an ein jegliches den Brief lesendes Publikum. Droste-Hülshoffs Gedicht hingegen spielt deutlich mit den Möglichkeiten der Rollenlyrik und erfordert von seinen LeserInnen, textinterne und textexterne Sprechsituation auseinanderzuhalten. Textextern wird das Lesepublikum angesprochen; textintern wird zunächst der „Geselle"/„Fant", dann aber keine weitere Figur adressiert. Im Verlauf des Gedichts wird klar, dass auch der Fant eine Spiegelfigur sein muss. Das Ich spricht über sich und zugleich mit dem Selbst. Die Position des sprechenden Ich – das gibt zuallererst der Titel und dann noch einmal genauer der erste Vers zu verstehen – ist ein Ort, von dem aus andere Figuren schwer zu erreichen wären: „Am Thurme" ist vielmehr ein Ort, an dem es möglich ist, seine Umgebung zu überblicken und diese Situation zu reflektieren. Das „Seherische" könnte zudem sogar ein Hinweis auf eine mythische Seher-Figur, den blinden Teiresias sein, der sein Geschlecht zweimal gewechselt haben soll. Das Gedicht nutzt die Funktion jeglicher Literatur, seinem Lesepublikum die Möglichkeit der imaginativen Selbsterweiterung anzubieten (Fluck in Gymnich/Nünning 2005). Die Rede des Ich über mögliche Identitäten lässt die textexterne und textinterne Sprechsituation wiederum in eins fallen, so dass Ich und Publikum sich zeitgleich in imaginativen Selbsterweiterungen üben. Dabei ist besonders interessant, wie diese Selbsterweiterungen poetisch organisiert sind. Hierfür werden verschiedene Subjektpositionen und ihre Konsequenzen in einem experimentellen Performativ durchgespielt. Nur die letzte Strophe mit ihren Konjunktiven führt diese Methode auch modal aus: „Wär ich ein Jäger" / „Wär ich ein Mann".

Alle diese Beobachtungen legen nahe, dieses Gedicht als metapoetisches Gedicht zu lesen – als Dichtung über Dichtung. Die zitierte Mänade gehört immerhin zu denjenigen mythischen Frauengestalten, die Orpheus, die Allegorie des Dichters schlechthin, zerrissen haben. Ob er mit dem „Gesellen" und „Fant", einem unerfahrenen Angeber, gemeint ist? Für eine metapoetische Deutung spricht darüber hinaus die figurale Strukturierung: Jedes Ich in den Halbstrophen wird abwechselnd mit einem Vergleich und einer Metapher in den Bildbereich der imaginierten Identität befördert (Mänade, Fant, Dogge, Seemöve, Jäger, Soldat, Mann, Kind). Das heißt, das Gedicht diskutiert mit seinen eigenen Mitteln, *welche* Möglichkeiten für das Ich denkbar sind und zugleich *wie* diese imaginative Selbsterweiterung erfolgen kann. Dazu werden nicht nur die Identitätsentwürfe selbst, sondern auch die rhetorischen Mittel, die dazu benötigt werden, erprobt. Zu bezeichnen, was der Akt der Bezeichnung damit zugleich ausführt, ist ein performativer Sprechakt. Vergleiche sind/ziehen folgende Äußerungen: „gleich einer Mänade", „wie spielende Doggen", „wie eine Standarte", „wie eine Seemöve", „gleich einem artigen Kinde". Metaphern, die zu den Sprungtropen gehören, sind dagegen der Ringkampf, der Sprung „in die tobende Meute" und das Sitzen „im kämpfenden Schiff". Die performative Einheit von poetischer und metapoetischer Ebene wird sogar hervorgehoben: „springen möcht' ich alsbald hinein" – und zwar in die Meute und Metapher zugleich. Welches Verfahren ist also besser geeignet, um die LeserInnen in die imaginierte Selbsterweiterung einzubeziehen: die Metapher mit einem unmittelbaren Sprung in den anderen Bildbereich oder der Vergleich, der den Wechsel jeweils mit einem Partikel vorbereitet und die Bedeutungsübertragung gleichsam begleitet? Um nochmals auf die Haare zurückzukommen: Wie erwähnt, wird aus der Zeile des „heimlich gelösten" Haars üblicherweise abgeleitet, dass es sich um eine Frauenfigur handeln muss, obgleich irdische Weiblichkeit nicht markiert ist, wohl aber zahlreiche andere imaginierte Identitäten (mythische, kindliche, tierische, männliche Figuren). Immerhin waren auch das Abschneiden alter Zöpfe und die wilde romantische Haartracht zunächst Männersache. Schon deshalb könnte man das Gedicht auch im Kontext weiterer metapoetischer Lyrik unter Gender-Aspekten neu diskutieren: Schillers „Nänie", Hölderlins „Beruf des Dichters", Günderodes „Tendenz des Künstlers", Platens „Ode" u.v.a. Damit würde man auch dem feministischen Anliegen nachkommen, die Position der Lyrikerin literaturgeschichtlich näher zu bestimmen (Heydebrand in Heitmann/Nieberle et al. 2001; Liebrand 2008; Tebben 2011). Darüber hinaus ließen sich die biographischen Intertexte schreibender Paare auch unter poetologischen Gesichtspunkten genauer untersuchen (z.B. Günderode/Creuzer, Droste-Hülshoff/Schücking). Ein erster Ansatz liegt hierzu bereits vor, wobei wiederum dessen Ergebnis, dass Droste-Hülshoffs poetologische Dichtung von „geschlechtsspezifischen Ordnungsmustern unabhängig" sei (Pott 2004, 260), ausgerechnet an ihrem bekannten Gedicht *Am Thurme* nicht nachvollziehbar ist.

3. Erzählen

Narratologie und Gender Studies

Die Erzählforschung ist in den letzten Jahren für die Kultur- und Literaturwissenschaften zunehmend wichtiger geworden. Sie entwickelt sich zu einem der einflussreichsten und produktivsten Gebiete gegenwärtiger sprachorientierter Forschung und Lehre. Wie die Gender Studies können narratologische Ansätze nicht einer einzelnen Disziplin zugeordnet werden. Seit den 1970er Jahren haben sich Impulse aus den Geschichtswissenschaften, der Epistemologie, der Soziologie und nicht zuletzt der Literaturwissenschaften gegenseitig verstärkt, um diesen innovativen Forschungsbereich zu etablieren und auszubauen. Narratologische Forschung versteht sich als transdisziplinär, transgenerisch und transmedial. Kultur kann man als „als ein mehr oder weniger geordnetes, aber nicht zwangsläufig hierarchisches System von Erzählungen begreifen" (Müller-Funk 2002, 172).

Travelling Concepts

Mit der Narratologie hat sich eine interessante Interferenz zur Performanzforschung entwickelt, denn beide Konzepte gehen von einem sprachlichen Geschehen in zeitlicher Abfolge aus, das auf diese Weise Bedeutung generiert. Mit Mieke Bals Beschreibung von *Travelling concepts* (2002) – d.i. überschaubare Theorieansätze der Humanities, die durch die Disziplinen ‚reisen' – ist der Bogen von der Narratologie zu den Gender Studies geschlagen, denn auch sie werden mittlerweile dazugezählt (Berns 2009; Binder/Jähnert et al. 2011). Nun könnte man jegliche Untersuchung, die sich mit Gender-Aspekten in Prosatexten beschäftigt, der Erzählforschung zuschlagen. Aber nur dann, wenn das Erzählen selbst zum Gegenstand der Analyse erhoben und in die Interpretation einbezogen, also nicht einfach als inhärente Eigenschaft des Textes vorausgesetzt wird, lässt sich ein narratologisches Interesse erkennen. Deshalb gilt es in diesem Kapitel zu fragen, an welchen Punkten Gender- und Erzählforschung voneinander profitieren können, wo sie jeweils ansetzen und welche Beiträge diese Kooperation bisher hervorgebracht hat.

Narrative Subversion

Zunächst ist von einem beiden Erkenntnisinteressen gemeinsamen kritischen und dekonstruktiven Potential auszugehen. Wenn die großen Erzählungen der Moderne ihre Bedeutung verloren haben, wie es Jean-François Lyotard *in La condition postmoderne* (1979) darlegte, dann ist gegenüber Metanarrativen wie dem Feminismus und der aufklärerischen Emanzipation Skepsis angebracht. Die machtstabilisierende Rede vom naturgegebenen, gottgewollten oder wissenschaftlich bewiesenen Geschlechtsunterschied, sei sie auch egalitäts- oder differenzfeministisch an die Fortschrittserzählung von seiner Überwindung geknüpft, ist aufklärerischen und idealistischen Metanarrativen zuzuschlagen. Das schließt auch wissenschaftliche Erzählungen von unvermeidlicher Dialektik und hermeneutischer Sinnzuschreibung ein (Nieberle/Strowick 2006, Einleitung). Literarische Texte bieten dem gegenüber seit jeher interessante Möglichkeiten, die Binarismen der Geschlechterordnung imaginativ zu vervielfältigen und auf diese Weise zu entkräften. Erzählen ist eine Kulturtechnik, die zwar den mächtigen, Welt erklärenden Metanarrativen zuarbeitet, sie aber genauso wirksam unterlaufen und ‚aushebeln' kann. An diesem Punkt setzt eine genderorientierte Erzähltheorie ein, die sich von einer feministischen Narratologie abzugrenzen versucht. Im Zuge dessen wurde die unreflektierte Verkopplung nahezu jeglicher Erzählstimme mit einer männlichen Erzählinstanz als eine kulturell etablierte Rezeptionspraxis entlarvt, zu der es interessante Alternativen gibt

(Autor/Erzähler, Autor/Erzählerin, Autorin/Erzähler, Autorin/Erzählerin). Außerdem wurden Zusammenhänge zwischen Genre, Autorschaft und Erzählung aufgedeckt, die alle drei Kategorien als interdependent charakterisieren (Lanser 1992; 1999). Tendenziell wurden damit binäre Ordnungsmuster bekräftigt. Der Ansatz der narrativen Performativität geht hingegen davon aus, dass Gender und Genre im Erzählen sowohl thematisiert als auch inszeniert werden (Stritzke 2011). Mit dem Ausstellen des eigenen Erzählens kommt in Texten eine metanarrative Qualität zum Tragen, die Gender und Identität immer wieder aufs Neue zur Diskussion stellt.

Narrative

Als Narrative werden in der Narratologie wiederkehrende, untereinander vernetzte Erzählmuster bezeichnet, die gemeinsame plot-Elemente, rhetorische Topoi und lineare Anordnungen aufweisen. Beispiele hierfür sind etwa die Narrative der Freiheit, Erlösung oder Apokalypse. Ein indefinites Ende wird mit spezifischen Zuschreibungen, um nicht zu sagen Versprechungen verknüpft, die Gewalt- und Opferbereitschaft als Voraussetzung für Herrschaft einfordern. Eine Figur wie der Erlöser steht für die kulturelle Intelligibilität dieser Erzählungen ein, so dass sich „über Erlöserfiguren hegemoniale männliche Identität diskursiv herstellt und als utopisches Zeichen in die symbolische Ordnung einschreibt" (Glawion/Yekani et al. 2007, 14). Sehr viel breiter wurde moderne Männlichkeit bereits als eine narrativen Strukturen unterliegende soziale und symbolische Größe beschrieben (Erhart 2006), die vor allem im 19. Jahrhundert nicht von der ebenfalls dynamisch zu verstehenden Konzeption von Familie zu trennen ist (Erhart 2001). Das Genre des Familienromans mit Texten u.a. von Theodor Fontane, Gustav Freytag, Wilhelm Raabe, Ricarda Huch und Thomas Mann, das hierfür genauer untersucht wurde, ist ohne die Berücksichtigung der Genderaspekte weder literaturwissenschaftlich angemessen zu interpretieren noch in seiner Bedeutung für die wissenschaftlichen und journalistischen Kontexte adäquat zu erfassen. Gleiches gilt auch für den Bildungsroman, der zwar als ‚männliches Genre' gilt, dabei aber von Autorinnen wie Friederike Helene Unger (*Julchen Grünthal,* 1784) bis Judith Schalansky (*Der Hals der Giraffe,* 2011) zu unterschiedlichen Zeiten mit eigenen Entwürfen konterkariert wurde (May 2006). Stets lässt sich das Genre mit spezifischen Gender-Konstellationen verbinden (vg. Kap. V.1) und zugleich mit ‚Gegenentwürfen' näher charakterisieren. Nicht zu unterschätzen ist der Zusammenhang von Gender, Genre und kulturellem Gedächtnis, denn jedes Erzählen kann als Verfahren tradierenden Erinnerns gewertet werden (Erll/Seibel in Nünning/Nünning 2004).

gender bending

Kaum überraschend ist, dass sich für eine genderorientierte Narratologie besonders solche Texte als interessant herausgestellt haben, die vom Wechsel der Geschlechtsidentität oder von unbestimmter Geschlechtsidentität erzählen und LiteratInnen und LeserInnen von jeher faszinierten (vgl. auch Kap. V.2). Die Erzählungen von dritten und mehr Geschlechtern in ‚anderen' Kulturen sowie an den ‚Rändern' der Gesellschaften, des Weiteren die Praxis des *Drag* und schließlich die medizinisch-ethischen Herausforderungen, die mit Intersexualität verbunden sind, werden in journalistischen und wissenschaftlichen Genres, in literarischen und audiovisuellen Medien narrativiert (Shaw/Ardener 2005). Am Erzähler in Virginia Woolfs kanonischem Roman *Orlando*, der für seine Titelfigur nur den „change of sex" behaupten will, ohne dass sich sonst etwas verändert habe, wird umgehend die epistemisch etablierte Abhängigkeit des soziokulturellen vom biologischen Geschlecht deutlich (Stritzke in Nieberle/Strowick 2006). In der Gegenwartsliteratur hat sich eine metanarrative Sensibilität für den Zusammenhang entwickelt, der mit liminalen und/oder indefiniten Geschlechtsidentitäten gegeben ist (Kilian 2004). Romane wie Ulrike Draesners *Mitgift* (2002), Jeffrey Eugenides' *Middlesex* (2002), Thomas Meineckes *Tomboy* (1998) oder Filme wie *Boys don't cry* (1999), *Tintenfischalarm* (2006), *XXY* (2007) sind dafür nur einige wenige Beispiele: „Geschlecht ist ein perforativer Akt, so vor 20 Jahren, jetzt tobe man und sage: performativ." (Draesner 2002, 35) Solche theoriebewussten Einwürfe stellen das binäre Geschlechtermodell in Frage und problematisieren zugleich, wie darüber gesprochen wird und was darüber erzählt werden kann. Stellt sich eine Figur ohne eindeutiges Geschlecht dar, sind die LeserInnen versucht zu klären, ob die Erzählinstanz unzuverlässig erzählt oder ob sie etwas verschweigt. Mit dem Einsatz der performativen Möglichkeiten sind spezifische Motivationen der Erzählfiguren zu vermuten, die wiederum auf die Regulierung des Diskurses schließen lassen.

Beispiel: Narration im/in *Selbstversuch*

An der Erzählung *Selbstversuch. Traktat zu einem Protokoll* von Christa Wolf (1980) werden neben den psychologischen Aspekten auch ethische Probleme offenbar. Die Ich-Erzählinstanz äußert sich zu den Veränderungen ihrer, später dann seiner Geschlechtsidentität und zugleich zu den Bedingungen, wie sie/er davon erzählen kann. Bereits der Untertitel der Anthologie, „Drei Geschichten über die Umwandlung der Verhältnisse", streicht heraus, dass Geschlecht von persönlichen, sozialen und politischen Verhältnissen nicht zu trennen ist. Im Vergleich mit den in derselben Anthologie *Geschlechtertausch* erschienenen Texten von Sarah Kirsch und Irmtraud Morgner sowie zu den Beiträgen in der früheren Anthologie *Blitz aus heiterem Himmel* (1975) erscheint Wolfs Versuch sehr pessimistisch. Das betrifft sowohl die Offenheit und Flexibilität der Geschlechterrollen in der DDR als auch den aggressiven männlichen Überlegenheitsanspruch, der sich zunehmend in der Erzählstimme bemerkbar macht:

> Ausfüllen einer Berichtslücke durch Beschreibung ihres Entstehens. Glänzender könnte kein Vorwand sein, Ihnen diese Mitteilung zu unterbreiten. Der Vor-Wände und Rück-Halte müde, bediene ich mich lieber der unverblümten Rede, die ein zu wenig genutztes Vorrecht der Frauen ist – eine Erkenntnis am Rande aus der Zeit, da ich ein Mann war; richtiger: Mann zu werden drohte. (Wolf in Kirsch/Morgner et al. 1980, 67)

Erste Interpretationen zählen die Anthologie zur Frauenliteratur (Hurrelmann 1987), obwohl gerade diese Kategorie dem Narrativ des *gender bending* nicht zur Verfügung steht. Die Verfilmung der Erzählung (DEFA 1989) fordert eine neue, transmedial angelegte Analyse ein. Die Kamera übernimmt nicht die autodiegetische Erzählperspektive, die das Ich einhält, sondern gibt auch den Blick auf die Erzählfigur frei. Damit werden Normen von außen reflektiert, aber auch über die extradiegetische Auktorialität bestätigt. Wenn Butler in ihrer *Kritik der ethischen Gewalt/Giving an Account of Oneself* (2003/05) das Ich in den Mittelpunkt stellt und die Frage nach der Verantwortung mit dem Sagbaren verbindet, kann dann nicht jede Erzählung unter diesen ethischen Gesichtspunkten gelesen werden? Wäre Geschlechtertausch dann nicht auch eine Form der Gewalt gegen sich selbst? Und wie kann man von einem einzigen, verlässlichen One-self ausgehen, das die Erzählung zentriert?

Narration

Unter Narration versteht man den Vorgang des Erzählens, der in Zeit und Raum organisiert ist. Der unzuverlässige Erzähler ist zu einer gut untersuchten Standardfigur in der Erzähltextanalyse geworden. Die Frage, ob wir einen anderen Adrian Leverkühn kennenlernten, wenn nicht Dr. Serenus Zeitblom die Geschichte des *Doktor Faustus* von Thomas Mann (1947) erzählen würde, sondern vielleicht seine Frau oder sein dem Faschismus zugeneigter Sohn, ist uneingeschränkt zu bejahen. Allerdings bringt der Erzähler dieses Gedankenspiel selbst auf, indem er sich als Subjekt von seiner Umgebung abgrenzt und über seine Familie äußert. Widersprüche, in die sich Erzählfiguren verwickeln, Zeitsprünge, Aussetzer, Leerstellen, Durchbrechen der Diegese in der metaleptischen Digression: All dies sind narrative Strategien, die die Anordnung der Erzählung in Zeit und Raum situieren helfen. Umgekehrt entsteht erst dort eine erzählte Zeit und ein diegetischer Raum, wo Figuren mit ihrem sprachlichen Handeln deren Ränder markieren (Nieberle in Nieberle/Strowick 2006). Auch Geschlechtsidentitäten von erzählten und erzählenden Figuren in einem Text sind deshalb als zeit-räumliche Performanz zu begreifen. Erst im Erzählen – ob mit äußerer oder innerer Stimme – formiert sich ein Set von Signifikanten, das eine erzählte Welt, die Diegesis, entstehen lässt. Gender ist ein Effekt dieser narrativen, performativen Verfahren. Es ist keine Eigenschaft von Figuren, die man sich als Charaktere vorzustellen habe und die es bereits vor der Erzählung ‚gegeben' habe. Einen alternativen Zugang erhält, wer die Elemente der Narration (Raum, Zeit, Stimme, Figur, Erzählstrategie) sorgfältig getrennt analysiert und ihre wechselseitigen Referenzfunktionen herausarbeitet (Nünning/Nünning 2004).

Beispiel: Gustl und Else

Am Beispiel der beiden Monologerzählungen, genauer anhand der Anfänge von Arthur Schnitzlers *Lieutenant Gustl* (1900) und *Fräulein Else* (1924), werden diese Aspekte der Narration im Vergleich deutlich. Für den inneren Monolog übernahm Schnitzler Verfahren aus lyrischen und dramatischen Sprechsituationen, um sie für eine neue Ausdrucksform der Prosa zu nutzen. Das Genre der Erzählung wird mit der Performanz anderer Gattungen vermischt. Beide Texte kreisen um den Tod als das Ende jeglichen Erzählens (welches Leben bedeutet), auch wenn Gustl sich letztlich nicht suizidiert und wir von Elses Medikamentenmissbrauch nichts Definitives erfahren. Als ebenso durchlässig und indefinit stellt sich anfangs die Geschlechtsidentität des Ich-Erzählers dar:

> Wie lang wird denn das noch dauern? Ich muß auf die Uhr schauen … schickt sich wahrscheinlich nicht in einem so ernsten Concert; aber wer sieht's denn? Wenn's Einer sieht, so paßt er gerade so wenig auf wie ich

> und vor dem brauch' ich mich nicht zu genieren. ... Erst Viertel auf Zehn ist's. ... Mir kommt vor, ich sitz' schon drei Stunden in dem Concert. Ich bin's halt nicht gewohnt. ... Was ist es denn eigentlich? Ich muß das Programm anschau'n. ... Ja richtig: Oratorium! Ich hab' gemeint: Messe. Solche Sachen gehören doch nur in die Kirche! Die Kirche hat auch das Gute, daß man jeden Augenblick fortgehen kann. Wenn ich wenigstens einen Ecksitz hätt'! Also Geduld, Geduld! Auch Oratorien nehmen ein End'. Vielleicht ist es sehr schön und ich bin nur nicht in der Laune. Woher sollt' mir auch die Laune kommen? Wenn ich denke, daß ich hergekommen bin, um mich zu zerstreuen. ... Hätt' ich die Karte lieber dem Benedek geschenkt, dem machen solche Sachen Spaß; er spielt ja selber Violine. Aber da wär' der Kopetzky beleidigt gewesen. Es war ja sehr lieb von ihm, wenigstens gut gemeint. Ein braver Kerl, der Kopetzky! Der Einzige, auf den man sich verlassen kann. ... Seine Schwester singt ja mit unter denen da oben. Mindestens hundert Jungfrauen, alle schwarz gekleidet; wie soll ich sie da herausfinden? Weil sie mitsingt, hat er auch das Billet gehabt, der Kopetzky. ... Warum ist er denn nicht selber gegangen? – Sie singen übrigens sehr schön. Es ist sehr erhebend – sicher! Bravo! Bravo! ... Ja, applaudieren wir mit. Der neben mir klatscht wie verrückt. Ob's ihm wirklich so gut gefällt? – Das Mäd'l drüben in der Loge ist hübsch. Sieht sie mich an oder den Herrn dort mit dem blonden Vollbart? ... Ah, ein Solo! Wer ist das? Alt: Fräulein Walker; Sopran: Fräulein Michalek ... Das ist wahrscheinlich Sopran ... Lang' war ich schon nicht in der Oper. In der Oper unterhalt' ich mich immer, auch wenn's langweilig ist. Uebermorgen könnt' ich eigentlich wieder hineingeh'n, zur „Traviata". Ja, übermorgen bin ich vielleicht schon eine todte Leiche! Ah, Unsinn, das glaub' ich ja selber nicht! (Schnitzler 2007, 9f.)

Erst nach und nach gibt der innere Monolog preis, dass wir es mit einem männlichen Erzähler zu tun haben müssen. Gleich zu Beginn werden abstrakte und konkrete Zeit, Ewigkeit und Endlichkeit, als dominante Aspekte dieser Erzählung exponiert. Der Protagonist schildert seine soziale und psychische Situation während einer einzigen Nacht im Wien der vorletzten Jahrhundertwende: „Wie lang wird denn das noch dauern? Ich muß auf die Uhr schauen ..." Die nächsten beiden Sätze etablieren den Raum und die Leser als Reflektorfiguren: „... schickt sich wahrscheinlich nicht in einem so ernsten Concert; aber wer sieht's denn?" Die Figur fügt sich nicht in ihre Umwelt, fragt erneut nach der Uhrzeit, zeigt sich ungeduldig und denkt über gefühlte und objektive Zeit nach. Zeit und Geduld sind auch das, was Leser und Leserin am Beginn der Lektüre benötigen, wenn sie sich auf diesen – aus Lyrik und Drama bekannten – Sprechakt eines selbstreflexiven Ich einlassen. Anders als in Gedichten ist für diese Erzählung eine nähere Festlegung des Ich auf eine erkennbare Identität nötig, um *plot* und *story* zu plausibilisieren. Die Geschichte des an seiner Ehre verletzten Jünglings aus dem habsburgischen Offizierskorps ist eine Erzählung über die Codierung von Männlichkeit in einer spezifischen Sozialität. Militärische Männlichkeit bedeutete, sein Leben wegen einer Beleidigung im Duell riskieren zu müssen. Seit der Zeit um 1800 begründeten Verbot und Gebot für satisfaktionsfähige Männer einen Konflikt zwischen legalem und moralischem Handeln (Ott 2001). Im Grunde kreisen Gustls Gedanken um die Macht der Hassrede, wenn nämlich ein beleidigender Sprechakt den Betroffenen verletzt, ihn sogar das Leben kosten kann, jedoch die Identität des Betroffenen in der Anrufung aber auch allererst konstituiert wird (Butler 1998, 41). Die männliche Identifikation erfolgt über die Abgrenzung vom ‚Anderen': Wenn andere Figuren wie „der Benedek" und „der Kopetzky" auftreten, wird über die Nennung der Nachnamen die homosoziale Einbindung des Ich beschrieben. Davon setzt sich die namenlose Erwähnung von Kopetzkys „Schwester" und den „hundert Jungfrauen" ab. Das Verfahren, Männlichkeit zu individualisieren, Weiblichkeit hingegen zu entindividualisieren, ist eine Geschlechterrhetorik, die seit den Gründungsmythen der Welt und der Dichtung etabliert ist: Herodots Alter ego erhält den Musenkuss gleich von welcher der Musen oder von allen zugleich (Nieberle in Kogler/Knaus 2013). Der rhetorische „Ausweiszwang" des Geschlechts (Günthner in Bischoff/Wagner-Egelhaaf 2006) führt in die gewohnten Versuche der Vereindeutigung: Erst wenn die Geliebte des Erzählers genannt wird, Steffi, „dieses Mensch", dann erfahren die Leser auch davon, dass der Name im Titel und das monologische Ich mit Rang und Namen des Lieutenant Gustl belegt sind. Der Rang Lieutenant sorgt für die Pointe, dass es sich um eine allegorische Figur handelt, denn der *lieu-tenant (frz.) ist einer, der Stellung hält, ein ‚Statthalter', der nur darauf wartet, substituiert zu werden.*

In der Erzählung *Fräulein Else*, die nach dem Ende der Habsburger Monarchie und fast ein Vierteljahrhundert nach Schnitzlers erster Mononovelle erschienen ist, kann dieses Prinzip des Aufschubs nicht mehr beobachtet werden. Vom ersten Satz der Erzählung an ist die Titelfigur mit einer Frage nach dem „weiterspielen" direkt angesprochen:

> *„Du willst wirklich nicht mehr weiterspielen, Else?"* – „Nein, Paul, ich kann nicht mehr. Adieu. – Auf Wiedersehen, gnädige Frau." – *„Aber, Else, sagen Sie mir doch: Frau Cissy. – Oder lieber noch: Cissy, ganz einfach."* – „Auf Wiedersehen, Frau Cissy." – *„Aber warum gehen Sie denn schon, Else? Es sind noch volle zwei Stunden bis zum Dinner."* – „Spielen Sie nur Ihr Single mit Paul, Frau Cissy, mit mir ist's doch heut' wahrhaftig kein Vergnügen." – *„Lassen Sie sie, gnädige Frau, sie hat heut' ihren ungnädigen Tag. – Steht dir übrigens ausgezeichnet zu Gesicht, das Ungnädigsein, Else. – Und der rote Sweater noch besser."* – „Bei Blau wirst du hoffentlich mehr Gnade finden, Paul. Adieu."
> Das war ein ganz guter Abgang. Hoffentlich glauben die Zwei nicht, daß ich eifersüchtig bin. – Daß sie was miteinander haben, Cousin Paul und Cissy Mohr, darauf schwör' ich. Nichts auf der Welt ist mir gleichgültiger. – Nun wende ich mich noch einmal um und winke ihnen zu. Winke und lächle. Sehe ich nun gnädig aus? – Ach Gott, sie spielen schon wieder. Eigentlich spiele ich besser als Cissy Mohr; und Paul ist auch nicht gerade ein Matador. Aber gut sieht er aus – mit dem offenen Kragen und dem Bösen-Jungen-Gesicht. Wenn er nur weniger affektiert wäre. Brauchst keine Angst zu haben, Tante Emma ...
> (Schnitzler 1981, 324)

Wie in der früheren Monolognovelle wird auch hier anfangs die Zeit als strukturierendes Moment mit einer Frage etabliert, die die nötige Geduld und Ausdauer, um „weiterzuspielen", zur Sprache bringt. Das Spiel als performatives Handeln ist in dieser Erzählung ein semantischer Komplex, der auf die theatrale Dimension der Narration verweist und deren Semantik dominiert: vom Tennisspiel im Grand Hotel über die fatalen Finanzspiele ihres Vaters, die Else Ehre und soziale Anerkennung kosten werden, bis zum Klavierspiel, das ertönt, als sich Else wegen ihrer familiären Verstrickung in jeglichem Sinn nackt vor der Gesellschaft zeigt. Wie schon in *Lieutenant Gustl* tragen auch die Interpunktion und Typographie zur Narration bei, denn die jeweilige Länge der vielen Auslassungspunkte im Text zu bestimmen, liegt im Ermessen der Leser. Das vollkommen vage Verhältnis von erzählter Zeit und Erzählzeit, dessen semantische und performative Realisierung allein auf Rezipientenseite möglich ist, trägt erheblich zur Hybridisierung des Genres bei. Ein weiterer Unterschied liegt in der Verwendung des Kursivdrucks, der in *Fräulein Else* die Rede der ‚Anderen' repräsentiert. Die Frauenfigur erscheint von Anfang an in die direkte Rede ihrer Mitmenschen eingebunden, ja tritt mit ihrem eigenen *stream of consciousness* erst daraus hervor. Ihr innerer Monolog ist deshalb nicht autonom und mit indirekter Rede gestaltet; genauso scheint ihre ganze Existenz von den durchaus wörtlich zu verstehenden ‚Ansprüchen' ihrer Familie und Umwelt abhängig zu sein. Diese vor allem psychoanalytisch motivierte Subordination der Schnitzlerschen Else lässt sich in ästhetische und historische Kontexte einbetten (Saletta 2006).

Narratives Dispositiv

Die dialogischen Passagen, die in beiden Erzählungen unterschiedlich gestaltet sind, werfen die Frage nach dem literarischen Dispositiv auf: Der Unterschied zwischen der Narration in der Erzählung und einer Inszenierung auf der Bühne liegt vor allem in der Situation der Rezipienten. Dass *Fräulein Else* bald nach Erscheinen als Stummfilm verfilmt wurde (Paul Czinner, D 1928), mag für eine Monolognovelle nahezu unmöglich erscheinen. Der Umstand gibt jedoch einen wertvollen Hinweis darauf, dass Genderkonstruktionen in Narrativen transmedial organisiert sind. Dass mit dem Film eine vollkommen neue Narration entstand, die mit der Novelle lediglich basale Narrateme teilt, muss nicht eigens betont werden. Die performativen Potentiale werden von Typographie und Erzählstimme der gedruckten Novelle auf die kinematographische Körperinszenierung sowie Elemente wie Zwischentitel und Begleitmusik übertragen. Damit ist die kaum zu überschätzende Funktion von Medium und Dispositiv für die Narratologie zumindest kurz angerissen.

4. Aufführen

Gattung ohne Geschlecht?

Auf einem Kontinuum der Gattungen und Genres, das Erlebnis- und Kunstdichtung an jeweils entgegengesetzten Enden anordnet, wäre das Drama am äußeren Ende der Kunstdichtung einzuordnen. Ein Schauspiel wird kaum einmal als Erlebnisdichtung eines Autors oder einer Autorin interpretiert. Es ist nicht die Gattung der Expression, und es gibt nicht wie in der Lyrik oder in Ego-Dokumenten die *eine* Stimme, die an die Vorstellung eines einzelnen sprechenden Körpers zurückgebunden wird. Ein Drama entfernt sich nach seiner Verfertigung von seinem/r SchreiberIn mittels der Vielstimmigkeit, des plurimedialen Codes und der kollektiven Autorschaft des Theaters. Auch die zahlreichen Lesedramen, die um 1800 nicht für die Inszenierung auf der Bühne, sondern für die häusliche kontemplative Lektüre verfasst wurden, arbeiten mit der Codierung einer möglichen oder eben unmöglichen Aufführung. Mit den Schwierigkeiten, das Drama als naiv-mimetischen Ausdruck seiner Urheber zu lesen, ist eine literaturgeschichtliche Sonderstellung der Gattung verbunden. Anders als Brief, Briefroman und Roman wird das Drama nicht von jener poetologischen Diskussion der Aufklärung erfasst, die Gattung mit weiblichem Geschlecht verknüpft (Fleig/Meise 2005). Man könnte dies auch anders verstehen und feststellen, dass schreibende Frauen aus Sicht gelehrter Männer wie Gottsched, Gellert, Lessing oder Wieland für ihre Poetik des Dramas nicht relevant waren. Daraus resultierte ein bis in das 20. Jahrhundert wirksamer Ausschluss von Frauen aus der Dramengeschichtsschreibung. Faktisch hingegen gab es zahlreiche Theaterautorinnen, allen voran Schauspielerinnen, die seit der Mitte des 18. Jahrhunderts Stücke schrieben (Cocalis/Rose et al. 1996; Kord 1992). Autorschaft für das Theater wird – anders als noch in der Frühphase der Gender Studies – neu bewertet: Die Theater waren nicht der unerreichbare Ort für Frauen, die am Literaturmarkt partizipieren wollten. Die diffuse Genre-Situation und die wachsende Popularität der innovativen Institution Theater eröffneten Autorinnen die Möglichkeit, zu schreiben und ihre Stücke auch auf die Bühne zu bringen. Gegen Ende des 18. Jahrhunderts nimmt diese Tendenz merklich ab, und die Zahl von Autorinnen im Theaterbetrieb ging zurück (Fleig/Meise 2005, 172 ff.).

Gender und Genre in der Dramengeschichte

Am Repertoire von Autorinnen und Autoren der zweiten Hälfte des 18. Jahrhunderts ist weiterhin zu beobachten, dass generell Familien- und Rührstücke beliebt waren, was nicht zuletzt dem intertextuellen Austausch mit der europäischen Theaterlandschaft, insbesondere mit der englischen *domestic tragedy*, zu verdanken war. Allerdings zielt das bürgerliche Trauerspiel darauf ab, den an Weiblichkeit gebundenen Tugenddiskurs für das Projekt der Feudalkritik zu instrumentalisieren, während Autorinnen auf diese Verknüpfung verzichteten. Zu erinnern ist an dieser Stelle an die prominenten Vater-Tochter-Konstellationen im bürgerlichen Trauerspiel, in denen sich das possessive Begehren der Väter in den meist mutterlosen Familien auf die tugendhaften Töchter richtet, z.B. mit Odoardo, der seine Tochter in Lessings *Emilia Galotti* (1772) auf ihren Wunsch hin ersticht, bevor sie ihre Tugend verliert: „Eine Rose gebrochen, ehe der Sturm sie entblättert" (Lessing 1996, 203). Oder es soll die sterbende Tochter im gleichnamigen Trauerspiel *Miss Sara Sampson* (1755) durch den sich später suizidierenden angenommenen Sohn ersetzt werden: „Ich bin Vater, Mellefont", sagt Sir William, „und bin es zu sehr, als daß ich den letzten Willen meiner Tochter nicht verehren sollte. – Laß dich umarmen, mein Sohn, den ich teurer nicht erkaufen konnte!" (Lessing 1996, 99) Aufklärerische Autorinnen stellten hingegen häufiger strukturelle und personale Gewalt an Frauen in Familienkontexten in den Mittelpunkt der Handlung und diskutierten „gewisse Dinge", nämlich Verführung und Gewalt an Frauen in überraschend expliziter Form (Fleig 1999, 22ff.). Hingegen wurde Vergewaltigung nur in seltenen Fällen von Autorinnen anderer Gattungen behandelt (Dane 2005). Dazu passt, dass sich im Theater der Zeit ein hegemonialer Diskurs über Kraft, Gewalt und Selbstbehauptung formiert: In Lessings *Minna von Barnhelm*, Goethes *Götz von Berlichingen*, Schillers *Die Räuber* und Mozarts Opern scheint es das gemeinsame Anliegen zu geben, Männlichkeiten zu legitimieren und zu stabilisieren (Blawid 2011). Für das etwas spätere kanonisierte Drama um 1800 kann man hingegen beobachten, dass Frauenfiguren darin häufig zur Personifikation ethischer und philosophischer Widersprüche stilisiert werden und gleichsam als Allegorien der aufklärerischen Dialektik fungieren (Pfitzinger 2011). Für die gendersensible Dramenanalyse ist es deshalb wichtig, im Drama der Neuzeit vor allem Figurenkonstellationen zu berücksichtigen, so dass das Verhältnis von Figur/Figuration, Rolleninterpretation, Inszenierung und Metaphorisierung nicht aus dem Blick geraten (Schößler 2012, 100ff.). Wie die wenige Forschung bisher herausstrich, steht die Konzeption der Geschlechterverhältnisse in Wechselwirkung mit dem Genre. Figurenkonstellation, Raum- und Zeitgestaltung, Themen- und Wertekanon nehmen sich in klassischen Versdramen, deutschen Lust- und Singspielen oder Dramen nach europäischem Zuschnitt sehr unterschiedlich aus. Im Hinblick auf das mediale Dispositiv und die wichtigen Aspekte der Intermedialität ist zum Beispiel das Libretto nicht nur für das 17. und 18. Jahrhundert unter Genderaspekten noch kaum erforscht. Für die Jahrhundertwende um 1900 findet sich nicht mehr der Tugend- und Familiendiskurs mit Werken von Dramatikern und Dramatikerinnen verknüpft, sondern es ist der pathologisierende Hysteriediskurs, der Weiblichkeit und Schauspiel zu naturalisieren versucht (Schmid 2000, 67ff.). Bevor der Nationalsozialismus auch die Theatersituation zerrüttete, reüssierten in der Weimarer Republik zahlreiche Autorinnen, die sich dem Zeitstück widmeten und damit explizite Gesellschaftskritik übten (Stürzer 1993).

Theatralität, Performanz, Performativität

Aus theoretischer Perspektive ist für die Genderforschung vor allem der interferente Zusammenhang zwischen Aufführung und Ausführung der dramatischen Sprache relevant. Dazu kommt der Körper ins Spiel, der als realer Körper agiert und zugleich symbolisch stets etwas ‚Anderes' repräsentiert. Das komplexe Verhältnis zwischen Drama und Theater, zwischen Text und (möglicher) Inszenierung, das aus literaturwissenschaftlicher Sicht häufig ignoriert und von der Theaterwissenschaft immer wieder zu Recht als wichtiges Forschungsproblem angemahnt wird, muss darüber hinaus historisiert werden. Die ‚natürliche Gestalt' auf der Theaterbühne wurde in der Goethezeit entwickelt (Röttger in Bußmann/Hof 2005, 534ff.). Im Zuge dessen wurde zugleich die ‚Natürlichkeit' der Geschlechter postuliert und mit dem Publikum kommuniziert. Obwohl es wichtig ist, die Performativität der Geschlechtsidentitäten epistemisch von der theatralen Performanz zu trennen, ist doch ein schauspielender Körper nicht ‚natürlicher' oder ‚authentischer' zu denken als ein filmisch oder fotografisch inszenierter Körper.

Cross-staging als Inszenierungstradition der ‚unnatürlichen' Gestalt ist ein gut untersuchtes Phänomen, das für die Dramen Shakespeares und das englische Renaissancetheater im Verbot von Frauen auf der Theaterbühne begründet lag (Jankowski 2000; Orgel 1996; Traub 1992). Hosenrollen stellen den umgekehrten Fall dar – wenn Frauen in Knaben-, Pagen-, Männerrollen auftreten – und fungieren sowohl im Sprechtheater als auch in Oper und Operette als „reizvolle" Irritation der ‚natürlichen Gestalt', die z. B. bereits in Beaumarchais' *La folle journée ou Le mariage de Figaro* (1784) für das Sprechtheater vorgesehen war und in Mozarts Oper übernommen wurde. Im Lauf des 19. Jahrhunderts etablierte sich die Hosenrolle und traf erst in den 1920er Jahren auf die ‚reale' Einführung der Hose in der Damenmode. Für die Dominanz der Hosenrolle gegenüber den Frauendarstellern wurde zu dieser Zeit ein überaus fragwürdiges, psychologisierendes, sogar feministisch anmutendes Argument angeführt, dass nämlich „in der Nachahmung des Mannes die Frau vielleicht das Höchstmaß schauspielerischer Intelligenz entfaltet und viel tiefer in die Psyche des Rivalen eindringt, als dies umgekehrt Damenimitatoren und Frauenspieler gegenüber der Frau vermögen" (Holtmont 1925, 8).

Sprache und Geschlecht im postmodernen Theater

Das postmoderne, auch postdramatische Theater, das sich von den traditionellen Gattungen Tragödie und Komödie wegentwickelt und der Performancekunst angenähert hat, betreibt den kritischen Einsatz von Sprache, die nicht mehr mimetisch funktioniert. Das hierfür viel zitierte, aber auch beste Beispiel ist das Œuvre der Nobelpreisträgerin Elfriede Jelinek (Janke 2013). Sie hat mit ihren Theaterstücken seit den 1980er Jahren nicht aufgehört, die dramatische Rede als politisches Mittel auszustellen. Im Vergleich zu Heiner Müller und Thomas Bernhard als zwei weiteren wichtigen postdramatischen Autoren steht Jelinek für die kompromisslose feministische Arbeit an Sprache und Repräsentation. Ihre De- und Re-Montagen von im Alltag oder in der Geschichtsschreibung verwendeter Geschlechterrhetorik erhebt den Sprechakt zur theatralen Handlung. Wiederholungen, Selbst- und Fremdzitate, assoziative Verknüpfungen, semantische Verschiebungen und Ambiguität sind die Mittel ihrer Wahl. In Jelineks Stücken geht es nicht um Handlung auf der Basis eines mimetischen Realismus, der theaterexterne Welt ‚darstellt'. Es geht der Autorin provozierend unkonkret um ein „anderes Theater", das sich der Psychologisierung konsequent verweigert (Jelinek in Roeder 1989, 141ff.). Die Figuren handeln mit Sprache, indem sie sie explizit als Medium der Präsenz und Sichtbarkeit ‚ausstellen'. Figuren sind keine Charaktere oder Persönlichkeiten, sie sind vielmehr TrägerInnen einer Sprache, die sich konventionellen Sinnzuschreibungen verschließt. So fällt an den Vampirinnen Carmilla und Emily in *Krankheit oder Moderne Frauen* (1987) auf, dass sie sich permanent selbst und gegenseitig definieren, ohne ein stimmiges ‚Bild' von sich abzugeben:

> „Ich bin nichts Halbes und nichts Ganzes. Ich bin dazwischen." (Jelinek 1994, 201); „Ich bin gottlos. Ich bin eine Dilettantin des Existierens" (203); „Ich denke, daher bin ich. Ich trinke, daher geht es mir gut." (207); „Ich bin eigentlich Schriftstellerin" (209); „ich bin krank, und es

> geht mir gut. Ich leide, und ich fühle mich wohl" (233); „Du Dame! Du Leserin! Du treue Kundin! Du Schwindel! Du Rabattmarkenkleberin!" (233); „Ganz tot möchte ich persönlich nicht sein. Ich möchte, daß man meinen Spuren noch lang im Tiefschnee folgen kann. Ich möchte sichtbar sein." (260)

Sie reden aneinander, an den Figuren und am Publikum vorbei und erreichen sich/sie doch. Dabei ist nicht das Glätten von Kommunikationsproblemen angestrebt, sondern das Hervorheben von Problemen, sich gegenseitig zu verstehen. Auch in zahlreichen weiteren Stücken der Autorin ist das Zitat von Mythen, Legenden, Geschichtserzählungen und deren De-/Remontage das konstitutive Verfahren, um Literatur- und Kulturgeschichte auf die Bühne zu bringen und in ihrer mächtigen Wirkungsdynamik zu zerschlagen. Protagonistinnen wie Nora aus Henrik Ibsens gleichnamigem Drama, Clara S., die stark an Clara Schumann angelehnt ist, faschistische Verstrickungen der Schauspielerfamilie Hörbiger-Wessely in *Burgtheater* bilden ein kritisches Archiv literarisierter Hegemonialität. Die Dramenanthologie *Der Tod und das Mädchen I–V. Prinzessinnendramen* (2003) baut dieses Verfahren aus und zerlegt der Reihe nach den jeweiligen Diskurs um Märchenfiguren (Schneewittchen, Dornröschen), eine Schauspielfigur (Rosamunde), eine historisch-mythische Figur (Jackie Onassis) und nicht zuletzt Protagonistinnen der modernen Literaturgeschichte (Bachmann, Plath, Haushofer) (Lücke 2004). Das Nachwort widmet sich Lady Diana und ihrer popkulturellen Mythisierung im Begräbnisritual. Einsatzpunkt ist die Nähe des Theaters zur Theatralität staatlicher Hegemonie:

> An Zeremonien gibt es für Menschen nichts auszusetzen. Es werden dabei Gebärden gemacht, die jeder versteht, aber jeder für sich unterschiedlich deutet. Ist die Verbeugung der englischen Königin vor Dianas Sarg Kapitulation vor jener (und damit vor dem offenkundigen Volkswillen), deren die Queen im Leben nicht Herrin werden konnte, oder Demut vor der größeren Majestät des Todes, der über alle herrscht, auch über die Herrscher selbst? (Jelinek 2003, 147)

In *Rechnitz (Der Würgeengel)* (2008) wird die Zuweisung der Sprache an eine spezifische Figurenkonstellation weitestgehend aufgegeben. Die theatrale Aufarbeitung des Massakers von Rechnitz, einem österreichischen Dorf, in dem noch im März 1945 180 Juden von einer Festgesellschaft ermordet wurden, wird als Kollektiv sprechender Boten inszeniert, aus dem Einzelstimmen herausragen können: „Es sprechen nur die Botinnen und Boten (es kann auch nur einer oder eine allein sein, das bleibt der Regie überlassen.) (...) Man kann das natürlich, wie immer bei mir, auch vollkommen anders machen." (Jelinek 2009, 55) Damit ist die Gender-Repräsentanz im Drama aufgehoben und wird an die Verkörperungsstrategie der jeweiligen Inszenierung delegiert. Dies bedeutet nicht, dass Geschlecht unbedeutend wäre oder negiert werden soll, sondern dass Geschlecht als Aspekt der theatralen Performanz nicht von vorneherein festgeschrieben wird. Geschlecht wird dann virulent, wenn es performiert wird. Im postmodernen Theater treffen also unweigerlich illusionistische und dekonstruktive Gesten der Inszenierung aufeinander, weil die Akteure meist mit ihren gewohnten theatralen Räumen verbunden bleiben. Gerade diese Widersprüche eröffnen *GeschlechterSpielRäume*, weil sie räumliche Konstruiertheit und sprachliche Verfertigung von Identität ausstellen und dramaturgisch nutzen (Pailer/Schößler 2010).

VI. Aktuelle Tendenzen der Gender Studies

Es ist unmöglich, in dieser Einführung alle Einzelstudien und Ausdifferenzierungen der Gender Studies für die neuere germanistische Literaturwissenschaft darzustellen und entsprechend zu würdigen. Zu viele Studien zum Œuvre einzelner AutorInnen und zu spezifischen Themen sind während der letzten Jahrzehnte entstanden, als dass sie hier angemessene Berücksichtigung finden könnten. Auch haben sie Genderaspekte in sehr unterschiedlicher Weise berücksichtigt, also entweder zur Grundlage ihrer Untersuchung erhoben oder auch als neben- oder untergeordnetes Analysekriterium behandelt. Es sollte aber möglich sein, im Folgenden einige grundsätzliche aktuelle Tendenzen der Gender Studies aufzuzeigen und deren Relevanz für die Literaturwissenschaften im Ausblick anzudeuten.

Graduiertenkollegs als Indikatoren

Eine wichtige Rolle bei jenen epistemologischen Prozessen der Ausdifferenzierung der Gender Studies hat für die deutsche Forschung die Einrichtung universitärer Graduiertenkollegs der DFG gespielt, die sowohl kooperative Vernetzung als auch den wissenschaftlichen Nachwuchs fördern. So war und ist es möglich, über jeweils mehrjährige Laufzeiten größere Zusammenhänge von Gender mit akademischen Disziplinen unter kultur- wie wissensgeschichtlichen Fragestellungen zu erforschen. Mit einer Fülle von monographischen Studien, Qualifikationsschriften und Tagungsbänden trugen seit Anfang der 1990er Jahre Generationen von WissenschaftlerInnen zu dieser stets interdisziplinär und häufig auch international organisierten Anstrengung bei. Ausgewählte Beispiele für diese Institutionalisierung sind die Graduiertenkollegs *Geschlechterdifferenz und Literatur* (LMU München 1992–2002), *Wahrnehmung der Geschlechterdifferenz in religiösen Symbolsystemen* (Würzburg 1998–2007), *Identität und Differenz. Geschlechterkonstruktion und Interkulturalität* (Trier 2000–2005), *Gender als Wissenskategorie* (HU Berlin 2005–2013) und *Dynamiken von Raum und Geschlecht* (Kassel, seit 2010). Damit sei keinesfalls gesagt, dass nicht andernorts basale und wichtige Arbeiten entstanden wären – ganz im Gegenteil: Sie entstanden unter zum Teil schwierigen Bedingungen, weil sie nicht in einem institutionell gestärkten und impulsreichen Kontext entwickelt werden konnten. An der Abfolge der Titel dieser Kollegs lassen sich indessen die wichtigsten Entwicklungstendenzen ablesen, die die Gender Studies in den letzten zwanzig Jahren durchliefen: Auf die hermeneutischen Disziplinen der Philologie und Theologie folgte die Öffnung hin zu kulturwissenschaftlichen Themen. In den Vordergrund rückten die Kategorie Gender in Relation zu intersektionalen Differenzkategorien sowie das epistemische Potential der Gender Studies. Wissenskategorien werden zunehmend als dynamisch und interdependent aufgefasst. Gendertheorien haben dabei erheblich von inter- und transdiziplinären Impulsen profitiert (Braun/Stephan 2005, Einleitung).

Alterität

Dass Geschlechterdifferenzen nicht losgelöst von anderen Differenzkategorien gedacht werden können, wurde als feministisches Thema bereits in den 1970er Jahren gesetzt und mündete in jüngster Zeit in die Kritik am neoliberalen Postfeminismus. Inwieweit schwächt die Relationierung spezifische Minderheitenpositionen? Wird Anerkennungspolitik leichter oder schwerer, indem darüber reflektiert wird, dass tendenziell alle Menschen einer oder mehreren Minderheiten zugehören und kaum jemals die Schnittmenge aus allen Mehrheiten – oder etwa nur die eine ‚schweigende Mehrheit' – repräsentieren? Oder behindern und schwächen sich Minderheiten, die sich immer weiter ausdifferenzieren, gegenseitig, indem sie sich in eine kaum vernehmbare Zahl von Einzelstimmen oder ein Gewirr diverser Einzelstimmen aufteilen? Und schließlich stellt sich die gewichtige Frage, wer für wen sprechen darf und wie eine Gruppe repräsentiert wird bzw. sich repräsentiert sehen möchte. Die gegenwärtige Anti-/Feminismus-Debatte, die in Medien und Politik geführt wird, lässt nicht darauf hoffen, dass Diskurs und Praxis der heteronormativen Naturalisierung in allernächster Zeit der Vergangenheit angehören werden. Im Hinblick auf die neoliberale Ökonomiedominanz ist eher das Gegenteil zu befürchten. An solche Beobachtungen schließen sich politische Fragen nach Autorisierung/Autorität und ihren Repräsentationssystemen an. Ihr unmittelbarer Bezug zur Autorschaft als Problemkomplex der Literaturwissenschaft muss nicht eigens betont werden (Kap. V). Das Argument der Alterität benötigt Bezugsgrößen (anders als?) und implizite Grenzziehungen (wann, wo und wie anders?). Diese Grenzziehungen können auch für die Literaturwissenschaften geltend gemacht werden (Heitmann in Röttger/Paul 1999), und auch sie scheitern regelmäßig an der Definition ihres Gegenstands – wenn es denn tatsächlich als immerhin produktives Scheitern zu benennen sei, dass Disziplinen und Identitäten interdependent und dynamisch gedacht werden wollen und sie im „Weiterlesen" entwickelt werden (Bergermann/Strowick 2007). Auch Gattungsdefinitionen und die Einhaltung möglichst ‚reiner' Gattungsnormen sind wie Identitätskategorien selbst – *gender, race, class* etc. – gleichermaßen über die Optimierung von Merkmalsbündelung organisiert (Kap. V). Strategisch positionieren sich Gender Studies häufig im Kanon und bestätigen ihn auf diese Weise, während sich Untersuchungen zur Frauenliteratur zwar auf die ‚andere', vergessene Literatur konzentrieren, dabei aber häufig immer noch normative Gattungsbegriffe benutzen, um diese Andersheit allererst postulieren zu können. Entlegene Texte mit konsensfernen Kriterien zu bearbeiten, mündet – so eine häufig geäußerte strategische Überlegung – in akademische Marginalisierung (Liska in Baisch/Kappert et al. 2002). Postfeministische Gender Studies, die vom sprachphilosophischen Ansatz der semiotischen Differenz ausgehen, sind darum bemüht, diesen Binarismus zu kritisieren und mit Alternativen zu konfrontieren. Von besonderem Interesse sind daher Denkfiguren, die sich als Drittes identifizieren lassen. Darin sind auch literarische Figuren als imaginative Ikonen ihrer Attribuierungen eingeschlossen (Breger/Döring 1998; Eßlinger/Schlechtriemen et al. 2010).

Gender als „epistemisches Ding"

Gender lässt sich plausibel als ein „epistemisches Ding" beschreiben. Damit ist gemeint, dass Gender – wie Hans-Jörg Rheinberger bereits für das Experiment, die Differenz und die Schrift argumentierte (1992) – die Möglichkeit zur im Denken „verändernde[n] Erprobung seiner/ihrer selber" anbietet (Deuber-Mankowsky in Casale/Rendtorff 2008, 182). Hieran zeigt sich eine tragfähige Verbindung zwischen Literatur und Gender Studies. Die Vorstellung davon, was Literatur für eine Gesellschaft und ihre LeserInnen zu einer bestimmten Zeit unter bestimmten Umständen jeweils bedeutet, ist der Veränderung unterworfen. Dasselbe würde für die Kategorie Gender nur dann nicht ebenso gelten, wenn das Biologische und Natürliche als ahistorische Garanten kategorialer Stabilität eingesetzt werden. Gender als Analysekategorie kann wie der literarische Text als Medium der Erprobung und Vorläufigkeit gelten. Beide tragen dazu bei, mögliche Welten und Identitäten zu entwerfen. Sowohl Episteme als auch Literaturen können demzufolge der imaginativen Selbsterweiterung dienen (Fluck in Gymnich/Nünning 2005), jedoch mit unterschiedlichen Mitteln und in unterschiedlichen Kontexten. An diese epistemisch-ästhetische Differenz lässt sich der Grundgedanke der Performativität anschließen, denn nicht die Frage, ob eine Norm wiederholt wird, sondern auf welche Weise dies geschieht – etwa im poetischen oder wissenschaftlichen Diskurs –, entscheidet darüber, welche sozialen, politischen und kulturellen Verhältnisse sich denken und praktizieren lassen: „In bestimmter Hinsicht steht jede Bezeichnung im Horizont des Wiederholungszwangs; daher ist die ‚Handlungsmöglichkeit' in der Möglichkeit anzusiedeln, diese Wiederholung zu variieren." (Butler 1990, 213)

Post-Gender-Konstellationen

Mit Judith Butlers Arbeiten zur Performativität und vielen anderen Beiträgen wurde in den letzten zwanzig Jahren ein Diskussionsraum eröffnet, der die Kategorien *sex/gender* in Zweifel zog. Mit Donna Haraways Ansatz etablierte sich der Begriff einer „Post-Gender"-Ära, die mit der Technisierung und medialen Virtualisierung von Identität in der posthumanen Gesellschaft angebrochen sei (Haraway 1995). Cyborgs als kybernetisch- organische Hybridwesen, die Medizin und Fiktion gleichermaßen besiedeln, unterliegen keinen traditionellen binären Gendercodes. Mit dem *gender swapping*, dem Geschlechterwechsel im Zuge virtueller Identitätsentwürfe, stehen den NetznutzerInnen zudem interessante Möglichkeiten der Performativität und des medialen *self-fashioning* offen. Ob die Theoretisierung von Gender nach dem *performative turn* in die Auflösung der Genderkategorien münden wird, wie bisweilen antizipiert wurde (Hülk/Schuhen et al. 2006), oder ob – im Gegenteil – eher der Backlash in Prä-Gender-Politiken droht, ist eine offene Frage (Reiche/Sick 2006). Gegenwärtige Tendenzen lassen zumindest darauf schließen, dass die Diskussion um die *Zukunft der Gender Studies* und ihre institutionellen Organisationsformen sehr lebendig und intensiv geführt wird (Fleig 2014).

Diversität

Das Konzept der Diversität hat sich in jüngster Zeit von Entwicklungen der Intersektionalitätsforschung (s.u.) zunehmend abgesetzt und seinen Weg in die gleichstellungspolitische Pragmatik genommen. Es richtet sich an AktantInnen in der „politischen und betrieblichen Praxis" (Smykalla/

Vinz 2011). Die Umbenennungen oder Neugründungen der Büros für „Gender und Diversity", die die vormaligen Einrichtungen der Frauen- und Gleichstellungsbeauftragten bereits ersetzen, verweisen zurück auf den ursprünglichen Kontext des Diversity Managements, das die konstruktive Nutzung von Arbeitskräften vielfältiger Herkunft fördert (Kutzner 2010). Das Human Resource Management (HRM) fragt systematisch, welches Arbeitsklima es zu schaffen gilt, damit ArbeitnehmerInnen sich als möglichst effizient für das Unternehmen erweisen. Kritisch überspitzt bedeutet dies nun, dass die profitorientierten Methoden des neoliberalen HRM die gleichstellungspolitische Basis vormals feministischer Wissenschaften kolonisieren konnten. Wenn Universitäten als Lehr- und Forschungsanstalten wie mittelständische Unternehmen geführt werden, ist dies ein konsequenter Schritt in Richtung ökonomisch und divers ausgerichteter Optimierungsprozesse. Die Inkonsequenz des Begriffspaares „Gender und Diversity" liegt in seiner Kombination: Emanzipationsgeschichtlich und gleichstellungspolitisch betrachtet ist es sinnvoll, die Kategorie Gender aus der Diversität noch auszuklammern; theoretisch ist es nicht plausibel, weil Geschlecht nur eine von mehreren Kategorien sein kann, die zur Diversität beiträgt. Trägt man dieser historischen Perspektive Rechnung, ist der ökonomiegeschichtliche Ballast des Diversity-Begriffs aber nicht umstandslos mit den Anliegen feministischer Anerkennungspolitik zu vereinbaren (Pühl in Fleig 2014). Hier gibt es ähnlich großen Diskussionsbedarf wie vor einigen Jahren bei der angestrebten Installation des Gender Mainstreamings auf allen politischen Handlungsebenen, das sich ebenfalls von den Konzepten der Gender Studies und ihrem Reflexionspotential weitgehend abgekoppelt hat. Für die literaturwissenschaftlichen Gender Studies hat sich der Begriff der Diversität (noch) nicht merklich durchsetzen können, wobei er in der Poetologie seit Längerem als Begriff für Gattungs- und Genrevielfalt etabliert ist.

Differente Erkenntnisinteressen

Drei Tendenzen der Gender Studies, die im Folgenden skizziert werden, haben gemeinsame Problem- und Aktionsfelder: die Krise der Repräsentation, sprach- und handlungsbasierte Machtkritik sowie die Interdependenz von Identitätskategorien. Zu den Problemfeldern zählt darüber hinaus solche soziale Normativität, die mit individuellen und kollektiven Abwehrreaktionen (Xenophobie, Homophobie) sowie Formen struktureller wie personeller Gewalt durchgesetzt wird. Die drei Ansätze, die im Folgenden skizziert werden, nähern sich diesen Feldern jedoch aus unterschiedlichen Perspektiven: Die Intersektionalitätsforschung hat einen primär sozialwissenschaftlichen Hintergrund, so dass es vor allem um die Analyse sozialer Ungleichheiten und Diskriminierung geht; die Postcolonial Studies arbeiten mit kulturwissenschaftlichem Instrumentarium und kritisieren ethnische Alteritätsstrukturen, während die Queer Studies von psychoanalytischen und diskursgeschichtlichen Denkansätzen herkommen und sich vorrangig mit Begehrensstrukturen beschäftigen. Streng zu trennen sind diese Forschungsrichtungen jedoch nicht mehr, denn gerade die Überkreuzungen und gegenseitigen Impulse befördern die gegenwärtigen Theoriedebatten und Interpretationsansätze. Noch kaum ausgereift ist die Positionierung deutschsprachiger Literatur innerhalb dieser interdisziplinären Felder, die von ästhetischer Repräsentation über explizite Metapoetik bis hin zur Funktionalisierung als politisches Steuerungsinstrument reichen kann. Die Versuche, möglichst integrativ alle aktuellen Tendenzen der Gender Studies unter Stichworten wie Intersektionalität oder Diversität zu bündeln, werden nicht per se von allen WissenschaftlerInnen als positiv eingeschätzt, weil dann Erkenntnisinteressen der einzelnen Forschungsinteressen – feministisch, queer, trans-/interkulturell, postcolonial u.a.m. – nicht mehr entsprechend zur Geltung kämen. Diesbezüglich müssten die Verfahren der Inklusion und Exklusion mittelfristig noch deutlicher markiert und diskutiert werden. Einen Überblick über diese Diskussionen bieten inzwischen zahlreiche eigene Einführungsbände zu diesen Forschungsansätzen, auf die in den folgenden Abschnitten jeweils verwiesen wird.

1. Intersektionalitätsforschung

Intersektionalität und Interdependenz

Das Konzept der Intersektionalität ermöglicht es in kultur-, sozial- und humanwissenschaftlichen Zusammenhängen, die Überschneidung von Identitätskategorien zu untersuchen. Als klassischer Dreisatz solcher Überschneidungen gilt seit den 1980er Jahren *gender, race* und *class*. Nach und nach wurden weitere Kategorien wie Religion, Nation, sexuelle Orientierung u.a.m. hinzugenommen (Winker/Degele 2009). Letztlich kommt jede plausibel definierte Kategorie für eine intersektionale Analyse in Betracht (Bührmann 2009; Klinger 2012). Die Definition dessen, *was* sich auf Achsen anordnen lässt und an den Punkten ihrer Überschneidung zur Entstehung von Ungleichheiten beiträgt, gehört zu den zentralen Aufgaben der Intersektionalitätsforschung. Ebenso wichtig ist die Frage, *wie* soziale Strukturen und soziale Gruppen miteinander in Beziehung stehen und welchen Ordnungsprinzipien diese Beziehungen unterliegen (Rommelspacher 2009). Neben den Chancen, die Intersektionalität als Forschungsansatz mit sich bringt (Knapp in Casale/Rendtorff 2008), besteht auch die Gefahr, dass sich eine einseitige Analysepraxis mit ausschließlichem Fokus auf unterdrückte Gruppen und Individuen etabliert, ohne die Auswirkungen sozialer Ungleichheit gleichermaßen für die dominanten Gruppen zu betrachten (Rommelspacher 2009). Das Konzept der Intersektionalität soll darüber hinaus ermöglichen, die Relation von Identitätskategorien untereinander zu untersuchen und damit „Gender *als* interdependente Kategorie zu fassen":

> Mit dem Begriff Interdependenzen werden folglich nicht mehr wechselseitige Interaktionen *zwischen* Kategorien gefasst, vielmehr werden soziale Kategorien *selbst* als interdependent konzeptualisiert. In der Konsequenz bedeutet dieser Vorschlag, dass auch die Kategorien Klasse, Ethnizität oder Sexualität als interdependente Kategorien gedacht werden müssen. Diese Perspektive weist über die *Gender Studies* hinaus und kann allgemein für Forschungen zu Ungleichheit, Marginalisierung und Privilegierung produktiv gemacht werden. (Walgenbach/Dietze et al. 2007, 9)

Soziale Ungleichheit entsteht in privaten und öffentlichen Räumen – Schule, Arbeitsplatz, Wohnung –, die interdependent mit Identitätskategorien korrelieren (Hess/Langreiter et al. 2011). Für das sozialwissenschaftliche Arbeiten liegen konkrete Vorschläge vor, wie eine Mehrebenenanalyse unter Berücksichtigung von vier Kategorien – „Klasse, Geschlecht, Rasse, Körper" – auf die Auswertung von Interviews angewendet werden kann: auf der Ebene der Sozialstrukturen, der Identitätskonstruktionen und der symbolischen Repräsentation (Winker/Degele 2009, 74f.). Solche Interviews können von vorneherein auf die Analyseschritte zugeschnitten werden; sie sind wissenschaftliche Methode und Gegenstand in einem. Literarische Texte hingegen liegen immer schon vor und weisen zudem das Problem auf, dass sie selbst zu den symbolischen Repräsentationsmedien gezählt werden müssen. Auf welchen Ebenen der Narration wäre eine Mehrebenenanalyse anzusetzen, die etwa vorrangig Fiktionalisierungsgrade und Erzählperspektiven berücksichtigen möchte?

Intersektionale Textinterpretation

Für die literaturwissenschaftliche Anwendung der Intersektionalitätsforschung liegt es nahe, Figuren und ihre Handlungsmuster in Bezug auf interdependente Kategorien zu analysieren. Ebenso nahe liegt es, sich unter intersektionalen Gesichtspunkten mit der Prosa des Realismus zu beschäftigen, worin stets soziale und politische Verhältnisse in ihrer Komplexität aufgezeigt und kritisiert werden. Für Genres wie Familien- und Gesellschaftsromane, aber auch für knappere Prosaformen scheint dieser Zugang ergiebig zu sein. Hierzu zwei Beispiele: An Jeremias Gotthelfs Erzählung *Die Spinne* (1842) und einigen anderen seiner Texte lässt sich zeigen, wie Gender, Stand und Nation die Narration strukturieren. Frauenfiguren werden in dieser literarischen patriarchalen Gesellschaftsordnung mit Metaphern und Vergleichen der Ständeordnung belegt, Männerfiguren über die Nation definiert. Geschlecht ist bei Gotthelf sowohl im Sinn von Gender als auch von Genus/Genealogie verwendet. Dementsprechend fungieren jene fiktionale Erzählung über die Hausspinne, aber auch Gotthelfs faktuale *Schützen-Schrift* als „Einheitsnarrative", „die über große historische Zeiträume hinweg Haus, Familie und Nation engführen und in für das 19. Jahrhundert typischer Weise Nationalgeschichte als Familiengeschichte lesbar machen" (Frei Gerlach 2012, 305). Es wäre zu diskutieren, inwieweit die auf Frauen- und Männerfiguren konzentrierte Textinterpretation die Dimension von *plot/story* einer Narration gebührend berücksichtigen kann und inwieweit der Vorgang des Erzählens als Akt mündlicher Tradierung – zumal für die in diesem Beispiel impliziten bäuerlichen Rezipienten – angemessen zur Sprache kommt. Ähnlich komplex stellen sich die unausgeschöpften Analysepotentiale für Theodor Fontanes posthum in der *Gartenlaube* veröffentlichten Roman *Mathilde Möhring* (1906) dar. Auch dafür gibt es einen intersektionalen Ansatz, mit dem die Devianz der Figur Mathilde im Vergleich mit Fontanes anderen Frauenfiguren im Hinblick auf Ethnie, Klasse und Geschlecht interpretiert werden kann (Marquardt 2012). Zum Ende fügt sich die von kleinbürgerlichem Streben nach dem sozialen Aufstieg irritierte Geschlechterordnung wieder in gewohnte Bahnen: Der un-männliche Ehemann Großmann gewinnt gerade wegen seiner Hypersensibilität und seines Ästhetizismus die Empathie der Rezipienten, während Mathilde erst im betrauerten Verlust ihres von ihr selbst modellierten Gatten zur „‚richtigen' Frau" wird (ebd., 326). Stabil bleibt in Fontanes Text die Kategorie des Jüdischen und ihrer Repräsentationsfiguren, allerdings nur, wenn man den Ehemann Großmann nicht selbst als jüdische Figur der Camouflage verstehen und somit die gesamte Kategorie als instabil erachten möchte. Aus diesen ersten Interpretationsansätzen zur Intersektionalität wird deutlich, dass die Übertragung von soziologischen Größen wie Kategorie, Struktur und Ordnung auf literarische Texte noch nicht umfassend ausgearbeitet werden konnte. Noch zu leicht geraten die ästhetischen und diegetischen Gestaltungsmerkmale ins Hintertreffen, was allerdings viele Möglichkeiten für zukünftige Lektüreprojekte eröffnet. Dies gilt auch generell für die Genderaspekte in der Inter- und Transkulturalitätsforschung, die sich überwiegend mit migrantischer Literatur beschäftigt und dazu in nächster Zeit noch umfänglicher soziale, religiöse oder sexuelle Identitätsparameter einbeziehen wird (Mae/Saal 2007). Förderlich ist dabei sicherlich weiterhin der intensive Dialog mit der lebhaften Theoriedebatte in den Postcolonial Studies.

2. Postcolonial Studies

Ethnische Alterität

Die Impulse der Postcolonial Studies sind für die Literaturwissenschaft in den letzten Jahren immer wichtiger geworden. Ging es zunächst um die Selbstreflexion der westlichen Gesellschaften und ihrer Hegemonieansprüche, so rückte die breite Kritik am Umgang mit ‚anderen' Kulturen und einer daraus erwachsenden Politik der Alterität immer mehr in den Vordergrund philosophischer und kulturwissenschaftlicher Überlegungen. Welche Vorstellungen sind mit *Whiteness* verbunden, welche mit Ethnien ‚schwarzer' oder ‚farbiger' Menschen? Welche symbolischen und imaginären Bilder werden an den immer wieder behaupteten Unterschied von Orient und Okzident geknüpft? Was ist das Eigene und was das Fremde? Welche Verhaltensweisen und Werte werden als vertraut und zugehörig erkannt, welche hingegen nicht? Und lässt sich Andersheit auf ethnische Identitätsaspekte beschränken oder muss sie nicht zusammen mit weiteren, intersektionalen Aspekten wie Gender, soziale Schicht, Religion u.a.m. diskutiert werden? Anhand von Anthologien mit theoretischen Texten lassen sich diese Diskussionen mittlerweile in kompakter Form nachvollziehen (Lewis/Mills 2003; Reuter/Karentzos 2012).

Der Blick auf ‚die Fremde'

In Edward Saids Untersuchungen zum Orientalismus und europäischen Kolonialismus (1978) war die Geschlechterdifferenz anscheinend historiographisch vorgegeben: Der okzidentale Mann reist in die Fremde und versucht, einen Blick auf ‚die Fremde', die orientalische Frau, zu erhaschen. Als Allegorie für kulturelle Differenz schlechthin ist die Orientalin das Geheimnisvolle, das es für den Westen hermeneutisch zu entschlüsseln gilt. Kritik formulierte aus feministischer Perspektive beispielsweise Lewis (1995). Die wechselseitige Effeminierung der *terra incognita* einerseits und die Hypernaturalisierung von Weiblichkeit andererseits ist ebenso in literarischen Texten zur Kolonisierung Amerikas zu beobachten, wie es Sabine Schültings Titel *Wilde Frauen, fremde Welten* zuspitzt (1997).

Subalterne Sprechpositionen

Im Zuge der Globalisierungskritik und der viel beschworenen Rückbesinnung auf das Lokale – insbesondere unter ethnologischen, ökologischen und philosophischen Prämissen – wurden Identitätsentwürfe diskutiert, die etwa die politische Semantik öffentlicher/privater Räume (Cornelia Klinger), das nomadische Subjekt (Rosi Braidotti) und den Konflikt zwischen Glokalisierung vs. Resilienz (Thamar Klein) unter Gender-Aspekten betrachten (Reuter/Karentzos 2012). Als kanonisch gilt ein Essay von Gayatri Chakravorty Spivak. Im Kontext der *Subaltern Studies* stellt sie die Frage, ob es für das subalterne Subjekt überhaupt eine selbst reklamierte und ermächtigte Sprechposition geben könne (1988; Spivak 2007). Haben nicht Deleuze und Foucault gezeigt, dass kein Diskurs solche naiven Selbstbehauptungsstrategien erlaubt und die Kategorie Gender bei diesen Vorstellungen noch vollkommen unbeachtet geblieben war (Chakrabarty in Henry Schwarz/Ray 2005)? Spivaks Kritik wendet sich gegen die Gender-Defizite der Subaltern Studies und zugleich gegen die ethnozentrische Selbstbezogenheit der westlichen dekonstruktiven Philosophie. Welche Rolle also spielt der Feminismus für marginalisierte Gesellschaften, unterdrückte Gruppen und Individuen? Welche Funktionen kommen der Literatur in dieser Kritik zu (Spivak 1999, 112–197)? Welche den staatlichen Symbolsystemen (Butler/Spivak 2011)?

Hybridität, Präsenz, Zitation

Homi Bhabhas *Location of Culture* (1994) und zahlreiche nachfolgende Schriften lenkten den Blick auf postkoloniale und kulturelle Ungleichheiten, indem sie Ansätze der Dekonstruktion, Diskursanalyse und Psychoanalyse für die Fragen der Cultural Studies modifizierten. Der zentrale Begriff der hybriden kulturellen Identität im Sinne einer parodierten biologischen ‚Kreuzung' versucht, an die Performativitätstheorie Butlers anzuschließen und die Präsenz des performativen Akts als politisches Instrument zu erkennen. Diese Hybridität als *third space* der Kultur impliziert trotzdem noch eine ursprüngliche Idee von präkolonialer Kultur und deren Reinheit, der dialektisch nicht zu entkommen ist (Breger in Röttger/Paul 1999). Am Beispiel der „Sisterhood" als längstens etablierte Metapher für feministische Solidarität, die von ethnischen Konflikten zwischen *black feminism* und *white feminism* geprägt ist, zeigt sich, dass selbst eine sorgfältige Analyse dessen bereits neue Binarismen erzeugt: So erscheint die Gruppe der „Feministinnen", die jene Sisterhood als Kampfbegriff über Jahrzehnte verwendete und damit auf das implizite Wissen setzte, was es bedeutet, Schwester unter Schwestern zu sein, unversehens wieder als eine neue, homogen erscheinende Gruppe, die es doch nie gegeben hat. Als hybrid wird diese Konstruktion feministischer ‚Verwandtschaft' gerade nicht erkannt (Gerund 2013). In dem wichtigen Punkt der destabilisierenden Wiederholung kreuzen sich allerdings Bhabhas Ansatz der kolonialen Mimikry mit der Butlerschen Performativität: Über die verschiebende Wiederholung hegemonialer Normativität – beispielsweise in der Zitation der Kleiderordnung der Kolonialgesellschaft oder in der transvestischen *drag performance* – entstehen nicht nur

Effekte der Verfremdung und Parodie. Vielmehr werden die zitierten Ordnungen selbst als Konstruktionen ohne originalen Ursprung, als Zitation der Zitation, sichtbar und so in ihrer Wirkmächtigkeit destabilisiert (Babka 2011).

Whiteness Studies

Nachhaltige Impulse für die Postcolonial Studies gingen von den Whiteness Studies aus, die seit 1997 mit der Monographie *White* von Richard Dyer und *Whiteness: A Critical Reader* von Mike Hill größere kulturwissenschaftliche Aufmerksamkeit erhalten. Es geht um den Perspektivenwechsel, der es ermöglicht, Auskunft über die Identität der/des Weißen als ‚unsichtbare Norm' zu geben und soziale Ungleichheit auch über unmarkierte kulturelle Differenz zu erkunden. In der Kolonialgeschichte gilt Whiteness als Signum hegemonialer Ansprüche der westlichen Welt. Zugleich ist sie Teil der Mimikry-Praxis in kolonialen und postkolonialen Gesellschaften. Die unmarkierten Herrschaftspositionen werden über ihre Zitationen, Parodien und Verwerfungen sowohl unterlaufen als auch gefestigt.

Kolonialliteratur

An der Kolonial- und Postkolonialliteratur wurden diese Forschungsansätze bereits überprüft und für neue Interpretationen genutzt. Männlichkeit und Kolonialismus ergeben bei genauerem Hinsehen ein mehr als binäres Gender- und Rassenkonstrukt. Vielmehr findet sich ein breites Spektrum an Identitätsentwürfen, wobei sich die ethnozentrische Perspektive auf die krisenhafte Männlichkeit im ethnisch hybriden Raum als Privileg der weißen Männer erweist. An Texten, Filmen und Photographien zeigt sich eindrucksvoll, wie ausdifferenziert und divers sich Männlichkeit im britischen kolonialen und postkolonialen Diskurs darstellt (Yekani 2011): Von heroisch über queer bis weiblich präsentieren sich Männerfiguren, die sowohl für das westliche Hegemoniedenken einstehen als auch für die subversive Kritik daran. An der Genderforschung zur deutschen Kolonialkultur und -literatur ist zu beobachten, wie sich die Untersuchungsperspektiven in den letzten Jahren verändert haben: Von der binären Konstellation *Schwarze Frau, weiße Herrin* (Mamozai 1982) über die Analyse autobiographischer und populärkultureller Texte (Schneider 2003) hat sich die Aufmerksamkeit in jüngster Zeit auf die intersektionale Konstruktion von *gender, race, class* (Walgenbach 2005) und die vor allem auch poetologisch interessanten Diskurse der Reinheit und Vermischung verschoben. Die Diskurse der ‚Rassenmischung' in der Literatur des Kaiserreichs und der Weimarer Republik regulieren die Kategorien *gender, race, space* sowohl bio-politisch als auch bio-ästhetisch (Blome 2011). Sie sind konstitutiv für kanonische wie nichtkanonische Texte von Autoren und Autorinnen.

Migrationsliteratur

Ein bedeutendes Forschungsfeld mit postkolonialen Ansätzen ist die Migrationsliteratur. Für die deutschsprachige Literatur seit den 1960er Jahren stellt sich die Frage, wie diese Literatur definiert werden kann: Sollen dazu ausschließlich migrantische Autorinnen und Autoren zählen oder auch Texte nicht-migrantischer AutorInnen, die über Migration, Transkulturalität und Einwanderungspolitik schreiben? Wie authentisch kann inter- und transkulturelle Literatur sein, wenn man einen antiessentialistischen Identitätsbegriff zu Grunde legt? (Dayioglu-Yücel in Heinrich-Böll-Stiftung 2009) Migrationsliteratur verhandelt nicht allein die Effekte kultureller Hybridisierung und Durchkreuzung, sondern hat häufig auch den Anspruch, diese Diskurse poetologisch entsprechend zu reflektieren. Dazu gehören hybride bilinguale Neologismen wie bei Emine Sevgi Özdamar (Blumenrath/Bodenburg et al. 2007) oder die lyrisch in Szene gesetzte globaleuropäische Innen-/Außenperspektive im Werk Yoko Tawadas (Tawada 2012). Beide Autorinnen beziehen die Genderperspektive explizit in ihr Schreiben mit ein.

Fremde Texte im Kanon

Postcolonial Studies setzen sich im Deutungskanon der germanistischen Literaturwissenschaft nur zögerlich durch. Das hat auch, aber nicht nur mit der geringen Aufmerksamkeit für die deutschsprachige Kolonialliteratur zu tun (Babka 2008b). Der/die Fremde ist zwar in Kanontexten als Figur vielfach untersucht, aber ‚fremde' Texte ‚fremder' AutorInnen haben es immer noch schwer, wissenschaftlich wahrgenommen zu werden. Dabei stellen gerade dafür die Postcolonial Studies geeignetes Instrumentarium zur Verfügung. Ihre Ansätze taugen nicht nur für historiographische Kanonrevisionen, sondern auch für die weitere Öffnung zu Trans- und Interkulturalitätsperspektiven, z.B. zur Gegenwartsliteratur schwarzer Frauen in Deutschland, zur Literatur von RemigrantInnen in der Türkei und dergleichen Beispiele abseits der kanonischen Trampelpfade mehr.

3. Queer Studies

Denotation – Konnotation

„Dear, dear! How queer everything is today!", heißt es seit 1865 im Kapitel „The Pool of Tears" in Lewis Carrolls *Alice's Adventures in Wonderland* (Carroll 1960, 78). Dass es im Wunderland *queer* zuging, mag keine Überraschung sein. Seither hat der englische Begriff einen interessanten Bedeutungswandel erlebt. Er ist ein gutes Beispiel dafür, wie mit einzelnen Wörtern, die einst Absonderlichkeit bezeichneten, dann als Beschimpfung dienten, performative Anerkennungspolitik betrieben werden kann. *Queer* ist heute nicht mehr ausschließlich negativ besetzt, obgleich es seine alten Bedeutungen behalten hat: als Adjektiv für etwas oder jemanden, das/der merkwürdig, eigenartig, subversiv, verdächtig erscheint. Es ist aber auch eine Bezeichnung für alle Lebensformen von LGBT (*lesbian, gay, bi, trans*). Die ambige Konnotation etablierte sich zunächst in der sub/kulturellen Szene und erst während der 1990er Jahre im akademischen Jargon. Queer Studies haben sich aus den Gay and Lesbian Studies entwickelt (Abelove/Barale et al. 1993) und sind eng mit der sprachphilosophischen Machtkritik der Gendertheorie verknüpft, ja wären ohne sie nicht denkbar (Degele 2008; Hall/Jagose et al. 2012; Kraß 2005). Politische Ziele sind Sichtbarkeit, Anerkennung, Gleichstellung vielfältiger Lebensformen sowie Kritik und Dekonstruktion der Heteronormativität (Yekani/Kilian et al. 2013). Wenn Geschlecht letztlich nicht mehr eindeutig zu denken ist, dann kann davon auch keine Ungleichheit mehr abgeleitet werden. Wenn Geschlecht zudem nicht in seiner Bedeutung stillgestellt werden kann, sondern dynamisch und performativ zu denken ist, kann es immer nur vorläufig sein. Gleichstellung und Gleichberechtigung sind deshalb über Vervielfältigung und Veruneindeutigung zu erzielen (Engel 2002; Hark 1999). Im Zuge der Performativitätsdebatte wurden post-/feministische, schwul-lesbische und identitätstheoretische Impulse unter der Überschrift der Queer Studies zusammengedacht, wobei der Einfluss der Butlerschen Schriften kaum zu überschätzen ist (Annuß in Lorey/Plews 1998).

Lesbische und schwule Literatur

Vergleichbar mit den Anfängen der Women's Studies galt es auch für die schwul-lesbische Literaturwissenschaft zunächst, einen eigenen (Gegen)Kanon zu recherchieren, seine Produktions-, Distributions- und Rezeptionsbedingungen zu rekonstruieren und den Stellenwert dieses Korpus im Verhältnis zu heterosexueller Literatur zu diskutieren. Homosexuelle Literatur wird als solche thematisiert, wenn sie von offen lebenden und schreibenden AutorInnen stammt, wenn sie homosoziales/-sexuelles Begehren verhandelt oder in homosexueller Rezeption eine wichtige Rolle spielt (Castle 2003; Popp 1992; Sedgwick 1985). Die Reklamation von AutorInnen und ihren Texten *als* homosexuelle Literatur erzeugt nicht selten aporetische Konflikte mit gängigen Interpretationen. Zudem werden AutorInnen und ihre Werke unversehens auf diesen Aspekt ihres Schaffens reduziert. Und schließlich ist damit die Essentialisierung homosexueller Identität und bisweilen immer noch deren Pathologisierung verbunden. Von 1872 bis 1994 stellte der § 175 des deutschen StGB männliche, nicht aber weibliche homosexuelle Handlungen unter Strafe. Hilfreich ist es, sich die Geschichte des Konzepts Homosexualität als diskursive Normierung von Sexualität zu vergegenwärtigen. Wie Heterosexualität wird sie im Zusammenspiel von Diskursen, Praxen und Institutionen erzeugt. Auch wenn Foucaults These, dass die ‚Erfindung' der Homosexualität als Identitätskategorie auf das Jahr 1869 mit der ersten Verwendung des Begriffs genau festzulegen sei, sich nicht halten lässt, so gilt doch weiterhin seine Beschreibung von Homo/Sexualität in der Disziplinargesellschaft:

> Als eine der Gestalten der Sexualität ist die Homosexualität aufgetaucht, als sie von der Praktik der Sodomie zu einer Art innerer Androgynie, einem Hermaphroditismus der Seele herabgedrückt worden ist. Der Sodomit war ein Gestrauchelter, der Homosexuelle ist eine Spezies. (Foucault 1983, Bd. 1: Der Wille zum Wissen, 58; vgl. dazu Kraß 2005)

Queere Diskurse

Die Einsicht in die Historizität vermeintlich un/natürlicher Verhaltensweisen erfordert die genaue Analyse des Sexualitätsdiskurses und seiner medizinischen, religiösen, politischen und ästhetischen Aussagen. Das Potential der Queer Studies liegt darin, intersektionale Betrachtungsweisen zu erproben. Die Kategorien der sexuellen Orientierung und gleichgeschlechtlichen Lebensweisen werden im Zusammenhang mit vielfältigen ethnischen, sozialen, religiösen und nicht zuletzt poetologischen Konstellationen als intelligibel skizziert und in die Erforschung von Ungleichheiten integriert. Die de-/rekonstruktive Erschließung des auf den zweiten Blick sichtbaren Begehrens ist vor allem deshalb für literarische Texte interessant, weil homosexuelles Begehren bekanntlich die längste Zeit nicht offen formuliert werden konnte (Derks 1990; Detering 2002).

Wie Tobin in einem Kapitel seiner Studie *Warm Brothers* (2000) aufzeigt, erkannten sich homoerotisch orientierte Männer der Goethezeit anhand spezifischer Sprache, Mode und Verhaltensweisen. Wenn Rudolf Magenau einen Brief vom März 1792 an Friedrich Hölderlin mit der Formel „Du aber leb wol, u. liebe brüderlich Deinen Warmen Bruder, Magenau" unterschreibt (Hölderlin 1993, 123f.), zeigt sich im Vergleich zu *queer/queerness* für die „warmen Brüder" eine umgekehrte Entwicklung: Wurde der Begriff einst als positive Anrede für homosozial orientierte junge Männer genutzt, die den empfindsamen Kult der Freundschaft feierten, irritiert er heutige Vorstellungen von gleichgeschlechtlichen Beziehungen, galt der „warme Bruder" doch lange Zeit als umgangssprachliches Schimpfwort. Wie der mann-männlichen Liebe erst bei Goethe das Moment der Partnerschaftlichkeit zugeschrieben wurde, erläutert Wilson (2012). Anders verhält es sich mit der asymmetrischen Auffassung von lesbischen Beziehungen. Anfang des 18. Jahrhunderts wurde das letzte Todesurteil im deutschsprachigen Raum wegen weiblicher Unzucht ausgesprochen (Steidele 2004). In Literatur und Geschichte lässt sich häufig die konsequente Entsexualisierung der Beziehung zwischen zwei Frauen beobachten, während das Moment der zärtlichen Freundschaft überbetont wird. Dies gilt vor allem auch für Texte zu Begehren und Liebe zwischen Frauen in der Zeit von 1750 bis 1850, während sich der moderne Buchmarkt und wirkmächtige poetologische Konzepte der Neuzeit entwickelten (Steidele 2003). Entwürfe lesbischer Sexualität als Formen von Devianz entstanden bereits in der Literatur des Realismus (Gluckman 2012).

Fragmentierung und Verwerfung

Homosexuelles Begehren wird häufig mit der Zuschreibung einer Divergenz zwischen biologischem und soziokulturellem Geschlecht verbunden: Lesbisches Begehren ist semantisch mit männlichen Frauen besetzt, schwules Begehren mit weiblichen Männern. Diese und andere Verkreuzungen sind Ausgangspunkt für das Konzept der *Female Masculinity* (Judith Halberstam 1998). Männlichkeit ist nicht an einen männlichen Körper gebunden und wird deshalb auch von weiblichen, transgender und transsexuellen Personen inkorporiert. Daraus schließt Halberstam, dass die Heteronormierung von Gender über die diskursive und institutionalisierte Verwerfung seiner selbst organisiert ist. Weil wir in Literatur, Film, Theater, aber auch im Alltag auf fragmentiertes Gendering treffen, das das eigentliche Geschlecht ‚nur' zu kopieren scheint, entsteht aus der Verwerfung der vermeintlichen Kopie die Affirmation von Männlichkeit, die der männliche Körper ausagieren soll, letztlich jedoch ebenfalls nur krisenhaft bewältigt. „Das, was wir als heroische Maskulinität verstehen, wird jedoch von männlichen wie weiblichen Körpern und über sie hinweg erzeugt." (dt. Halberstam in Bergmann/Schößler u.a. 2012, 176) Wird diese Einsicht auf andere Genderentwürfe übertragen und nicht nur für männliche Weiblichkeit gespiegelt, dann bedeutet dies auch für trans-/inter-gender/sex-Identitäten, dass intersektional organisierte Performativität die jeweiligen Zitationen und Verwerfungen erzeugt. Gender wäre somit immer schon *queer*, nämlich sonderbar auch im Sinne von ‚aussonderbar'. Der *Gaga Feminism*, den Halberstam an der Popkultur beobachtet, wendet solche Verfahren der Fragmentierung und

Verwerfung seit Längerem an. Er basiert auf der Performanz von Künstlerinnen wie Yoko Ono, Grace Jones und Lady Gaga und entwirft eine Weiblichkeit, die den Exzess inszeniert – „crazy, unreadable appearances of wild genders; and social experimentation" – und nicht weiterhin auf Emanzipation und buchstäbliche Selbstverwirklichung setzt, sondern auf ihr ver-rücktes Gegenteil:

> they are unbecoming women in every sense – they undo the category rather than rounding it out, they dress it up and down, take it apart like a car engine and then rebuild it so that it is louder and faster. This feminism is about improvisation, customization, and innovation. (Halberstam 2012, XIII f.)

Queeres Interpretieren

Auch die Queer Studies suchen den Anschluss an intersektionale Diskussionsfelder und beziehen ihrerseits ethnische und soziale Differenzen in ihre Analysen ein (Hanna Hacker 2012; Halley/Parker 2011). Die optimistische Lesart einer queeren Hermeneutik weckt die Erwartung eines allgemeinen Kompetenzzuwachses, der Gesellschaften vielfältiger, toleranter und friedfertiger machen könne (Hall 2009). Die eher pessimistische Prognose betont die Unvereinbarkeit von politischer und queerer Perspektive, weil die Kategorie *queer* auf dem jeweiligen Grat der kollektiven und individuellen Selbstbestimmung die Kommunikation politischer Interessen nach traditionellen Verfahren erschwere. Aus literaturwissenschaftlicher Sicht bieten aber nun gerade die Tendenz zur Veruneindeutigung und die Strategien des Versteckens die interessanten Anknüpfungspunkte an die Queer Studies. Schließlich umfasst die Hervorkehrung zusätzlicher Bedeutungsebenen eine elementare hermeneutische Fertigkeit. Literarische Texte funktionieren allegoretisch, d.h. sie bedeuten ‚im übertragenen Sinn' etwas anderes als sie sagen. Die Unterscheidung zwischen dem Uneigentlichen und Eigentlichen ist der abendländischen Literatur poetologisch eingeschrieben. Auch die Dekonstruktion bleibt insofern der Allegorese verpflichtet, als Texte zum einen vorgeblich Sinn produzieren, diesen (eigentlich) aber aufschieben, und zum anderen als *Allegorien des Lesens* (de Man 1988) ihre eigene Literarizität ausstellen: Gegenstand und Genre lassen sich aufeinander abbilden wie literaler und figuraler Sinn. Ihre Relation hängt stets von der Deutung ab und geht niemals vollständig ineinander auf. Diesen Ausgangspunkt macht sich das Queer Reading zunutze: Strategien der Camouflage, die für bisher heteronormativ gelesene Texte die Möglichkeiten des homoerotisch konnotierten Ver-/Entdeckens eröffnen und als Deutungsmöglichkeiten offerieren, finden sich in mittelalterlichen bis neuzeitlichen Texten (Babka 2008a; Lorey/Plews 1998). Wenn homoerotische Begehrensstrukturen im Text offensichtlich werden – wie in den Gedichten der Barockdichterin Sybilla Schwartz, für die Erika Greber das Phänomen des „lesbischen Petrarkismus" beschrieben hat (in Kraß/Tischel 2002) –, dann bedeutet es für das Queer Reading eben nicht, vom Text auf die Biographie und sozialen Kontexte des Autors und der Autorin schließen zu können und ebenso wenig umgekehrt. Auch ein Roman wie Annemarie Schwarzenbachs Roman *Freunde um Bernhard* (1931) kann eine queere semiologische Struktur aufweisen, obwohl seine

Autorin nicht als queer zu bezeichnen sei und obwohl sie wiederum lesbisch gelebt habe (Mayer 2005). Es geht bei einem Queer Reading folglich nicht um die Einlösung hermeneutischer Enthüllungsversprechen, sondern um die Offenlegung binärer Ordnungsstrukturen, die mit der Unterscheidung zwischen homo/hetero gegeben ist und schmerzliche Ausschlüsse aus Sozial- und Symbolsystemen produziert. Heinrich von Kleists Text *Über das Marionettentheater* wird auf diese Weise als Verführungsgeschichte zwischen dem Erzähler und der Tänzerfigur lesbar, allerdings nicht im sexuellen Sinn, sondern als „das erotisierte Dominanzverhältnis zwischen überlegenem Lehrer und unterlegenem Schüler" (Kraß 2007, 131). Zu dem ersten heteronormativen ‚Sündenfall' gesellt sich ein zweiter, der Schüler und Lehrer in ihrer homosozialen Beziehung restituiert. Wird der Lektürehorizont auf hybride Gestalten wie den Gliedermann/Gott in der Erzählung erweitert, wird auch die Ordnung des Humanen und der Metaphysik unterlaufen (Babka in Babka 2008a). Ob ein literarischer Text als kritisch gegenüber Heteronormativität positioniert werden soll, ob er sie affirmiert, parodiert oder subvertiert, ist eine prekäre Frage, die es für den jeweiligen Text sensibel und mit großer Bereitschaft zur Reflexion eigener Erkenntnisinteressen und Interpretationsmethoden zu diskutieren gilt. Ob jedes Ding, das seinen Weg in das semiologische Gefüge eines Texts findet, ein queeres Ding sein muss – auch wenn es sich um einen Text Gertrude Steins handelt –, muss dahingestellt bleiben (Strick 2012). Hier ergeht es den Queer Studies nicht anders als den Gender Studies, denn mit der inflationären Verwendung bei gleichzeitiger Etablierung des Konzepts geht bisweilen Substanz verloren, was bereits zu Anfang dieser Einführung thematisiert wurde.

Coda: Von den queeren Clownfischen

Statt einer Reprise soll hier am Ende eine Coda stehen, die die alltäglich-außergewöhnlichen Erzählungen über Geschlecht exemplarisch vor Augen führt. Es handelt sich zum einen um eine Figurenbeschreibung zu einem Walt Disney-Film und zum anderen um eine wissenschaftsjournalistische Erzählung. Der Charakterisierung der Fischfigur Marlin im Animationsfilm *Finding Nemo* (USA 2003) folgt kommentarlos und kontrastierend ein Bericht aus der *Süddeutschen Zeitung*:

> Nachdem er seine Frau und seine ganze Familie an den Ozean verloren hat, zieht Marlin das einzige Kind auf, das die Katastrophe überlebt hat: Nemo. Als Nemo beginnt, die Schule zu besuchen, macht Marlin seine Unfähigkeit, seinen Sohn ein eigenes Leben führen zu lassen, schwer zu schaffen. Als Nemo plötzlich von Tauchern entführt wird, muss Marlin versuchen, den Mut, die Weisheit und den Glauben aufzubringen, die er braucht, um in dem unberechenbaren Ozean nach seinem Sohn zu suchen – also genau die Eigenschaften, die er seinen Sohn ganz für sich allein erlernen lassen muss. Nur wenn ihm das gelingt, wird er Nemo wirklich finden.
> (http://www.disney.de/findet-nemo/charaktere.html#Marlin, 8.11.2012)

> In einer Gruppe von Clownfischen ist das größte Tier immer das Weibchen, das nächstgrößte das Männchen – alle kleineren Mitglieder sind zwar männlich, verhalten sich aber geschlechtsneutral. Stirbt das

Weibchen, entwickelt sich aus dem bisher zweitgrößten Männchen ein weibliches Tier. Von den übrigen steigt eines in den Rang des sexuell aktiven Männchens auf. (...) Die Wissenschaftler der Université de Liège haben festgestellt, dass die kleinen Clownfische ihre überlegenen Artgenossen nicht nur mit Gesten wie dem sogenannten „Kopfschütteln“ beschwichtigen, um Verletzungen zu vermeiden. Sie geben dabei auch bestimmte Geräusche ab. Und diese unterscheiden sich deutlich von den Tönen, die aggressive Clownfische produzieren. Offenbar sind die unterlegenen Tiere also in der Lage, größeren Artgenossen so etwas zuzurufen wie: „Ich bin kleiner als Du – und das weiß ich auch.“ („Was Clownfische zu sagen haben“, Süddeutsche Zeitung, 8.11.2012)

Literaturverzeichnis

1. Lexika, Handbücher, Anthologien

Abelove, Henry/Barale, Michèle Aina/Halperin, David M.: The Lesbian and Gay Studies Reader. New York 1993.

Becker, Ruth/Kortendiek, Beate (Hrsg.): Handbuch Frauen- und Geschlechterforschung. Theorie, Methode, Empirie. Wiesbaden 2004.

Bergmann, Franziska/Schößler, Franziska/Schreck, Bettina (Hrsg.): Gender Studies. Bielefeld 2012.

Braun, Christina von/Stephan, Inge (Hrsg.): Gender@Wissen. Ein Handbuch der Gender-Theorien. Köln, Weimar, Wien 2005.

Brinker-Gabler, Gisela (Hrsg.): Deutsche Literatur von Frauen. München 1988.

Brinker-Gabler, Gisela/Ludwig, Karola/Wöffen, Angela: Lexikon deutscher Schriftstellerinnen 1800–1945. München 1986.

Bußmann, Hadumod/Hof, Renate (Hrsg.): Genus. Geschlechterforschung/*Gender Studies* in den Kultur- und Sozialwissenschaften. Ein Handbuch. Erweiterte Neuausgabe. Stuttgart 2005.

Castle, Terry: The Literature of Lesbianism. A Historical Anthology from Ariosto to Stonewall. New York 2003.

Didier, Béatrice/Fouque, Antoinette/Calle-Gruber, Mireille (Hrsg.): Le Dictionnaire des femmes créatrices. 3 Bde. Paris 2013.

Eagleton, Mary (Hrsg.): Feminist Literary Theory. A Reader. 2. Aufl. Oxford UK, Cambridge Mass. 1996.

Eigler, Friederike Ursula/Kord, Susanne: The Feminist Encyclopedia of German Literature. Westport, Conn. 1997.

Freyer, Stefanie/Horn, Katrin/Grochowina, Nicole (Hrsg.): FrauenGestalten Weimar-Jena um 1800. Ein bio-bibliographisches Lexikon. Heidelberg 2009.

Gould, Carol C. (Hrsg.): Gender. Key Concepts in Critical Theory. Amherst, New York 1999.

Hall, Donald E./Jagose, Annamarie/Bebell, Andrea/Potter, Susan (Hrsg.): Routledge Queer Studies Reader. New York 2012.

Hechtfischer, Ute/Hof, Renate/Stephan, Inge/Veit-Wild, Flora (Hrsg.): Autorinnen Lexikon. Stuttgart 1998.

Klein, Christian (Hrsg.): Handbuch Biographie. Methoden, Traditionen, Theorien. Stuttgart, Weimar 2009.

Kroll, Renate (Hrsg.): Metzler Lexikon Gender Studies. Geschlechterforschung. Ansätze – Personen – Grundbegriffe. Stuttgart, Weimar 2002.

Lewis, Reina/Mills, Sara (Hrsg.): Feminist Post-Colonial Theory: A Reader. Edinburgh 2003.

Löw, Martina/Mathes, Bettina (Hrsg.): Schlüsselwerke der Geschlechterforschung. Wiesbaden 2005.

Loster-Schneider, Gudrun/Pailer, Gaby (Hrsg.): Lexikon deutschsprachiger Epik und Dramatik von Autorinnen. Tübingen 2006.

McCann, Carole R. (Hrsg.). Feminist Theory Reader: Local and Global Perspectives. New York 2003.

Reuter, Julia/Karentzos, Alexandra (Hrsg.): Schlüsselwerke der Postcolonial Studies. Wiesbaden 2012.

Rooney, Ellen (Hrsg.): The Cambridge Companion to Feminist Literary Theory. Cambridge, New York et al. 2006.

Schwarz, Henry/Ray, Sangeeta: A Companion to Postcolonial Studies. Malden, Oxford, Victoria 2005.

Sun, Emily/Peretz, Eyal/Baer, Ulrich (Hrsg.): The Claims of Literature: The Shoshana Felman Reader. New York 2007.

Wedel, Gudrun: Autobiographien von Frauen. Ein Lexikon. Köln, Weimar, Wien 2010.

Woods, Jean Muir/Fürstenwald, Maria: Schriftstellerinnen, Künstlerinnen und gelehrte Frauen des deutschen Barock. Stuttgart 1984.

2. Zeitschriften, Netzressourcen und Buchreihen

Zeitschriften

Feministische Studien, seit 1983. Archiv und Register, www.feministische-studien.de

figurationen. gender – literatur – kultur, seit 1999, www.figurationen.ch

Gender. Zeitschrift für Geschlecht, Kultur und Gesellschaft, seit 2009, www.gender-zeitschrift.de

Gender Forum. An Internet Journal for Gender Studies, seit 2002, www.genderforum.org

GLQ: A Journal of Lesbian and Gay Studies, seit 1993, http://glq.dukejournals.org

Journal of Gender Studies, seit 1991, http://www.tandfonline.com/loi/cjgs20.UaxVR-trRa8

The Journal of Men's Studies, seit 1992, http://www.mensstudies.info/journals/the-journal-of-mens-studies

Querelles. Jahrbuch für Frauen- und Geschlechterforschung. Printausgabe 1996–2010, seit 2011, www.querelles.de

querelles-net – Online-Rezensionszeitschrift für Frauen- und Geschlechterforschung, seit 2000, www.querelles-net.de

Women in German Yearbook, seit 1984, www.womeningerman.org/publications/year book/wig-year book.html

Netzressourcen

Ariadne – frauenspezifische Information und Dokumentation der Österreichischen Nationalbibliothek, http://www.onb.ac.at/ariadne/ariadne_da tenbank.htm

A Celebration of Women Writers (Internationales Autorinnen-Lexikon), http://digital.library.upenn.edu/women

Datenbank Schriftstellerinnen in Deutschland. Stiftung Frauen-Literatur-Forschung e. V., Bremen, http://dasind.zait.uni-bremen.de/recherche

Genderbibliothek an der HU Berlin: http://www2.gender.hu-berlin.de/genderbib/genderbi bliothek

GenderCampus. Plattform für Information, Kommunikation und Vernetzung von Geschlechterforschung und von Chancengleichheit an Schweizer Hochschulen, http://www.gendercampus.ch/de

Gender Glossar an der Universität Leipzig: www.gender-glossar.de

Gender Inn: Internet-Datenbank zur Frauen- und Geschlechterforschung an der Universität Köln, http://www.uni-koeln.de/phil-fak/englisch/datenbank

Gender@Wiki: www.genderwiki.de

Interdisziplinäres Zentrum für Frauen- und Geschlechterforschung (IFF), Universität Bielefeld, http://www.uni-bielefeld.de/IFF

Netzwerk Frauen- und Geschlechterforschung NRW, http://www.netzwerk-fgf.nrw.de

produktive | differenzen. Forum für differenz- und genderforschung der Universität Wien, http://differenzen.univie.ac.at/index.php

Zentraleinrichtung zur Förderung von Frauen- und Geschlechterforschung, FU Berlin, www.zefg.fu-berlin.de

Literaturwissenschaftliche Buchreihen

GenderCodes – Transkriptionen zwischen Wissen und Geschlecht. Hrsg. von Christina von Braun, Volker Hess und Inge Stephan. Bielefeld, seit 2006.

Geschlechterdifferenz & Literatur. Hrsg. von Ina Schabert und Gerhard Neumann. 14 Bde. Berlin 1994–2002.

Literatur – Kultur – Geschlecht. Große und kleine Reihe. Hrsg. von Anne-Kathrin Reulecke, Ulrike Vedder, Inge Stephan und Sigrid Weigel. Köln, seit 1992.

3. Zitierte Sammelbände und Einzelstudien

Adam, Wolfgang: Freundschaft und Geselligkeit. In: Gleimhaus Halberstadt (Hrsg.): Katalog des Freundschaftstempels im Gleimhaus in Halberstadt. Leipzig 2000, 9–34.

Albrecht, Monika: Theorien der Anerkennung – Literaturwissenschaftliche Appropriationen. In: Internationales Archiv für Sozialgeschichte der deutschen Literatur 37/2 (2012), 323–343.

Albrecht, Monika/Göttsche, Dirk (Hrsg.): Bachmann-Handbuch: Leben – Werk – Wirkung. Stuttgart, Weimar 2002.

Arnold, Heinz Ludwig/Korte, Hermann (Hrsg.): Literarische Kanonbildung. München 2002.

Assmann, Aleida: Kanonforschung als Provokation der Literaturwissenschaft. In: Heydebrand, Renate von (Hrsg.): Kanon Macht Kultur. Theoretische, historische und soziale Aspekte ästhetischer Kanonbildungen. Stuttgart, Weimar 1998, 47–59.

Austin, John L.: How to do Things with Words. William James Lectures at Harvard University in 1955.

New York 1968 (dt. Zur Theorie der Sprechakte / How to do things with words. Stuttgart 1986).

Baader, Meike Sophia/Bilstein, Johannes/Tholen, Toni (Hrsg.): Erziehung, Bildung und Geschlecht. Männlichkeiten im Fokus der Gender-Studies. Wiesbaden 2012.

Babka, Anna: Unterbrochen. Gender und die Tropen der Autobiographie. Wien 2002.

Babka, Anna (Hrsg.): Queer Reading in den Philologien. Modelle und Anwendungen. Göttingen 2008a.

Babka, Anna: „Sich in der Vorläufigkeit einrichten" oder „in-side-out". Postkoloniale Theorie und Queertheorie im Theorie- und Deutungskanon der Germanistischen Literaturwissenschaft. In: Struger, Jürgen (Hrsg.): Der Kanon – Perspektiven, Erweiterungen, Revisionen. Wien 2008b, 163–176.

Babka, Anna: Prozesse der (subversiven) *cross-identification*. Parodistische Performanz bei Judith Butler – koloniale *mimikry* bei Homi Bhabha. In: Grizelj, Mario/Jahraus, Oliver (Hrsg.): Theorietheorie. Wider die Theoriemüdigkeit in den Geisteswissenschaften. München 2011, 167–180.

Baisch, Katharina/Kappert, Ines/Schuller, Marianne/Strowick, Elisabeth/Gutjahr, Ortrud (Hrsg.): Gender Revisited. Subjekt- und Politikbegriffe in Kultur und Medien. Stuttgart, Weimar 2002.

Bal, Mieke: Travelling Concepts in the Humanities: A Rough Guide. Toronto 2002.

Barthes, Roland: Das Rauschen der Sprache (Kritische Essays IV). Aus dem Französischen von Dieter Hornig. Frankfurt am Main 2005.

Baur, Nina/Luedtke, Jens (Hrsg.): Die soziale Konstruktion von Männlichkeit. Hegemoniale und marginalisierte Männlichkeiten in Deutschland. Leverkusen 2008.

Beauvoir, Simone de: Das andere Geschlecht: Sitte und Sexus der Frau. Reinbek bei Hamburg 2000.

Becker-Cantarino, Barbara: Der lange Weg zur Mündigkeit. Frauen und Literatur in Deutschland von 1500 bis 1800. Stuttgart 1987.

Becker-Cantarino, Barbara: Genderforschung und Germanistik. Perspektiven von der Frühen Neuzeit zur Moderne. Berlin 2010.

Becker-Cantarino, Barbara: Kanon und Geschlecht in der Literaturgeschichte am Beispiel der Autorinnen der Romantik. In: Caemmerer, Christiane/Delabar, Walter/Schulz, Marion (Hrsg.): Autorinnen in der Literaturgeschichte. Konsequenzen der Frauenforschung für die Literaturgeschichtsschreibung und Literaturdokumentation. Kongressbericht. Osnabrück 1999, 11–27.

Becker-Cantarino, Barbara: Schriftstellerinnen der Romantik. Epoche – Werke – Wirkung. München 2000.

Beebee, Thomas O.: Epistolary Fiction in Europe 1500–1850. Cambridge 1999.

Begemann, Christian/Wellbery, David E. (Hrsg.): Kunst – Zeugung – Geburt. Theorien und Metaphern ästhetischer Produktion in der Neuzeit. Freiburg im Breisgau 2002.

Behnke, Dorothea: „daß dem weiblichen Geschlechte an Tapfferkeit / Klugheit / Gelehrsamkeit und andern Haupt-Tugenden, gar nichts fehle." Lexika zu Schriftstellerinnen aus dem deutschsprachigen Raum. Bestandsaufnahme und Analyse. Osnabrück 1999.

Benhabib, Seyla/Butler, Judith/Cornell, Drucilla/Fraser, Nancy (Hrsg.): Der Streit um Differenz. Feminismus und Postmoderne in der Gegenwart. Frankfurt am Main 1993.

Bennewitz, Ingrid: Frauenliteratur im Mittelalter oder feministische Mediävistik? Überlegungen zur Entwicklung der geschlechtergeschichtlichen Forschung in der germanistischen Mediävistik der deutschsprachigen Länder. In: Zeitschrift für Deutsche Philologie 112 (1993), 383–393.

Benstock, Shari: Textualizing the Feminine: On the Limits of Genre. Norman 1991.

Benthien, Claudia/Stephan, Inge (Hrsg.): Männlichkeit als Maskerade: Kulturelle Inszenierungen vom Mittelalter bis zur Gegenwart. Köln, Wien 2003.

Berger, Renate (Hrsg.): Frauen, Weiblichkeit, Schrift. Berlin 1985.

Berger, Renate/Stephan, Inge (Hrsg.): Weiblichkeit und Tod in der Literatur. Köln, Wien 1987.

Berns, Ute: The Concept of Performativity in Narratology. Mapping a Field of Investigation. In: European Journal of English Studies 13/1 (2009), 93–108.

Bettinger, Elfi/Funk, Julika (Hrsg.): Maskeraden: Geschlechterdifferenz in der literarischen Inszenierung. Berlin 1995.

Beyer, Martin: Das System der Verkennung: Christa Wolfs Arbeit am Medea-Mythos. Würzburg 2005.

Bhabha, Homi: The Location of Culture. New York 1994 (dt. Die Verortung der Kultur. Tübingen 2000).

Binder, Beate/Jähnert, Gabriele/Kerner, Ina/Kilian, Eveline/Nickel, Hildegard Maria: Travelling Gender Studies: Grenzüberschreitende Wissens- und Institutionentransfers. Münster 2011.

Bischoff, Doerte/Wagner-Egelhaaf, Martina (Hrsg.): Mitsprache, Rederecht, Stimmgewalt. Genderkritische Strategien und Transformationen der Rhetorik. Heidelberg 2006.

Bland, Caroline/Cross, Máire (Hrsg.): Gender and Politics in the Age of Letter-Writing, 1750–2000. Aldershot 2004.

Bland, Caroline/Müller-Adams, Elisa (Hrsg.): Frauen in der literarischen Öffentlichkeit 1780–1914. Bielefeld 2007a.

Bland, Caroline/Müller-Adams, Elisa (Hrsg.): Schwellenüberschreitungen. Politik in der Literatur von deutschsprachigen Frauen 1780–1918. Bielefeld 2007b.

Blawid, Martin: Von Kraftmenschen und Schwächlingen. Literarische Männlichkeitsentwürfe bei Lessing, Goethe, Schiller und Mozart. Berlin, New York 2011.

Blome, Eva: Reinheit und Vermischung. Literarisch-kulturelle Entwürfe von Rasse und Sexualität (1900–1930). Köln, Weimar, Wien 2011.

Blumenrath, Hendrik/Bodenburg, Julia/Hillman, Roger/Wagner-Egelhaaf, Martina: Transkulturalität. Türkisch-deutsche Konstellationen in Literatur und Film. Münster 2007.

Bock, Gisela/Zimmermann, Margarete: Die *Querelle des Femmes* in Europa. Eine begriffs- und forschungsgeschichtliche Einführung (Querelles. Jahrbuch für Frauenforschung). Stuttgart, Weimar 1997, 9–38.

Bödeker, Hans Erich (Hrsg.): Biographie schreiben. Göttingen 2003.

Bonner, Withold: „Der Vogel mit dem bunteren Gefieder". Redevielfalt als Maskerade in der Prosa Brigitte Reimanns. University of Tampere (Diss.) 2001.

Borkowski, Jan/Winko, Simone: Wer spricht das Gedicht? Noch einmal zum Begriff *lyrisches Ich* und zu seinen Ersetzungsvorschlägen. In: Bleumer, Hartmut/Emmelius, Caroline (Hrsg.): Lyrische Narrationen – Narrative Lyrik. Gattungsinterferenzen in der mittelalterlichen Literatur. Berlin, New York 2011, 43–77.

Bosse, Heinrich: Autorschaft ist Werkherrschaft. Über die Entstehung des Urheberrechts aus dem Geist der Goethezeit. Paderborn u.a. 1981.

Bovenschen, Silvia: Über die Frage: Gibt es eine weibliche Ästhetik? In: Ästhetik und Kommunikation 7/25 (1976), 60–75.

Bovenschen, Silvia: Die imaginierte Weiblichkeit. Exemplarische Untersuchungen zu kulturgeschichtlichen und literarischen Präsentationsformen des Weiblichen. Frankfurt am Main 1979.

Braun, Christina von/Stephan, Inge (Hrsg.): Gender-Studien: Eine Einführung. 2. Aufl. Stuttgart 2006.

Breger, Claudia/Döring, Tobias (Hrsg.): Figuren der/des Dritten. Erkundungen kultureller Zwischenräume. Amsterdam 1998.

Bronfen, Elisabeth/Goodwin, Sarah W. (Hrsg.): Death and Representation. Baltimore 1993.

Bronfen, Elisabeth: Over Her Dead Body. Death, Femininity and the Aesthetic. Manchester, New York 1992 (dt. Nur über ihre Leiche. Tod, Weiblichkeit und Ästhetik. Deutsch von Thomas Lindquist. Neuaufl. München 2004).

Bronfen, Elisabeth: Weiblichkeit und Repräsentation – aus der Perspektive von Semiotik, Ästhetik und Psychoanalyse. In: Bußmann, Hadumod/Hof, Renate (Hrsg.): Genus – Zur Geschlechterdifferenz in den Kulturwissenschaften. Stuttgart 1995, 409–445.

Bronfen, Elisabeth: Liebestod und Femme fatale. Der Austausch sozialer Energien zwischen Oper, Literatur und Film. Frankfurt am Main 2004.

Bublitz, Hannelore: Judith Butler zur Einführung. 3. Aufl. Hamburg 2010.

Bührmann, Andrea D.: Intersectionality – ein Forschungsfeld auf dem Weg zum Paradigma? Tendenzen, Herausforderungen und Perspektiven der Forschung über Intersektionalität. In: Gender. Zeitschrift für Geschlecht, Kultur und Gesellschaft 1/2 (2009), 28–44.

Bürger, Christa: Leben Schreiben: Die Klassik, die Romantik und der Ort der Frauen. Stuttgart 1990.

Butler, Judith: Gender Trouble. Feminism and the Subversion of Identity. New York 1990 (dt. Das Unbehagen der Geschlechter. Frankfurt am Main 1991).

Butler, Judith: Bodies that Matter. On the Discursive Limits of „Sex". New York 1993 (dt. Körper von Gewicht. Die diskursiven Grenzen des Geschlechts. Frankfurt am Main 1997).

Butler, Judith: Antigones Verlangen – Verwandtschaft zwischen Leben und Tod. Aus dem Amerikanischen von Reiner Ansén. Frankfurt am Main 2001 (orig. Antigone's Claim: Kinship Between Life and Death. New York 2000).

Butler, Judith: Kritik der ethischen Gewalt. Adorno-Vorlesungen 2002. Frankfurt am Main 2003 (orig. Giving an Account of Oneself. New York 2005).

Butler, Judith: Die Macht der Geschlechternormen und die Grenzen des Menschlichen. Frankfurt am Main 2009 (orig. Undoing Gender. New York, London 2004).

Butler, Judith/Spivak, Gayatri Chakravorty: Sprache, Politik, Zugehörigkeit. Aus dem Englischen von Michael Heitz und Sabine Schulz. 2. Aufl. Zürich 2011 (orig. Who sings the Nation-State? Language, Politics, Belonging. Oxford, New York, Calcutta 2007).

Casale, Rita/Rendtorff, Barbara (Hrsg.): Was kommt nach der Genderforschung? Zur Zukunft der feministischen Theoriebildung. Bielefeld 2008.

Cherry, Deborah: Autorschaft und Signatur. In: Hoffmann-Curtius, Kathrin/Wenk, Silke (Hrsg.): Mythen von Autorschaft und Weiblichkeit im 20. Jahrhundert. Beiträge der 6. Kunsthistorikerinnentagung. Tübingen 1997, 44–57.

Cixous, Hélène: Weiblichkeit in der Schrift. Aus dem Französischen übersetzt von Eva Duffner. Berlin 1980.

Cocalis, Susan L./Rose, Ferrel V./Obermeier, Karin (Hrsg.): Thalia's Daughters. German Women Dramatists from the Eighteenth Century to the Present. Tübingen 1996.

Cranny-Francis, Anne: Gender Studies. Terms and Debates. Basingstoke 2003.

Culler, Jonathan: Dekonstruktion. Derrida und die poststrukturalistische Literaturtheorie. Reinbek bei Hamburg 1988.

Damm, Sigrid: Christiane und Goethe. Frankfurt am Main 2001.

Dane, Gesa: „Zeter und Mordio". Vergewaltigung in Literatur und Recht. Göttingen 2005.

Degele, Nina: Gender/Queer Studies. Paderborn 2008.

Derks, Paul: Die Schande der heiligen Päderastie. Homosexualität und Öffentlichkeit in der deutschen Literatur 1750–1850. Berlin 1990.

Detering, Heinrich: Das offene Geheimnis. Zur literarischen Produktivität eines Tabus von Winckelmann bis zu Thomas Mann. 2., überarbeitete Aufl. Göttingen 2002.

Dietze, Gabriele: Weiße Frauen in Bewegung. Genealogien und Konkurrenzen von Race- und Genderpolitiken. Bielefeld 2013.

Dietze, Gabriele/Hark, Sabine (Hrsg.): Gender kontrovers. Genealogien und Grenzen einer Kategorie. Sulzbach im Taunus 2006.

Dölling, Irene: Der Mensch und sein Weib. Frauen- und Männerbilder. Geschichtliche Ursprünge und Perspektiven. Berlin 1991.

Dörr, Volker: Mythomimesis. Mythische Geschichtsbilder in der westdeutschen (Erzähl-)Literatur der frühen Nachkriegszeit (1945–1952). Berlin 2004.

Eagleton, Mary: A Concise Companion to Feminist Theory. Oxford, Malden MA 2003.

Eggert, Hartmut/Garbe, Christine: Literarische Sozialisation. Stuttgart, Weimar 2003.

Ellmann, Mary: Thinking About Women. New York 1968.

Engel, Antke: Wider die Eindeutigkeit. Sexualität und Geschlecht im Fokus queerer Politik der Repräsentation. Frankfurt am Main 2002.

Erhart, Walter: Familienmänner. Über den literarischen Ursprung moderner Männlichkeit. München 2001.

Erhart, Walter: Das zweite Geschlecht: „Männlichkeit", interdisziplinär. Ein Forschungsbericht. In: Internationales Archiv für Sozialgeschichte der deutschen Literatur 30/2 (2006), 156–232.

Erhart, Walter/Herrmann, Britta: Feministische Zugänge – ‚Gender Studies'. In: Arnold, Heinz Ludwig/Detering, Heinrich (Hrsg.): Grundzüge der Literaturwissenschaft. München 1996, 498–515.

Erhart, Walter/Herrmann, Britta (Hrsg.): Wann ist der Mann ein Mann? Stuttgart, Weimar 1997.

Eßlinger, Eva/Schlechtriemen, Tobias/Schweitzer, Doris/Zons, Alexander (Hrsg.): Die Figur des Dritten. Ein kulturwissenschaftliches Paradigma. Frankfurt am Main 2010.

Fausto-Sterling, Anne: Sexing the Body. Gender Politics and the Construction of Sexuality. New York 2000.

Felman, Shoshana: The Literary Speech Act. Don Juan with J. L. Austin, or Seduction in Two Languages. Ithaca 1983.

Fenske, Uta/Hülk, Walburga/Schuhen, Gregor (Hrsg.): Die Krise als Erzählung. Transdisziplinäre Perspektiven auf ein Narrativ der Moderne. Bielefeld 2013.

Fetz, Bernhard (Hrsg.): Die Biographie – Zur Grundlegung ihrer Theorie. Berlin, New York 2009.

Fetz, Bernhard/Hemecker, Wilhelm (Hrsg.): Theorie der Biographie. Grundlagentexte und Kommentar. Berlin 2011.

Fischer, Karin/Kilian, Eveline/Schönberg, Jutta (Hrsg.): Bildersturm im Elfenbeinturm. Ansätze feministischer Literaturwissenschaft. Tübingen 1992.

Fischer-Lichte, Erika: Ästhetik des Performativen. Frankfurt am Main 2004.

Fischer-Lichte, Erika: Performativität. Eine Einführung. 2. Aufl. Bielefeld 2013.

Fleig, Anne: Handlungs-Spiel-Räume. Dramen von Autorinnen im Theater des ausgehenden 18. Jahrhunderts. Würzburg 1999.

Fleig, Anne (Hrsg.): Die Zukunft der Gender Studies. Frankfurt am Main 2014.

Fleig, Anne/Meise, Helga (Hrsg.): Gattung und Geschlecht. Wolfenbüttel 2005 (Das achtzehnte Jahrhundert, Bd. 29).

Foucault, Michel: Sexualität und Wahrheit, 3 Bde. Übersetzt von Ulrich Raulff und Walter Seiter. Frankfurt am Main 1983, 1986, 1990.

Foucault, Michel: Schriften zur Literatur. Hg. von Daniel Defert und François Ewald unter Mitarbeit von Jacques Lagrange. Übersetzt von Michael Bischoff, Hans-Dieter Gondek und Hermann Kocyba. Auswahl und Nachwort von Martin Stingelin. Frankfurt am Main 2003.

Fraisse, Geneviève: Muse de la raison. La démocratie exclusive et la différence des sexes. Aix-en-Provence 1989 (engl. Reason's Muse: Sexual Difference and the Birth of Democracy. Chicago 1994).

Frei Gerlach, Franziska: Schrift und Geschlecht: Feministische Entwürfe und Lektüren von Marlen Haushofer, Ingeborg Bachmann und Anne Duden. Berlin 1998.

Frei Gerlach, Franziska: Wybervolk. Intersektionalität von Geschlecht, Stand und Nation bei Jeremias Gotthelf. In: Deutsche Vierteljahrsschrift für Literaturwissenschaft und Geistesgeschichte 86/2 (2012), 293–309.

Friedman, Susan Stanford: Weavings: Intertextuality and the (Re)Birth of the Author. In: Clayton, Jay/Rothstein, Eric (Hrsg.): Influence and Intertextuality in Literary History. Madison 1991, 146–180.

Fronius, Helen: Women and Literature in the Goethe Era 1770–1820: Determined Dilettants. Oxford 2007.

Funken, Christiane: Digital Doing Gender. In: Münker, Stefan/Roesler, Alexander (Hrsg.): Praxis Internet. Kulturtechniken der vernetzten Welt. Frankfurt am Main 2002, 158–181.

Furger, Carmen: Briefsteller. Das Medium „Brief" im 17. und frühen 18. Jahrhundert. Köln 2010.

Garber, Marjorie: Vested Interests: Cross-Dressing and Cultural Anxiety. New York, London 1991.

Gaunt, Simon: Gender and Genre in Medieval French Literature. Cambridge 1995.

Geffers, Andrea: Stimmen im Fluß. Wasserfrau-Entwürfe von Autorinnen. Literarische Beiträge zum Geschlechterdiskurs von 1800–2000. Frankfurt am Main 2007.

Gerhard, Ute: Bürgerrechte und Geschlecht. Herausforderungen für ein soziales Europa. Hamburg 2001.

Gerund, Katharina: „Alle Menschen werden Schwestern"? Präsenz, implizites Wissen und feministische Solidarität. In: Ernst, Christoph/Paul, Heike (Hrsg.): Präsenz und implizites Wissen. Zur Interdependenz zweier Schlüsselbegriffe der Kultur- und Sozialwissenschaften. Bielefeld 2013, 185–209.

Gildemeister, Regine/Robert, Günther: Geschlechterdifferenzierungen in lebenszeitlicher Perspektive. Interaktion, Institution, Biografie. Wiesbaden 2008.

Gilleir, Anke: „Wir überschlagen den Schiffskatalog der Ilias und halten uns an die Feldherren". Betrachtungen über „die Romantikerinnenrezeption" aus der Genderperspektive. In: Amsterdamer Beiträge zur Neueren Germanistik 67/1 (2009), 83–102.

Gippert, Wolfgang/Götte, Petra/Kleinau, Elke (Hrsg.): Transkulturalität. Gender- und bildungshistorische Perspektiven. Bielefeld 2008.

Glawion, Sven/Yekani, Elahe Haschemi/Husmann-Kastein, Jana (Hrsg.): Erlöser. Figurationen männlicher Hegemonie. Bielefeld 2007.

Gleixner, Ulrike: Pietismus und Bürgertum. Eine Historische Anthropologie der Frömmigkeit. Göttingen 2005.

Gleixner, Ulrike (Hrsg.): Gendering Tradition. Erinnerungskultur und Geschlecht im Pietismus. Korb 2007.

Gluckman, Catherine Bailey: Constructing Queer Female Identities in Late Realist German Ficition. In: German Life and Letters 65/3 (2012), 318–332.

Gnüg, Hiltrud/Möhrmann, Renate (Hrsg.): Frauen, Literatur, Geschichte. 2. Aufl. Stuttgart 1999.

Graf, Werner: Sachtexte zum Fantasieren. Die männliche Variante der literarischen Sozialisation in der Jugendphase. In: Josting, Petra/Stenzel, Gudrun (Hrsg.): Sachliteratur. 15. Beiheft der Beiträge Jugendliteratur und Medien, 2004, 33–43.

Greber, Erika: Petrarkismus als Geschlechtercamouflage? Die Liebeslyrik der Barockdichterin Sibylle Schwarz. In: Kraß, Andreas/Tischel, Alexandra (Hrsg.): Bündnis und Begehren. Ein Symposium über die Liebe. Berlin 2002, 142–168.

Griep, Wolfgang/Pelz, Annegret: Frauen reisen. Ein bibliographisches Verzeichnis deutschsprachiger Frauenreisen 1700 bis 1810. Bremen 1995.

Griese, Sabine u. a. (Hrsg.): Die Leseliste: kommentierte Empfehlungen. Stuttgart 2007.

Grisard, Dominique/Häberlein, Jana/Kaiser, Anelis/Saxer, Sibylle (Hrsg.): Gender in Motion. Die Konstruktion von Geschlecht in Raum und Erzählung. Frankfurt am Main 2007.

Großmaß, Ruth: Orientierung und Verwirrung – Zur Bedeutung von Bildern im feministischen Diskurs. In: Großmaß, Ruth/Schmerl, Christiane (Hrsg.): Leitbilder, Vexierbilder und Bildstörungen: Über die Orientierungsleistung von Bildern in der feministischen Geschlechterdebatte. Frankfurt am Main 1996, 19–56.

Gutjahr, Ortrud: Iphigenie – Penthesilea – Medea. Zur Klassizität weiblicher Mythen bei Goethe, Kleist und Grillparzer. In: Henn, Marianne/Hufeisen, Britta (Hrsg.): Frauen: MitSprechen, MitSchreiben. Beiträge zur literatur- und sprachwissenschaftlichen Frauenforschung. Stuttgart 1997, 223–243.

Gymnich, Marion/Nünning, Ansgar (Hrsg.): Funktionen von Literatur. Theoretische Grundlagen und Modellinterpretationen. Trier 2005.

Hacker, Hanna: Queer entwickeln: Feministische und postkoloniale Analysen. Wien 2012.

Hacker, Lucia: Schreibende Frauen um 1900: Rollen – Bilder – Gesten. Münster 2007.

Hahn, Barbara: Unter falschem Namen. Von der schwierigen Autorschaft der Frauen. Frankfurt am Main 1991.

Hahn, Barbara: Vergessene Briefe. Erkundungen am Rand des literarischen Kanons. In: Heydebrand, Renate von (Hrsg.): Kanon Macht Kultur. Theoretische, historische und soziale Aspekte ästhetischer Kanonbildung. Stuttgart 1998, 132–147.

Halberstam, J. Jack: Gaga Feminism. Sex, Gender, and the End of Normal. Boston 2012.

Halberstam, Judith: Female Masculinity. Durham 1998.

Hall, Donald E.: Reading Sexualities: Hermeneutic Theory and the Future of Queer Studies. Milton Park, New York 2009.

Halley, Janet/Parker, Andrew (Hrsg.): After Sex? On Writing since Queer Theory. Durham 2011.

Häntzschel, Günter (Hrsg.): Bildung und Kultur bürgerlicher Frauen, 1850–1918. Eine Quellendokumentation aus Anstandsbüchern und Lebenshilfen für Mädchen und Frauen als Beitrag zur weiblichen literarischen Sozialisation. Tübingen 1986.

Haraway, Donna: Die Neuerfindung der Natur. Primaten, Cyborgs und Frauen. Aus dem Englischen übersetzt von Dagmar Fink. Frankfurt am Main, New York 1995.

Hark, Sabine: Deviante Subjekte Die paradoxe Politik der Identität. 2. Aufl. Opladen 1999.

Härtel, Insa: Symbolische Ordnungen umschreiben. Autorität, Autorschaft und Handlungsmacht. Bielefeld 2009.

Hartling, Florian: Der digitale Autor. Autorschaft im Zeitalter des Internets. Bielefeld 2009.

Hegemann, Anne: Linas Kanon – Leseempfehlungen für das weibliche Geschlecht bei Sophie von La Roche. In: Lütteken, Anett/Weishaupt, Matthias/Zelle, Carsten (Hrsg.): Der Kanon im Zeitalter der Aufklärung. Göttingen 2009, 112–145.

Heilbrun, Carolyn G.: Writing a Woman's Life. New York 1988.

Heinrich-Böll-Stiftung: Migrationsliteratur. Eine neue deutsche Literatur. Dossier. Berlin 2009 (http://www.migration-boell.de/web/integration/47_1990.asp).

Heitmann, Annegret/Nieberle, Sigrid/Schaff, Barbara/Schülting, Sabine (Hrsg.): Bi-Textualität. Inszenierungen des Paares. Berlin 2001.

Hellinger, Marlis/Bußmann, Hadumod (Hrsg.): Gender Across Languages. The Linguistic Representation of Women and Men, 3 Vols. Philadelphia PA 2001–2003.

Helmkamp, Kerstin: Gender und Genre. Die „Gefangenschafts-" und „Ehelieder" des Oswald von Wolkenstein. Berlin 2003 (FU Diss.).

Hemecker, Wilhelm (Hrsg.): Die Biographie: Beiträge zu ihrer Geschichte. Berlin, New York 2009.

Henckmann, Gisela (Hrsg.): Werde, die du bist! Zwischen Anpassung und Selbstbestimmung. Texte deutschsprachiger Schriftstellerinnen des 19. Jahrhunderts. München 1993.

Herbold, Astrid: Eingesaugt & Rausgepresst: Verschriftlichungen des Körpers und Verkörperungen der Schrift. Würzburg 2004.

Hess, Sabine/Langreiter, Nikola/Timm, Elisabeth (Hrsg.): Intersektionalität revisited. Empirische, theoretische und methodische Erkundungen. Bielefeld 2011.

Hilmes, Carola: Die Femme fatale: Ein Weiblichkeitstypus in der nachromantischen Literatur. Stuttgart 1990.

Hilmes, Carola: Skandalgeschichten. Aspekte einer Frauenliteraturgeschichte. Königstein im Taunus 2004 (Kap. 3 auch in www.goethezeitportal.de).

Hochreiter, Susanne: Franz Kafka: Raum und Geschlecht. Würzburg 2007.

Hölz, Karl/Schmidt-Linsenhoff, Viktoria/Uerlings, Herbert (Hrsg.): Beschreiben und Erfinden. Figuren des Fremden vom 18. bis zum 20. Jahrhundert. Frankfurt am Main 2000.

Hof, Renate/Rohr, Susanne (Hrsg.): Inszenierte Erfahrung. Gender und Genre in Tagebuch, Autobiographie, Essay. Tübingen 2008.

Hoff, Walburga/Kleinau, Elke/Schmid, Pia (Hrsg.): Gender-Geschichte/n. Ergebnisse bildungshistorischer Frauen- und Geschlechterforschung. Köln, Weimar, Wien 2008.

Holdenried, Michaela (Hrsg.): Geschriebenes Leben. Autobiographik von Frauen. Berlin 1995.

Holtmont, Alfred: Die Hosenrolle. Variationen über das Thema ‚Das Weib als Mann'. München 1925.

Honegger, Claudia: Die Ordnung der Geschlechter. Die Wissenschaften vom Menschen und das Weib 1750–1850. Frankfurt am Main 1991.

Horstkotte, Silke: Androgyne Autorschaft. Poesie und Geschlecht im Prosawerk Clemens Brentanos. Reprint. Berlin 2011.

Hülk, Walburga/Schuhen, Gregor/Schwan, Tanja (Hrsg.): (Post-)Gender. Choreographien / Schnitte. Bielefeld 2006.

Hurrelmann, Bettina: Man müsste ein Mann sein ...? Interpretationen und Kontroversen zu Geschlechtertausch-Geschichten in der Frauenliteratur. Düsseldorf 1987.

Jancke, Gabriele: Autobiographie als soziale Praxis. Beziehungskonzepte in Selbstzeugnissen des 15. und 16. Jahrhunderts im deutschsprachigen Raum. Köln, Weimar, Wien 2002.

Jancke, Gabriele/Ulbrich, Claudia (Hrsg.): Vom Individuum zur Person. Neue Konzepte im Spannungsfeld von Autobiographietheorie und Selbstzeugnisforschung. Göttingen 2005.

Jankowski, Theodora A.: Pure Resistance: Queer Virginity in Early Modern English Drama. Philadelphia 2000.

Jeffords, Susan: The „Remasculiniziation" of Germany in the 1950s: Discussion. In: Signs 24/1 (1998), 163–169.

Jehle, Hiltgund: Ida Pfeiffer. Weltreisende im 19. Jahrhundert. Zur Kulturgeschichte reisender Frauen. Münster 1989.

Jerome, Roy (Hrsg.): Conceptions of Postwar German Masculinity. Albany 2001.

Jost, Erdmut: Landschaftsblick und Landschaftsbild. Freiburg im Breisgau 2005.

Kafitz, Dieter: Literaturtheorien in der textanalytischen Praxis. Würzburg 2007.

Keck, Annette/Günter, Manuela: Weibliche Autorschaft und Literaturgeschichte: Ein Forschungsbericht. In: Internationales Archiv für Sozialgeschichte der deutschen Literatur 26/2 (2001), 201–233.

Kerner, Ina: Alles intersektional? Zum Verhältnis von Rassismus und Sexismus. In: Feministische Studien 2 (2011), 36–50.

Kilian, Eveline: GeschlechtSverkehrt. Theoretische und literarische Perspektiven des gender-bending. Königstein 2004.

Klein, Christian (Hrsg.): Handbuch Biographie. Methoden, Traditionen, Theorien. Stuttgart, Weimar 2009.

Klinger, Cornelia: Für einen Kurswechsel in der Intersektionalitätsdebatte. In: http://portal-intersektionalitaet.de/uploads/media/Klinger.pdf (2012), 20 S.

Klüger, Ruth: Frauen lesen anders. Essays. München 1996 (zuerst 1994).

Klüger, Ruth: Gemalte Fensterscheiben. Über Lyrik. 2. Aufl. Göttingen 2007.

Knapp, Mona/Labroisse, Gerd (Hrsg.): Frauen-Fragen in der Literatur seit 1945. Amsterdam, Atlanta 1989.

Kofmann, Sarah: Die Kindheit der Kunst. Eine Interpretation der Freudschen Ästhetik („L'enfance de l'art"). München 1993.

Kogler, Susanne/Knaus, Kordula (Hrsg.): Autorschaft – Genie – Geschlecht. Musikalische Schaffensprozesse von der frühen Neuzeit bis zur Gegenwart. Wien, Köln 2013.

Kord, Susanne: Ein Blick hinter die Kulissen. Deutschsprachige Dramatikerinnen im 18. und 19. Jahrhundert. Stuttgart 1992.

Kord, Susanne: Sich einen Namen machen. Anonymität und weibliche Autorschaft 1700–1900. Stuttgart 1996.

Kormann, Eva: Ich, Welt und Gott. Autobiographik im 17. Jahrhundert. Köln, Weimar, Wien 2004.

Koschorke, Albrecht: Körperströme und Schriftverkehr. Mediologie des 18. Jahrhunderts. München 1999.

Kraß, Andreas (Hrsg.): Queer denken. Gegen die Ordnung der Sexualität (Queer Studies). Frankfurt am Main 2005.

Kraß, Andreas/Tischel, Alexandra (Hrsg.): Bündnis und Begehren. Ein Symposium über die Liebe. Berlin 2002.

Kraß, Andreas: Der Stachel im Fleische. Kleists *Marionettentheater* – ein Queer Reading. In: Literatur für Leser 30/3 (2007), 123–132.

Kristeva, Julia: Bachtin, das Wort, der Dialog und der Roman. In: Ihwe, Jens (Hrsg.): Literaturwissenschaft und Linguistik, Bd. 3. Frankfurt am Main 1972, 345–375.

Kristeva, Julia: Die Revolution der poetischen Sprache. Übersetzt von Reinold Werner. Frankfurt am Main 1978.

Künzel, Christine/Schönert, Jörg (Hrsg.): Autorinszenierungen: Autorschaft und literarisches Werk im Kontext der Medien. Würzburg 2007.

Kutzner, Edeltraut: Diversity Management zwischen Ökonomisierung und Gleichstellungspolitik. In: Gender. Zeitschrift für Geschlecht, Kultur und Gesellschaft 2/2 (2010), 25–40.

Labouvie, Eva (Hrsg.): Schwestern und Freundinnen. Zur Kulturgeschichte weiblicher Kommunikation. Köln, Weimar 2009.

Läubli, Martina/Sahli, Sabrina (Hrsg.): Männlichkeiten denken. Aktuelle Perspektiven der kulturwissenschaftlichen Masculinity Studies. Bielefeld 2011.

Landfester, Ulrike: „Sie und kein anderer war Romeo". Anmaßung und Freiheit der Frau in Männerkleidung in der Literatur der Kunstperiode. In: Hinderer, Walter (Hrsg.): Codierungen von Liebe in der Kunstperiode. Würzburg 1997, 85–112.

Lanser, Susan S.: Fictions of Authority. Women Writers and Narrative Voice. Ithaca, London 1992.

Lanser, Susan S.: Sexing Narratology. Toward a Gendered Poetics of Narrative Voice. In: Grünzweig, Walter/Solbach, Walter (Hrsg.): Grenzüberschreitungen. Narratologie im Kontext / Transcending Boundaries. Narratology in Context. Tübingen 1999, 167–183.

Laqueur, Thomas: Auf den Leib geschrieben. Die Inszenierung der Geschlechter von der Antike bis Freud. Frankfurt am Main, New York 1992 (orig. Making Sex. Body and Gender from the Greeks to Freud. Cambridge Mass. 1990).

Lauretis, Teresa de: Alice Doesn't: Feminism, Semiotics, and Cinema. Bloomington 1984.

Lehms, Georg Christian: Teutschlands galante Poetinnen mit ihren sinnreichen und netten Proben: Nebst einem Anhang ausländischer Dames. Reprints 1966 und 1973. Frankfurt am Main 1715.

Lehnert, Gertrud: Maskeraden und Metamorphosen. Als Männer verkleidete Frauen in der Literatur. Würzburg 1994.

Lewis, Reina: Gendering Orientalism: Race, Femininity and Representation. London, New York 1995.

Lewis, Reina: Rethinking Orientalism: Women, Travel and the Ottoman Harem. London, New York 2004.

Liebrand, Claudia: Als Frau lesen? In: Bosse, Heinrich/Renner, Ursula (Hrsg.): Literaturwissenschaft. Einführung in ein Sprachspiel. Freiburg im Breisgau 1999, 385–400.

Liebrand, Claudia: Kreative Refakturen. Annette von Dorste-Hülshoffs Texte. Freiburg im Breisgau 2008.

Liebrand, Claudia/Steiner, Ines (Hrsg.): Hollywood hybrid. Genre und Gender im zeitgenössischen Mainstream-Film. Marburg 2004.

Lindhoff, Lena: Einführung in die feministische Literaturtheorie. Stuttgart, Weimar 1995.

Lorey, Christoph/Plews, John L. (Hrsg.): Queering the Canon. Defying Sights in German Literature and Culture. Columbia 1998.

Lücke, Bärbel: Die Bilder stürmer, die Wand hochgehen. Eine dekonstruktivistische Analyse von Elfriede Jelineks *Prinzessinnendramen Der Tod und das Mädchen IV. Jackie* und *V. Die Wand*. In: Literatur für Leser 27/1 (2004), 22–41.

Lühe, Irmela von der: Erika Mann. Eine Biographie. 6. Aufl. Frankfurt am Main 2002.

Lühe, Irmela von der (Hrsg.): Entwürfe von Frauen. Berlin 1982.

Lühe, Irmela von der/Runge, Anita (Hrsg.): Biographisches Erzählen (Querelles. Jahrbuch für Frauenforschung). Stuttgart, Weimar 2001.

Mae, Michiko/Saal, Britta (Hrsg.): Transkulturelle Genderforschung. Ein Studienbuch zum Verhältnis von Kultur und Geschlecht. Wiesbaden 2007.

Mamozai, Martha: Schwarze Frau, weiße Herrin. Frauenleben in den Kolonien. Reinbek bei Hamburg 1982.

Man, Paul de: Allegorien des Lesens. Aus dem Amerikanischen von Werner Hamacher und Peter Krumme. Frankfurt am Main 1988 (orig. Allegories of Reading. New Haven 1979).

Marian, Esther: Zum Zusammenhang von Biographie, Subjektivität und Geschlecht. In: Fetz, Bernhard (Hrsg.): Die Biographie – Zur Grundlegung ihrer Theorie. Berlin, New York 2009, 169–198.

Marquardt, Franka: ‚Race', ‚class' und ‚gender' in Theodor Fontanes *Mathilde Möhring*. In: Deutsche Vierteljahrsschrift für Literaturwissenschaft und Geistesgeschichte 86/2 (2012), 310–327.

Martínez, Matías: Das lyrische Ich. Verteidigung eines umstrittenen Begriffs. In: Detering, Heinrich (Hrsg.): Autorschaft. Positionen und Revisionen. Stuttgart, Weimar 2002, 376–389.

Martus, Steffen: Werkpolitik. Zur Literaturgeschichte kritischer Kommunikation vom 17. bis ins 20. Jahrhundert. Berlin, New York 2007.

Masanek, Nicole: Männliches und weibliches Schreiben. Zur Konstruktion und Subversion in der Literatur. Würzburg 2005.

May, Anja: Wilhelm Meisters Schwestern. Bildungsromane von Frauen im 18. Jahrhundert: „Geschichte des Fräuleins von Sternheim" und „Julchen Grünthal". Königstein im Taunus 2006.

Mayer, Gesa: Queere Freunde um Bernhard. In: Fähnders, Walter/Rohlf, Sabine (Hrsg.): Annemarie Schwarzenbach. Analysen und Erstdrucke. Bielefeld 2005, 63–77.

Menke, Bettine: Prosopopoiia: Stimme und Text bei Brentano, Hoffmann, Kleist und Kafka. München 2000.

Mikota, Jana: Mädchenbildung in Lesebüchern des ausgehenden 19. und des beginnenden 20. Jahrhunderts. In: Korte, Hermann/Zimmer, Ilonka (Hrsg.): Das Lesebuch 1800–1945. Ein Medium zwischen literarischer Kultur und pädagogischem Diskurs. Frankfurt am Main u.a. 2006, 197–211.

Miller, Nancy K.: The Heroine's Text: Readings in the French and English Novel, 1722–1782. New York 1980.

Miller, Nancy K.: Subject to Change. Reading Feminist Writing. New York 1988.

Möhrmann, Renate: Die andere Frau. Emanzipationsansätze deutscher Schriftstellerinnen im Vorfeld der Achtundvierziger-Revolution. Stuttgart 1977.

Moi, Toril: Sexus, Text, Herrschaft. Feministische Literaturtheorie. Bremen 1989.

Müller, Wolfgang/Pilgrim, Volker Elis/Pross, Herbert/Roesch, Hans Karlheinz: Männerbilder. Geschichten und Protokolle. München 1976.

Müller-Funk, Wolfgang: Die Kultur und ihre Narrative. Eine Einführung. Wien, New York 2002.

Nave-Herz, Rosemarie: Die Geschichte der Frauenbewegung in Deutschland. Bonn 1993.

Nenon, Monika: Autorschaft und Frauenbildung. Das Beispiel Sophie von La Roche. Würzburg 1988.

Neubauer-Petzoldt, Ruth: Grenzgänge der Liebe. Ingeborg Bachmanns „Undine geht". In: Mayer, Mathias (Hrsg.): Werke von Ingeborg Bachmann. Stuttgart 2000, 156–175.

Neumann-Holzschuh, Ingrid (Hrsg.): Gender, Genre, Geschlecht. Sprach- und literaturwissenschaftliche Beiträge zur Gender-Forschung. Tübingen 2001.

Nieberle, Sigrid: Rückkehr einer Scheinleiche? Ein erneuter Versuch über die Autorin. In: Jannidis, Fotis/Lauer, Gerhard et al. (Hrsg.): Rückkehr des Autors. Zur Erneuerung eines umstrittenen Begriffs. Tübingen 1999, 255–272.

Nieberle, Sigrid: Knopfdruck. Serialität & Kitsch in computergenerierten Texten. In: Bippus, Elke/Sick, Andrea (Hrsg.): Serialität: Reihen und Netze. Thea-Lit Laboratorium. Bremen 2000 (verfügbar unter www.thealit.de/serialitaet).

Nieberle, Sigrid: FrauenMusikLiteratur. Deutschsprachige Schriftstellerinnen im 19. Jahrhundert. 2. Aufl. Herbolzheim 2002.

Nieberle, Sigrid: Feldbusch-Kerner-Schwarzer und die Medialität sexistischer Rede. In: Knopf, Kerstin/Schneikart, Monika (Hrsg.): Sex/ismus und Medien. Herbolzheim 2007, 55–71.

Nieberle, Sigrid: Literarhistorische Filmbiographien.

Autorschaft und Literaturgeschichte im Kino. Berlin 2008.

Nieberle, Sigrid/Strowick, Elisabeth (Hrsg.): Narration und Geschlecht: Texte, Medien, Episteme. Köln, Weimar, Wien 2006.

Niethammer, Ortrun: Autobiographien von Frauen im 18. Jahrhundert. Basel 2000.

Niethammer, Ortrun/Preusser, Heinz-Peter/Rétif, Françoise (Hrsg.): Mythen der sexuellen Differenz: Übersetzungen, Überschreibungen, Übermalungen = Mythes de la différence sexuelle. Heidelberg 2007.

Nünning, Vera/Nünning, Ansgar (Hrsg.): Erzähltextanalyse und Gender Studies. Stuttgart 2004.

Orgel, Stephen: Impersonations. The Performance of Gender in Shakespeare's England. Cambridge 1996.

Osinski, Jutta: Einführung in die feministische Literaturwissenschaft. Berlin 1998.

Ott, Michael: Das ungeschriebene Gesetz. Ehre und Geschlechterdifferenz in der deutschen Literatur um 1800. Freiburg im Breisgau 2001.

Pailer, Gaby/Schößler, Franziska: GeschlechterSpielRäume. Dramatik, Theater, Performance und Gender. Amsterdam 2010.

Paul, Janina Christine: Reiseschriftstellerinnen zwischen Orient und Okzident. Analyse ausgewählter Reiseberichte des 19. Jahrhunderts. Würzburg 2013.

Pelz, Annegret: Reisen durch die eigene Fremde. Reiseliteratur von Frauen als autogeographische Schriften. Köln 1993.

Pfitzinger, Elke: Die Aufklärung ist weiblich. Frauenrollen im Drama um 1800. Würzburg 2011.

Pöggeler, Otto: Schicksal und Geschichte. Antigone im Spiegel der Deutungen und Gestaltungen seit Hegel und Hölderlin. München 2004.

Popp, Wolfgang: Männerliebe. Homosexualität und Literatur. Stuttgart 1992.

Pott, Sandra: Poetiken. Poetologische Lyrik, Poetik und Ästhetik von Novalis bis Rilke. Berlin, New York 2004.

Pritsch, Sylvia: Rhetorik des Subjekts. Zur textuellen Konstruktion des Subjekts in feministischen und anderen postmodernen Diskursen. Bielefeld 2008.

Purdy, Daniel: Sophie Mereau's Authorial Masquerade and the Subversion of Romantic *Poesie*. In: Women in German WIG Yearbook 13 (1997), 29–48.

Ramm, Elke: Autobiographische Schriften deutschsprachiger Autorinnen um 1800. Hildesheim 1998.

Reiche, Claudia/Sick, Andrea (Hrsg.): do not ~~exist~~. europe, women, digital medium. Bremen 2006.

Reinlein, Tanja: Der Brief als Medium der Empfindsamkeit. Erschriebene Identitäten und Inszenierungspotentiale. Würzburg 2003.

Rheinberger, Hans-Jörg: Experiment, Differenz, Schrift: Zur Geschichte epistemischer Dinge. Marburg 1992.

Richard, Birgit: Sheroes. Genderspiele im virtuellen Raum. Bielefeld 2004.

Rinnert, Andrea: Körper, Weiblichkeit, Autorschaft. Eine Inspektion feministischer Literaturtheorien. Königstein im Taunus 2001.

Roebling, Irmgard (Hrsg.): Lulu, Lilith, Mona Lisa ... Frauenbilder der Jahrhundertwende. Pfaffenweiler 1989.

Röckelein, Hedwig/Schoell-Glass, Charlotte/Müller, Maria E.: Jeanne d'Arc, oder wie Geschichte eine Figur konstruiert. Freiburg, Basel, Wien 1996.

Rommelspacher, Birgit: Intersektionalität – über die Wechselwirkung von Machtverhältnissen. In: Kurz-Scherf, Ingrid/Lepperhoff, Julia/Scheele, Alexandra (Hrsg.): Feminismus: Kritik und Intervention. Münster 2009, 81–96.

Roßbach, Nikola: Der böse Frau. Wissenspoetik und Geschlecht in der Frühen Neuzeit. Sulzbach im Taunus 2009.

Röttger, Kati/Paul, Heike (Hrsg.): Differenzen in der Geschlechterdifferenz / Differences within Gender Studies. Berlin 1999.

Rubin, Gayle S.: The Traffic in Women: Notes on the ‚Political Economy' of Sex. In: Reiter, Rayna (Hrsg.): Toward an Anthropology of Women. New York 1975 (Reprint u.a. in Julie Rivkin and Michael Ryan (Hrsg.): Literary Theory: An Anthology. 2. Aufl. Malden 2004, 770–794).

Runge, Anita: Geschlechterdifferenz in der literaturwissenschaftlichen Biographik. Ein Forschungsprogramm. In: Klein, Christian (Hrsg.): Grundlagen der Biographik. Stuttgart, Weimar 2002, 113–128.

Runge, Anita/Steinbrügge, Liselotte (Hrsg.): Die Frau im Dialog. Studien zur Theorie und Geschichte des Briefes. Stuttgart 1991.

Sagarra, Eda: Quellenbibliographie autobiographischer Schriften von Frauen im deutschen Kulturraum 1730–1918. In: Internationales Archiv für Sozialgeschichte der deutschen Literatur 11 (1986), 175–231.

Saletta, Ester: Die Imagination des Weiblichen. Schnitzlers „Fräulein Else" in der österreichischen Literatur der Zwischenkriegszeit. Wien, Köln 2006.

Schabacher, Gabriele: Topik der Referenz. Theorie der Autobiographie, die Funktion ‚Gattung' und Roland Barthes' *Über mich selbst*. Würzburg 2007.

Schabert, Ina: Englische Literaturgeschichte. Eine neue Darstellung aus Sicht der Geschlechterforschung. Stuttgart 1997.

Schabert, Ina: Englische Literaturgeschichte des 20. Jahrhunderts. Eine neue Darstellung aus der Sicht der Geschlechterforschung. Stuttgart 2006.

Schabert, Ina/Schaff, Barbara (Hrsg.): Autorschaft. Genus und Genie in der Zeit um 1800. Berlin 1994.

Schaser, Angelika: Frauenbewegung in Deutschland 1848–1933. Darmstadt 2006.

Scheitler, Irmgard: Gattung und Geschlecht. Reisebeschreibungen deutscher Frauen 1780–1850. Tübingen 1999.

Schenk, Herrad: Die feministische Herausforderung. 150 Jahre Frauenbewegung in Deutschland. 6. Aufl. München 1993.

Schindel, Carl Wilhelm Otto August von: Die deutschen Schriftstellerinnen des neunzehnten Jahrhunderts. 3 Bde. Reprint 1978. Leipzig 1823–1825.

Schlichtmann, Silke: Geschlechterdifferenz in der Literaturrezeption um 1800? Zu zeitgenössischen Goethe-Lektüren. Tübingen 2001.

Schmid, Heike: „Gefallene Engel". Deutschsprachige Dramatikerinnen im ausgehenden 19. Jahrhundert. St. Ingbert 2000.

Schneider, Rosa B.: ‚Um Scholle und Leben'. Zur Konstruktion von Rasse und Geschlecht in der deutschen kolonialen Afrikaliteratur um 1900. Frankfurt am Main 2003.

Schnurbein, Stefanie von: Krisen der Männlichkeit. Schreiben und Geschlechterdiskurs in skandinavischen Romanen seit 1890. Göttingen 2001.

Schößler, Franziska: Einführung in die Gender Studies. Berlin 2008.

Schülting, Sabine: Wilde Frauen, fremde Welten: Kolonisierungsgeschichten aus Amerika. Reinbek bei Hamburg 1997.

Schulz, Kristina: „wort um wort, begriff um begriff". Weibliches Schreiben als Praxis der Veränderung. Überlegungen zu den kulturellen Wirkungen der neuen Frauenbewegung. In: Internationales Archiv für Sozialgeschichte der Literatur 37/2 (2012), 307–322.

Schüssler-Fiorenza, Elisabeth: In Memory of Her: A Feminist Theological Reconstruction of Christian Origins. 10. Aufl. New York 1994.

Schwarz, Sandra: Stimmen. Theorien lyrischen Sprechens. In: Geppert, Hans Vilmar/Zapf, Hubert (Hrsg.): Theorien der Literatur. Grundlagen und Perspektiven. Basel 2007, 91–123.

Sedgwick, Eve Kosofsky: Between Men. English Literature and Male Homosocial Desire. New York 1985.

Seibert, Peter: Der literarische Salon. Literatur und Geselligkeit zwischen Aufklärung und Vormärz. Stuttgart, Weimar 1993.

Seybert, Gislinde (Hrsg.): Das literarische Paar / Le couple littéraire. Intertextualität der Geschlechterdiskurse. Bielefeld 2003.

Shaw, Alison/Ardener, Shirley: Changing Sex and Bending Gender. Oxford, New York 2005.

Shin, Na-Young: Medea-Mythos multimedial. Ästhetische Écriture, bewegte Zeichen und die Frage nach der Politisierbarkeit ästhetischer Formspiele. In: Bergmann, Franziska/Eder, Antonia/Gradinari, Irina (Hrsg.): Geschlechter-Szene. Repräsentation von Gender in Literatur, Film, Performance und Theater. Freiburg 2010, 84–105.

Sjoholm, Cecilia: Antigone Complex: Ethics and the Invention of Feminine Desire. Palo Alto 2004.

Smith, Sidonie/Watson, Julia: Reading Autobiography: A Guide for Interpreting Life Narratives. 2. Aufl. Ann Arbor 2010.

Smykalla, Sandra/Vinz, Dagmar (Hrsg.): Intersektionalität zwischen Gender und Diversity. Theorien, Methoden und Politiken der Chancengleichheit. Münster 2011.

Söderbäck, Fanny (Hrsg.): Feminist Readings of Antigone. New York 2010.

Spiero, Heinrich: Geschichte der deutschen Frauendichtung seit 1800. Leipzig 1913.

Spivak, Gayatri Chakravorty: A Critique of Postcolonial Reason. Toward a History of the Vanishing Present. Cambridge 1999.

Spivak, Gayatri Chakravorty: Can the Subaltern Speak? Postkolonialität und subalterne Artikulation. Mit einer Einleitung von Hito Steyerl. Wien 2007 (orig. in Cary Nelson/Lawrence Grossberg

(Hrsg.): Marxism and the Interpretation of Culture. London 1988, 271–313).

Spoerhase, Carlos: Autorschaft und Interpretation. Methodische Grundlagen einer philologischen Hermeneutik. Berlin 2007.

Stamm, Ulrike: Die hässliche Orientalin. Zu einem Stereotyp in Reiseberichten des 19. Jahrhunderts. In: Bogdal, Klaus Michael (Hrsg.): Orientdiskurse in der deutschen Literatur. Bielefeld 2007, 141–162.

Steidele, Angela: „Als wenn Du mein Geliebter wärest". Liebe und Begehren zwischen Frauen in der deutschsprachigen Literatur 1750–1850. Stuttgart 2003.

Steidele, Angela: In Männerkleidern. Das verwegene Leben der Catharina Margaretha Linck alias Anastasius Lagrantinus Rosenstengel, hingerichtet 1721. Biografie und Dokumentation. Köln 2004.

Steidele, Angela: Geschichte einer Liebe: Adele Schopenhauer und Sibylle Mertens. Berlin 2010.

Steiner, George: Die Antigonen. Geschichte und Gegenwart eines Mythos. Übersetzt aus dem Englischen von Martin Pfeiffer. München 1988.

Stephan, Inge: Medea. Multimediale Karriere einer mythologischen Figur. Köln 2006.

Stephan, Inge: Musen und Medusen. Mythos und Geschlecht in der Literatur des 20. Jahrhunderts. Köln, Weimar, Wien 1997.

Strick, Simon: The Straight Screen: Begradigungsarbeiten am iPhone. In: Feministische Studien 20/2 (2012), 228–244.

Stritzke, Nadyne: Subversive literarische Performativität. Die narrative Inszenierung von Geschlechtsidentitäten in englisch- und deutschsprachigen Gegenwartsromanen. Trier 2011.

Strouse, Jean: Semiprivate Lives. In: Aaron, Daniel (Hrsg.): Studies in Biography. Cambridge Mass. 1979, 113–129.

Stuby, Anna Maria: Liebe, Tod und Wasserfrau. Mythen des Weiblichen in der Literatur. Wiesbaden 1992.

Stürzer, Anne: Dramatikerinnen und Zeitstücke. Ein vergessenes Kapitel der Theatergeschichte von der Weimarer Republik bis zur Nachkriegszeit. Stuttgart, Weimar 1993.

Sylvester-Habenicht, Erdmute: Kanon und Geschlecht. Eine Re-Inspektion aktueller Literaturgeschichtsschreibung aus feministisch-genderorientierter Sicht. Sulzbach 2009.

Tatlock, Lynne (Hrsg.): The Graph of Sex and the German Text. Gendered Culture in Early Modern Germany 1500–1700 (Chloe. Beihefte zum Daphnis 19). Amsterdam 1994.

Tawada, Yoko: Fremde Wasser. Hamburger Gastprofessur für Interkulturelle Poetik. Vorlesungen und wissenschaftliche Beiträge. Hrsg. von Ortrud Gutjahr. Tübingen 2012.

Tebben, Karin (Hrsg.): Beruf: Schriftstellerin. Schreibende Frauen im 18. und 19. Jahrhundert. Göttingen 1998.

Tebben, Karin: Deutschsprachige Schriftstellerinnen des Fin de siècle. Darmstadt 1999.

Tebben, Karin: Visionen des Glücks: Lyrikerinnen im 19. Jahrhundert. In: seminar 47/2 (2011), 235–253.

Theweleit, Klaus: Männerphantasien. Bd. 1: Frauen, Fluten, Körper, Geschichte. 4. Aufl. Frankfurt am Main 1977; Bd. 2: Zur Psychoanalyse des Weißen Terrors. 4. Aufl. Frankfurt am Main 1978.

Thon, Christine: Frauenbewegung im Wandel der Generationen. Eine Studie über Geschlechterkonstruktionen in biographischen Erzählungen. Bielefeld 2008.

Tobin, Robert D.: Warm Brothers. Queer Theory and the Age of Goethe. Philadelphia 2000.

Traub, Valerie: Desire, and Anxiety: Circulations of Sexuality in Shakespearean Drama. New York 1992.

Vahsen, Mechthilde: Die Politisierung des weiblichen Subjekts. Deutsche Romanautorinnen und die Französische Revolution (1790–1820). Berlin 1999.

Villa, Paula-Irene: Judith Butler. 2. Aufl. Frankfurt am Main 2012.

Vinken, Barbara (Hrsg.): Dekonstruktiver Feminismus. Literaturwissenschaft in Amerika. Frankfurt am Main 1992.

Volkening, Heide: Am Rand der Autobiographie. Ghostwriting – Signatur – Geschlecht. Bielefeld 2006.

Wagner-Egelhaaf, Martina: Autobiographie. 2. Aufl. Stuttgart, Weimar 2005.

Wagner-Egelhaaf, Martina (Hrsg.): Auto(r)fiktion. Literarische Verfahren der Selbstkonstruktion. Bielefeld 2013.

Wagner-Egelhaaf, Martina/Petersen, Jürgen H.: Einführung in die neuere deutsche Literaturwissenschaft. Ein Arbeitsbuch. 8. Aufl. Berlin 2009.

Wald, Christina: Martha C. Nussbaum versus Judith Butler oder ‚Old-Style'-Feminismus versus poststrukturalistische Gender-Theorie. In: Klausnitzer,

Ralf/Spoerhase, Carlos (Hrsg.): Kontroversen in der Literaturtheorie/Literaturtheorie in der Kontroverse. Bern u.a. 2007, 427–442.

Walgenbach, Katharina: „Die weiße Frau als Trägerin deutscher Kultur." Koloniale Diskurse über Geschlecht, ‚Rasse' und Klasse im Kaiserreich. Frankfurt am Main, New York 2005.

Walgenbach, Katharina/Dietze, Gabriele/Hornscheidt, Antje/Palm, Kerstin: Gender als interdependente Kategorie. Interventionen und neue Perspektiven auf Intersektionalität, Diversität und Heterogenität aus den Gender Studies. Opladen 2007.

Webb, Jen: Understanding Representation. London 2009.

Weber, Angela: Im Spiegel der Migrationen: Transkulturelles Erzählen und Sprachpolitik bei Emine Sevgi Özdamar. Bielefeld 2009.

Weber, Ingeborg (Hrsg.): Poststrukturalismus, weibliche Ästhetik, kulturelles Selbstverständnis. Darmstadt 1994.

Weigel, Sigrid: Geschlechterdifferenz und Literaturwissenschaft. In: Brackert, Helmut/Stückrath, Jörn (Hrsg.): Literaturwissenschaft. Ein Grundkurs. 4. Aufl. Reinbek bei Hamburg 1995, 686–698.

Weigel, Sigrid: Ingeborg Bachmann. Hinterlassenschaften unter Wahrung des Briefgeheimnisses. Wien 1999.

Weigel, Sigrid: Topographie der Geschlechter. Reinbek bei Hamburg 1990.

Weissberg, Liliane (Hrsg.): Weiblichkeit als Maskerade. Frankfurt am Main 1994.

Wellbery, David E./Ryan, Judith/Gumbrecht, Hans Ulrich/Kaes, Anton/Koerner, Joseph Leo/Mücke, Dorothea E. von (Hrsg.): Eine Neue Geschichte der deutschen Literatur. Berlin 2007.

West, Candace/Zimmerman, Don H.: Doing Gender. In: Gender & Society 1 (1987), 125–151.

Whittle, Ruth: Gender, Canon and Literary History. The Changing Place of Nineteenth-Century German Women Writers. Berlin, New York 2013.

Wilhelmy, Petra: Der Berliner Salon im 19. Jahrhundert (1780–1914). Berlin 1989.

Wilkending, Gisela (Hrsg.): Kinder- und Jugendliteratur, Mädchenliteratur. Stuttgart 1994.

Wilmer, SE/Zukauskaite, Audrone (Hrsg.): Interrogating Antigone in Postmodern Philosophy and Criticism. New York 2010.

Wilson, W. Daniel: Goethe Männer Knaben – Ansichten zur ‚Homosexualität'. Aus dem Englischen von Angela Steidele. Frankfurt am Main 2012.

Winker, Gabriele/Degele, Nina: Intersektionalität. Zur Analyse sozialer Ungleichheiten. Bielefeld 2009.

Wirth, Uwe (Hrsg.): Performanz. Zwischen Sprachphilosophie und Kulturwissenschaften. Frankfurt am Main 2002.

Yekani, Elahe Haschemi: The Privilege of Crisis. Narratives of Masculinities in Colonial and Postcolonial Literature, Photography and Film. Frankfurt am Main 2011.

Yekani, Elahe Haschemi/Kilian, Eveline/Michaelis, Beatrice (Hrsg.): Queer Futures: Reconsidering Ethics, Activism, and the Political. Aldershot 2013.

Zimmermann, Christian von/Zimmermann, Nina von (Hrsg.): Frauenbiographik. Lebensbeschreibungen und Porträts. Tübingen 2005.

Züger, Armin: Männerbilder – Frauenbilder. Androgyne Utopie in der deutschen Gegenwartsliteratur. Bern u.a. 1992.

4. Zitierte Quellentexte

Arnim, Bettina von: Clemens Brentano's Frühlingskranz. Die Günderode. Hg. von Walter Schmitz. Frankfurt am Main 1986.

Bachmann, Ingeborg: „Wir müssen wahre Sätze finden." Gespräche und Interviews. München 1983.

Brentano, Clemens/Mereau, Sophie: Briefwechsel, Bd. 2. Nach den in der Königl. Bibliothek zu Berlin befindlichen Handschriften zum ersten Mal herausgegeben von Heinz Amelung. Leipzig 1908.

Carroll, Lewis: The Annotated Alice. Alice's Adventures in Wonderland & Through the Looking Glass. New York 1960.

Draesner, Ulrike: Mitgift. Roman. München 2002.

Droste-Hülshoff, Annette von: Historisch-kritische Ausgabe. Hrsg. von Winfried Woesler. Bd. I,1: Gedichte zu Lebzeiten. Text. Bearbeitet von Winfried Theiss. Tübingen 1985.

Günderrode, Karoline von: „Ich sende Dir ein zärtliches Pfand". Die Briefe der Karoline von Günderrode. Hrsg. von Birgit Weißenborn. Frankfurt am Main, Leipzig 1992.

Hölderlin, Friedrich: Sämtliche Werke. Frankfurter Ausgabe. Historisch-kritische Ausgabe. Hrsg. von

D. E. Sattler. Bd. 18. Briefe 1. Frankfurt am Main 1993.

Jelinek, Elfriede: Theaterstücke. Was geschah, nachdem Nora ihren Mann verlassen hatte oder Stützen der Gesellschaft; Clara S. musikalische Tragödie; Burgtheater; Krankheit oder Moderne Frauen. Reinbek bei Hamburg 1994.

Jelinek, Elfriede: Der Tod und das Mädchen I–V. Prinzessinnendramen. Berlin 2003.

Jelinek, Elfriede: Drei Theaterstücke. Die Kontrakte des Kaufmanns. Rechnitz (Der Würgeengel). Über Tiere. Reinbek bei Hamburg 2009.

Kirsch, Sarah/Morgner, Irmtraud/Wolf, Christa: Geschlechtertausch. Drei Geschichten über die Umwandlung der Verhältnisse. Mit einem Nachwort von Wolfgang Emmerich. Darmstadt 1980.

Lessing, Gotthold Ephraim: Werke. Hrsg. von Herbert G. Göpfert. Bd. 2: Trauerspiele, Nathan, Dramatische Fragmente. Darmstadt 1996.

Milow, Margarethe: Ich will aber nicht murren. Mein Leben. Die Lebenserinnerungen der Kaufmannstochter Margarethe Elisabeth Milow von ihr selbst geschrieben. Hrsg. von Rita Bake und Birgit Kiupel. 2 Bde. Hamburg 1987.

Roeder, Anke (Hrsg.): AutorInnen. Herausforderungen an das Theater. Frankfurt am Main 1989.

Schnitzler, Arthur: Fräulein Else. In: A. S.: Gesammelte Werke. Die Erzählenden Schriften, Bd. 2. Frankfurt am Main 1981.

Schnitzler, Arthur: Lieutenant Gustl. Hrsg. von Ursula Renner unter Mitarbeit von Heinrich Bosse. Frankfurt am Main 2007.

Sophokles/Euripides/Racine/Hölderlin/Hasenclever/Cocteau/Anouilh/Brecht: Antigone. 3. Aufl. München, Wien 1971.

Streeruwitz, Marlene: Lisa's Liebe. Romansammelband. 2. Aufl. Frankfurt am Main 2005.

Wolf, Christa: „Nunja! Das nächste Leben geht aber heute an." Ein: Brief über die Bettine. In: Sinn und Form 2 (1980), 392–418.

Glossar

Androgynie: Zweigeschlechtlichkeit aus männlichen (griech. *anér, andrós*) und weiblichen (griech. *gyné, gynaikós*) Anteilen. Seit der Antike wandelt sich die Bedeutung des androgynen Prinzips immer wieder, das im Mythos utopische Ideen verkörpert (wie die Platonischen Kugelmenschen), aber auch dekadente Devianz bedeuten kann, insbesondere in Gestalt des Hermaphroditen (Zwitter). Von der romantischen Poetik als Gegenkonzept zur aufklärerischen Binarität der Geschlechtscharaktere favorisiert. In der Gegenwartsliteratur wieder häufig anzutreffen.

Androzentrismus: auf den Mann (griech. *anér, andrós*) und Männlichkeit fokussierte und orientierte Strukturen (griech. *kentron*: Zentrum); entsprechend: Gynozentrismus

Autorschaft: Historisch variabel ausgeformte, juristisch geschützte Urheberschaft literarischer Texte und anderer Werke. Die Idee geistigen Eigentums bestimmt vor allem die Literaturproduktion der Neuzeit.

Binarismus: Sich gegenüber stehende, gegenseitig ausschließende Entitäten. Binäre Oppositionen, die insbesondere die strukturalistische Textanalyse interessieren, prägen das abendländische Denken (z. B. mit dem ontologischen Prinzip aus der klassischen Logik: *tertium non datur* = ein Drittes ist nicht gegeben). Über binäre Oppositionen (oben/unten, schwarz/weiß, männlich/weiblich) werden hierarchische Ordnungs- und Bedeutungsmuster organisiert.

Devianz: Abweichen (franz. *dévier*) von dem als allgemein verbindlich angenommenen Wertekanon und Verhaltenskodex, insbesondere im Hinblick auf religiöse, ethnische, klassenspezifische, sexuelle, sub-/kulturelle Präferenzen. Soziale Kontrolle markiert deviantes Verhalten und unterwirft es juristischen, moralischen u. a. Konsequenzen.

Diversität (engl. *diversity*): Vielfältigkeit, meist im Kontext von ethnischer und kultureller Vielfalt benutzt. Diversität wird als positives Leitbild den verschiedenen Formen der Diskriminierung entgegengesetzt. Es entstand im Zuge der Anti-Diskriminierungspolitik in den USA seit den 1960er Jahren. Die „Charta der Vielfalt" der deutschen Unternehmen ermöglicht seit 2006 die Selbstverpflichtung, möglichst vorurteilsfreie, diskriminierungsfreie und entsprechend produktive Arbeitsumgebungen zu generieren. Die Diversität literarischer Figuren nach Kriterien wie Alter, Religion, Geschlecht, Klasse, Lebensstil, Dialekt, Wertekanon u. a.m. zu analysieren, ist ein Versuch, den Ansatz der Diversität auf wissenschaftliche Interpretationen zu übertragen.

doing gender: Soziologisches Konzept der 1980er Jahre, das Geschlecht nicht als Eigenschaft begreift, sondern als Ergebnis und Effekt soziokultureller Handlungen. In der Annahme einer Trennung von *sex* (biologisches Geschlecht) und *gender* (soziokulturelles Geschlecht) entsteht Geschlechtsidentität im Zuge wiederholten und intersubjektiven Tuns. Was als männlich und weiblich in einer Gesellschaft gilt, wird über das *doing gender* sprachlich, körpersprachlich und auf der Basis weiterer Handlungsskripte vermittelt, eingeübt, bestätigt und verändert.

Écriture féminine: Von französischen Autorinnen und Wissenschaftlerinnen in den 1970er Jahren entwickelte Ästhetik weiblichen Schreibens, die männliche Hegemonialität kritisiert. Als subversive Strategie literarischen Schreibens unterwandert sie die symbolische Ordnung, die traditionell phallogozentrisch (d.i. auf das Zeichen des Phallos zentriert) organisiert ist.

Ethnizität: Auf kulturellen, religiösen und/oder sprachlichen Gemeinsamkeiten und Überzeugungen konstituierte Bevölkerungsgruppe; vormals auch auf anatomischen und geschlechtlichen Spezifika basierende Merkmalszuschreibung (Rassismus). Ethnizität spielt bei der hegemonialen Nationenbildung sowie deren Kritik eine entscheidende Rolle.

Feminismus: Engagement für die vollständige Gleichstellung und Gleichberechtigung der Frau in der Gesellschaft; Vertretung der öffentlichen und individuellen Interessen von Frauen (analoge Wortbildung für die Interessen der Männer wäre ‚Andronismus'). Historische Höhepunkte des Feminismus waren die Erste und Zweite Frauenbewegung westlicher Gesellschaften (zwei Wellen ab den 1880er und ab den 1960er Jahren).

Egalitätsfeminismus: gleichstellungspolitisches Engagement aufgrund der Annahme einer grundsätzlichen Gleichheit der Geschlechter

Differenzfeminismus: gleichstellungspolitisches Engagement aufgrund der Annahme einer grundsätzlichen Unterschiedlichkeit der Geschlechter

rekonstruktiver Feminismus: Feministische Wissenschaften, die Frauen und benachteiligte Gruppierungen sowie deren Leistungen in Geschichte und Gegenwart darstellen und mittels Neubewertung gleichstellen wollen.

dekonstruktiver Feminismus: Feministische Wissenschaften, die androzentrische Wissenschaften auf ihre hegemonialen Strukturen untersuchen. Im Zentrum stehen dabei diskurskritische Methoden.

femme fatale und ***femme fragile***: Weiblichkeitsentwürfe in Kunst, Literatur und Musik des Symbolismus und Fin de siècle, die die Frau als schicksalhafte und männermordende oder, im Gegensatz dazu, als hypersensible und zerbrechliche Figur imaginieren.

Frauen-/Männerbild: Vorstellung, dass sich Weiblichkeits- und Männlichkeitsmerkmale zu Figurenstereotypen bündeln lassen; methodologische Metapher, die auf mimetische Konzepte der Literaturproduktion verweist.

gender bending (engl. *to bend* = verbiegen, neigen). Personen, die eine frühere Geschlechtsidentität real oder virtuell unterlaufen, übertreiben, negieren u. a.m. und/oder die sich als transgender, transsexuell oder queer verstehen

Geschlechterdifferenz: Physische, psychische, ästhetische, symbolische und diskursive Unterschiede zwischen den Geschlechtern und Geschlechtsidentitäten, die das Geschlechterverhältnis bestimmen. Von jeher schon, verstärkt aber seit der Aufklärung werden diese Unterschiede argumentativ miteinander verschränkt, so dass biologische Unterschiede mit sozialem Rollenverständnis und psychischer Kondition erklärt werden und vice versa (z. B. weibliche Schwäche versus männliche Stärke). Biopsychosoziale Geschlechterdifferenzen gereichen meist zum Nachteil des einen oder anderen Geschlechts, ganz überwiegend noch immer zur Benachteiligung von Frauen und devianten Minderheiten. Opfer- und Krisentopoi sind wiederum geschlechtsspezifisch konnotiert.

Geschlechtsidentität: Zugehörigkeit zu einem Geschlecht, die von der Zeugung eines Menschen an entwickelt wird bzw. werden soll. Abweichungen von den heteronormativen Geschlechtsidentitäten Frau/Mann werden als transgender (psychosozial), homo- oder bisexuell (psychosozial) oder inter- oder transsexuell (biopsychosozial) markiert. Ab November 2013 steht juristisch auch in Deutschland der dritte Personenstand des unbestimmten/uneindeutigen Geschlechts zur Verfügung.

Geschlechtsstereotyp: Schematische Merkmalsbündelung für Individuen oder Gruppierungen, die vom Geschlecht abgeleitet wird. Im Dienste der Diskursverknappung werden Rollenerwartungen und Identitätsentwürfe mit Stereotypen abgeglichen; daraus können Akzeptanz oder sprachlich und symbolisch markierte Devianz folgen. Stereotypen dienen als stabile, ja starre Muster in der intersubjektiven Kommunikation und basieren auf Komplexitätsreduktion.

Hegemonialität: Überlegenheitsanspruch, der sich traditionell auf männlich und westlich geprägte Herrschaftsstrukturen gründet.

Heteronormativität: Begehrenskonstellation und damit verbundene Verhaltensweisen und Symboliken, die eine heterosexuelle Präferenz zur gesellschaftlichen Norm erheben. Der heteronormative Diskurs markiert ‚andere' Begehrensmuster als das heternormative als deviant und konstituiert sich auf diese Weise fortwährend selbst.

Heterosexualität/Homosexualität: Binäres Sexualitätskonzept aus dem letzten Drittel des 19. Jahrhunderts, das von Begehren/Sexualität zwischen Personen unterschiedlichen (hetero) und gleichen (homo) Geschlechts ausgeht.

Hybridität: Aus der Biologie adaptierter Begriff für die Vermischung von Arten bzw. – in der neuen Bedeutung – für die Überschneidung von kulturell und sprachlich verschiedenen Kategorien; besonders von den Postcolonial und Gender Studies als Gegenbegriff zu Reinheitsvorstellungen und Absolutheitsansprüchen etabliert und verwendet.

Intersektionalität: Schnittpunkt von verschiedenen Diskriminierungsformen und/oder Benachteiligungen aus sexistischen, rassistischen, klassenspezifischen oder anderen Beweggründen

Intersexualität: Geschlechtsidentität, die nicht dem biopsychischen Binarismus der Geschlechter unterworfen werden kann, weil anatomisch-physiologische Merkmale eines Individuums nicht nur einem Geschlecht zugeordnet werden können.

Intertextualität: Historisch und genrespezifisch überaus vielfältig ausgeprägter Konnex zwischen (literarischen) Texten; kann explizit oder implizit erscheinen, was der jeweiligen Wahrnehmung der RezipientInnen überlassen ist (Zitat, Anspielung, Motivik, Parodie u. a.m.).

Männlichkeit: Geschlechtscharakter, der sich different bzw. binär zur Weiblichkeit darstellt, was ihm virile Eigenschaften zuschreibt.

Maskerade: Psychoanalytisches und poetologisches Konzept, das Geschlecht als psychosoziale und künstlerische Praxis der stetigen Maskierung im Sinne einer Rollenausübung versteht (als Frau oder Mann lesen etc.).

Men's Studies: Interdisziplinäre Disziplin, die sich Männern und Männlichkeiten widmet; seit den 1980er Jahren in der akademischen Diskussion etabliert.

Naturalisierung: Diskurs, der insbesondere seit der Aufklärung psychosoziale und kulturelle Beobachtungen als ‚natürliche' bzw. ‚naturgegebene' deklariert; damit sind bisweilen fatalistische Unveränderlichkeit oder die Delegierung sozialer Asymmetrien an eine höhere Instanz impliziert.

Performativität/Performanz: Sprachliches und körpersprachliches Agieren, das sowohl die Handlung vollzieht als sie auch zugleich autoreferentiell bezeichnet. Vom engeren linguistischen Verständnis hat sich P. zum kulturwissenschaftlichen Paradigma entwickelt, das die Prozessualität, rhetorische Bedingtheit und Diskursivität sozialen und ästhetischen Handelns betont. Performative Geschlechtsidentität ist ein Konzept, das die diskursive Konstruktion von Geschlecht in den Mittelpunkt der Analysen stellt.

Postfeminismus: Kritischer feministischer Ansatz vor dem Hintergrund der Dekonstruktion, der nicht von einem einheitlichen feministischen Subjekt ausgeht, sondern in der Kontroverse um Anerkennung hybride und temporale Identitätsentwürfe voraussetzt. Zudem werden die heuristische Trennung von *sex/gender* bezweifelt und die Rhetorik der Körperlichkeit bzw. Naturalisierung kritisch rekonstruiert.

Queer Studies: Interdisziplinäre Disziplin, die aus den Gay and Lesbian Studies hervorging; widmet sich der Erforschung von Queerness als eine Strategie des Durchkreuzens und Irritierens binärer (Geschlechter-)Ordnungen; seit den 1990er Jahren in der akademischen Diskussion etabliert.

Querelle des femmes: Europäisch geführter philosophischer, theologischer, literarischer und politischer Disput, der bis ins 15. Jahrhundert zurückreicht und bis heute geführt wird. Gegenstand ist die Geschlechterdifferenz und das davon bestimmte Geschlechterverhältnis. Auch Konzepte des Egalitäts- und Differenzfeminismus wurden in der Querelle entwickelt, vornehmlich im 17. Jahrhundert und in der Aufklärung.

Repräsentation: Begriff für das wirkmächtige Prinzip, das etwas für etwas Anderes einsteht. Literarische Repräsentation wird vor allem hermeneutisch (Allegorik, Figuration) oder semiotisch (Signifikant/Signifikat) diskutiert, ist aber auch in der poststrukturalistischen Literaturtheorie bedeutend (Differenz/*différance*, Iterabilität etc.).

Sex/Gender-Differenz: Analytisches Konzept, das von einer heuristischen Trennung des soziokulturellen und grammatischen Geschlechts (engl. *gender*) vom biologischen Geschlecht (engl. *sex*) ausgeht.

Subversion: Möglichkeit der politischen, ästhetischen, ökonomischen, soziokulturellen Einflussnahme mittels des Unterlaufens etablierter Hierarchien und Autoritäten. Kann ‚subkulturell' durch Maskeraden, Doppeldeutigkeiten, Unentschiedenheiten, *queerness* realisiert werden.

Transgender: Wechsel der Geschlechtsidentität, in dessen Folge biologisches und soziokulturelles Geschlecht nicht länger übereinstimmen (*drag*, butchness u. a.m.).

Transsexualität: Wechsel der Geschlechtsidentität, bei der biologisches und soziokulturelles Geschlecht verändert werden (Mann-Frau-/Frau-Mann-Transsexualität)

Transvestismus (ital. *travestire* = verkleiden): Form des vorübergehenden Geschlechterwechsels im künstlerischen oder sozialen Rahmen der Travestie (*drag queens, drag kings,* Hosenrollen, Frauendarsteller etc.)

Weiblichkeit: Geschlechtscharakter, der sich different bzw. binär zur Männlichkeit darstellt und feminine Eigenschaften aufweist.

Women's Studies: Interdisziplinäre Disziplin, die sich Frauen und Weiblichkeiten widmet; seit den 1960er Jahren in der akademischen Diskussion etabliert.

Personenregister

Sachregister